Robert Pogue Harrison

EWIGE JUGEND

Eine Kulturgeschichte
des Alterns

Aus dem Englischen von
Horst Brühmann

Carl Hanser Verlag

Titel der Originalausgabe:
Juvenescene: A Cultural History of Our Age
First published in the United States by The University of Chicago Press,
Chicago, Illinois, 2015

Das Motto aus Epikur, *Wege zum Glück* wird zitiert in der Übersetzung von Rainer Nickel, Mannheim: Artemis & Winkler 2011, Seite 131 und 261.

Die im Text zitierten Gedichte stammen aus:
Bonnefoy, Yves, *Beschriebener Stein und andere Gedichte*, übers. v. Friedhelm Kemp, München Wien: Hanser 2004. / Eliot, T.S., *Werke 4. Ges. Gedichte 1909–1962*, übers. v. Nora Wydenbruck, Frankfurt am Main: Suhrkamp 1988. / Hopkins, Gerard Manley, *Gedichte, Schriften, Briefe*, übers. v. Ursula Clemen, München: Kösel 1954. / Larkin, Philip, *Mich ruft nur meiner Glocke grober Klang*, übers. v. Vera Thrân, Berlin: Volk und Welt 1988. / Lawrence, David H., *Der Atem des Lebens*, übers. v. Ernst Schönwiese, Wiesbaden München: Limes 1981. / Poe, Edgar Allan, »Allein«, übers. v. Theodor Etzel, *Die Zeit* vom 6.10.1949. / Pound, Ezra, *Personae*, übers. v. Eva Hesse, Zürich-Hamburg: Arche Literatur 2012. / Wordsworth, William, *Gedichte*, übers. v. Wolfgang Breitwieser, Heidelberg: Lambert Schneider 1959. / Yeats, William Butler, *Die Gedichte*, übers. v. Marcel Beyer u. a., München: Luchterhand 2005.

1 2 3 4 5   19 18 17 16 15

ISBN 978-3-446-24920-2
© 2014 by Robert Pogue Harrison
Alle Rechte der deutschen Ausgabe:
© Carl Hanser Verlag München 2015
Satz: Satz für Satz. Barbara Reischmann, Wangen im Allgäu
Druck und Bindung: CPI books GmbH, Leck
Printed in Germany

MIX
Papier aus verantwortungs-
vollen Quellen
FSC® C083411

Für Andrea Nightingale

INHALT

Vorwort 9

Erstes Kapitel · Anthropos 17
Zweites Kapitel · Weisheit und Genie 71
Drittes Kapitel · Neotene Revolutionen 113
Viertes Kapitel · Amor mundi 165
Epilog 211

Danksagung 221
An den Leser 222
Anmerkungen 223
Literatur 259
Namenregister 286

VORWORT

Dieses Buch plagt sich mit einer einfachen Frage, auf die es keine einfache Antwort gibt: Wie alt sind wir? Mit »wir« meine ich diejenigen von uns, die dem Zeitalter der Verjüngung angehören, das im Amerika der Nachkriegszeit begann und sich allmählich ostwärts ausbreitete, entgegen der Westdrift der Zivilisation, die die Alten *translatio imperii* nannten.

Man kann diese Frage nicht behandeln, ohne dem Phänomen des menschlichen Alters in seiner ganzen verwirrenden Vielschichtigkeit nachzugehen; denn neben ihrem biologischen, evolutionären und geologischen Alter haben die Menschen noch ein kulturelles Alter, weil sie Teil einer Geschichte sind, die vor ihrem Auftreten auf der Erde begann und nach ihrem Verschwinden weitergehen wird. Wie andere irdische Lebensformen unterliegen wir Menschen einem organischen Alterungsprozess, doch die geschichtliche Ära, in die wir hineingeboren werden, hat auf den Verlauf dieses Prozesses, selbst auf seiner biologischen Ebene, einen nicht unwesentlichen Einfluss. Wir sind eine Spezies, die auf Gedeih und Verderb die Evolution in Kultur (und umgekehrt) verwandelt hat. Daher versetzt uns eine scheinbar einfache Frage – Wie alt sind wir? – in ein unbekanntes Gebiet, in dem wir – als Einzige unter allen Lebensformen auf der Erde – allein und orientierungslos sind.

Das überdrehte Tempo, mit dem die kulturelle Evolution

gegenwärtig fortschreitet, führt zu einer tiefgreifenden Verwandlung unserer Gattung. Genetisch haben sich die Menschen seit ein paar hunderttausend Jahren nicht verändert, so heißt es jedenfalls. Und doch macht eine dreißigjährige Frau auf den Tennisplätzen von San Diego eher den Eindruck einer Tochter als den einer Schwester von Balzacs *femme de trente ans*. Im College-Jahrbuch meines Vaters blicke ich in Gesichter gereifter Erwachsener, wie ich ihnen unter meinen Anfangssemestern niemals begegne. In früheren Zeiten sahen zwölfjährige Jungen wie kleine Erwachsene aus, in deren Gesichter die Zeit bereits ihre Furchen gegraben hatte. Dagegen bleibt das Gesicht heute in der ersten Welt unfertig, unreif, selbst wenn es mit den Jahren welkt, ohne jemals die markanten Züge des Alters anzunehmen, die in anderen Kulturen oder Epochen für Greise charakteristisch sind. Der Unterschied liegt nicht nur in unserer besseren Ernährung, Gesundheitsvorsorge und Absicherung gegen Naturgewalten, sondern in einer umfassenden biokulturellen Transformation, die größere Teile der menschlichen Population in eine »jüngere« Spezies verwandelt – jünger im Aussehen und Verhalten, in Mentalität und Lebensstil, vor allem aber in ihren Wünschen und Sehnsüchten.

Wie ist eine solche Verjüngung möglich? Gibt es ein biologisches Substrat in unserer gattungsspezifischen Existenz, das sie fördert? Wie können wir – als Individuen ebenso wie als Gesellschaft – jünger werden, wenn wir doch weiterhin altern? Und welche Zukunft, sofern wir denn eine haben, hält diese Verjüngung für uns bereit? Das sind Probleme, die unsere unter einem historischen Blickwinkel gestellte Kernfrage, wie alt wir sind, umkreisen und durchqueren. Um sie zu behandeln, habe ich mich für einen facettenreichen Ansatz entschieden, der die relevanten biologischen und evolutionären Faktoren berücksichtigt, dabei aber vor allem die großen

Linien der abendländischen Kulturgeschichte verfolgt. In der Tat schien es mir notwendig, auf den folgenden Seiten so etwas wie eine Philosophie der Geschichte im allgemeinen sowie einer Philosophie des Alters im besonderen zu liefern, denn solange es Menschen gibt, bleiben Alter und Geschichte untrennbar miteinander verbunden.

Dieses Buch steht der beispiellosen Verjüngung, die über die westliche Kultur und ebenso über viele andere Kulturen hinwegfegt, bestenfalls ambivalent gegenüber. Zumindest versuche ich die Risiken abzuschätzen, die sie für unsere Zukunft – gesetzt, wir hätten eine – mit sich bringt. In dem Maße, wie unsere Epoche das historische Kontinuum immer heftiger erschüttert, wird die Welt all denen fremd, die nicht in ihre Neuerungssucht hineingeboren wurden – die sozusagen in der neuen Zeit nicht heimisch sind. Zu Beginn seines »Doggerel by a Senior Citizen« schrieb W. H. Auden: »Our earth in 1969 / Is not the planet I call mine.« Dieses Gefühl einer Weltenteignung hat sich für viele Bürger unseres Planeten seit 1969 erheblich verschärft. Ein Älterer hat keine Vorstellung, was es bedeutet, im Jahr 2014 ein Kind, ein Jugendlicher oder ein junger Erwachsener zu sein. Er wird deshalb jungen Leuten kaum irgendeinen Rat geben können, wenn es um die Wege der Reifung oder um ihren Eintritt in den öffentlichen Raum der Gesellschaft geht, einer Gesellschaft, für die die jungen Leute irgendwann die Verantwortung übernehmen müssen – oder die Konsequenzen zu tragen haben, wenn sie an dieser Aufgabe scheitern. Es ist noch nicht abzusehen, ob eine Gesellschaft, die ihre intergenerationale Kontinuität in solchem Maße verliert, lange überleben kann.

Eine der Thesen dieses Buches lautet, dass unsere jugendbesessene Gesellschaft faktisch Krieg gegen die Jugend führt, der sie angeblich huldigt. Es mag so scheinen, als gehörte die Welt heute vor allem den jüngeren Generationen mit ihrer eigenwilligen Mentalität und ihren technischen Spielereien, doch in Wahrheit entzieht das Zeitalter als Ganzes wissentlich oder unwissentlich den jungen Leuten das, was sie am meisten brauchen, wenn sie sich entfalten sollen. Sie nimmt ihnen die Muße, den Schutz und die Einsamkeit, also die Quellen der Identitätsbildung, von der schöpferischen Einbildungskraft ganz abgesehen. Sie beraubt sie der Spontaneität, des Staunens und der Freiheit zu scheitern. Sie enthält ihnen die Fähigkeit vor, Bilder mit geschlossenen Augen entstehen zu lassen, also über die Magie des Kinos, des Fernseh- oder des Computerbildschirms hinaus zu denken. Sie beraubt sie einer umfassenden Beziehung zur materiellen Natur, ohne die es kein Gefühl der Verbundenheit mit der Welt gibt und ohne die das Leben im Grunde ohne Sinn bleibt. Sie nimmt ihnen die Kontinuität mit der Vergangenheit, deren Zukunft zu sichern sie bald aufgerufen sein werden.

Wir fördern die Sache der Jugend nicht, wenn wir ihr Begehren infantilisieren, statt es zu erziehen, und dann aus seiner schlechten Unendlichkeit Kapital schlagen; wenn wir die relative Stabilität der Welt zerrütten, auf der kulturelle Identität beruht; oder wenn wir die jungen Leute dazu nötigen, eine Gegenwart ohne historische Tiefe oder Dichte zu bewohnen. Der größte Segen, den eine Gesellschaft ihrer Jugend erteilen kann, besteht darin, sie zu Erben, nicht zu Waisen der Geschichte zu machen. Und das ist auch der größte Segen, den die Gesellschaft sich selbst spenden kann, denn Erben verjüngen die Vergangenheit, indem sie deren Vermächtnis schöpferisch erneuern. Waisen hingegen beziehen sich, wenn überhaupt, auf die Vergangenheit wie auf einen fremden, unnahbaren Kontinent. Unser Zeitalter scheint fest entschlossen, die ganze Welt in ein Waisenhaus zu verwandeln, aus Gründen, die niemand wirklich versteht – der Autor dieses Buches am allerwenigsten.

Diesem Buch geht es nicht darum, eine apokalyptische Zukunftsvision zu verkünden. Ich mache hier keine Prophezeiungen, schon deshalb nicht, weil es unser Zeitalter unmöglich macht, das Ergebnis der Umbrüche, die es unaufhörlich hervorruft, vorauszusagen. Gegenwärtig vermag niemand zu sagen, ob der Sturm des Jugendkults, der uns erfasst hat, zu einer echten Verjüngung oder bloß zu einer Verjugendlichung der Kultur führen wird. Alles wird davon abhängen, ob wir Möglichkeiten finden, neue und jüngere Formen der kulturellen Reife hervorzubringen. Nichts ist in dieser Hinsicht wichtiger, als dass wir uns unserem Alter gemäß verhalten. Ich meine: unserem historischen Alter gemäß. Die Vergangenheit hört nicht einfach auf zu existieren, nur weil wir die Erinnerung an sie verlieren. Eine vieltausendjährige Geschichte schlummert in uns, ob wir uns dessen bewusst sind oder nicht. Wir mögen die »jüngste« Gesellschaft in der Geschichte der menschlichen Zivilisation sein, doch gleichzeitig sind wir auch die älteste – und altern mit jedem Jahrzehnt, jedem Jahrhundert und jedem Jahrtausend.

Als ich das Buch zu schreiben begann, standen mir zwei Möglichkeiten vor Augen: einen schwerfälligen Wälzer zu verfassen oder es gnädig bei einem schlanken Band zu belassen. Ich wählte die letztere. Da ich aber auch entschlossen war, die Dinge nicht übervereinfacht darzustellen, ist dabei ein Buch entstanden, das in seiner essayistischen Behandlung eines komplexen Problemzusammenhangs vielleicht manchmal befremdlich erscheint. Doch ich würde es dem Leser nicht übergeben, hätte ich das Gefühl, dass es darin an narrativer Logik und innerer Kohärenz mangelte. Es ist ein Buch, das seinem Leser zutraut, Kurs zu halten, wie gewunden der Weg auch sein mag.

Ein törichtes Leben ist undankbar und angsterfüllt:
Es ist ganz auf die Zukunft gerichtet.
Wer an das Gute, das ihm widerfuhr, nicht mehr denkt,
ist schon heute ein Greis.

Epikur

ERSTES KAPITEL
ANTHROPOS

Das faszinierende Phänomen
des Alters

Nichts im Universum, und wäre es ein Neugeborenes oder das Universum selbst, ist ohne Alter. Ein Phänomen, das nicht altert, ist nicht von dieser Welt. Und wenn es nicht von dieser Welt ist, ist es auch kein Phänomen.

Im Grunde ist unser Verständnis vom Wesen des Alters recht bescheiden, vielleicht weil sich unser Verstand eher in der Auseinandersetzung mit Gegenständen im Raum entwickelt hat als mit den verborgenen Feinheiten von Wachstum, Dauer und Akkumulation. Gewiss fällt es uns leichter, Zeit zu verräumlichen – sie als lineare oder chronologische Abfolge von Jetzt-Momenten zu denken –, als die vieldimensionalen, einander überlagernden Zäsuren des Alters zu ergründen. In der Tat neigen wir beharrlich dazu, Alter auf »Zeit« zurückzuführen, aber was ist Zeit anderes als eine ungeheure Abstraktion, ein *flatus vocis*? Erst das Alter liefert der Zeit ein Maß für Realität.

Die scharfsinnigsten Philosophen denken Alter als eine Funktion der Zeit; eine sorgfältige phänomenologische Analyse zeigt jedoch, dass wir Zeit als eine Funktion des Alters denken sollten. Immerhin ist noch jeder bisherige Zeitbegriff in gewisser Weise gealtert, also einem Alterungsprozess unterworfen. Gleiches gilt für die Ewigkeit, die ebenfalls der allgemeinen Sterblichkeit der Phänomene unterliegt. Ewigkeit erscheint uns heute nicht mehr als das, was sie für Platon war, als er und seine griechischen Zeitgenossen den Blick zu den Sternen erhoben. Ebenso wenig empfinden wir sie wie Dante, wenn er und die Christen seiner Zeit die himmlischen Sphären betrachteten. In der Tat ist Ewigkeit eine Vorstellung, die in unserem sich immer weiter ausdehnenden Kosmos keinen Platz hat, in einem Kosmos, von dem wir heute annehmen, dass er einen Anfang hatte und schließlich auch ein Ende haben wird. Insofern können wir sagen, dass Ewigkeit im Grunde aus unseren phänomenologischen Horizonten verschwunden ist, dass sie sich existentiell überlebt hat.

In seinem Buch *L'Évolution creatrice* (1907) hat der französische Philosoph Henri Bergson überzeugend nachgewiesen, dass die traditionelle Philosophie dazu neigt, Zeit eher geometrisch als organisch zu denken. Doch trotz all seiner tiefen Gedanken über *la durée* und die organische Form hat Bergson niemals eine Philosophie des Alters vorgelegt. Er entwickelte lediglich eine andere Philosophie der Zeit – eine, die eher auf biologischen als auf chronologischen Mustern beruhte. Sein Beitrag war ohne Zweifel ein bedeutsames Korrektiv, doch das Phänomen des Alters ist umfassender als das, was die Biologie dazu beisteuern kann. Denn Menschen sind biologische Wesen, die transbiologische Institutionen erschaffen; mit den Institutionen aber kommen kulturelle und historische Elemente ins Spiel, die bei Bergson und den meisten anderen Philosophen weitgehend außer acht blieben.

Alle Lebewesen gehorchen dem organischen Gesetz von Wachstum und Verfall, und in dieser Hinsicht stellen Menschen keine Ausnahme dar. Dem Rätsel der Sphinx zufolge gehen wir am Morgen auf vier Beinen, mittags auf zweien und, wenn wir lange genug leben, am Abend auf dreien. Ödipus jedoch entdeckte, kaum dass er in der Gewissheit, das Rätsel gelöst zu haben, in Theben angekommen war, dass die Dinge weit komplizierter liegen. Schließlich beginnt die Geschichte bereits vor der Geburt und geht nach dem Tod weiter. Anders gesagt, im Unterschied zu anderen Lebewesen wird *anthropos* in menschengeschaffene Welten hineingeboren, deren historische Vergangenheit und Zukunft weiter reichen als die Lebensspanne des einzelnen. Diese Welten, deren Gesamtheit die Griechen als *polis* bezeichneten, gründen auf einem institutionellen und kulturellen Gedächtnis, das ihren Bewohnern ein historisches Alter verleiht, welches seiner Natur nach ein ganz anderes ist als das biologische Alter. Da kein menschliches Wesen außerhalb solcher Welten mit ihren Vermächtnissen und Traditionen lebt, können wir sagen, dass die Menschen ihrer Natur nach »heterochron« sind, also über verschiedene Arten von Alter verfügen: ein biologisches, ein historisches, ein institutionelles, ein psychologisches. Nach und nach werden wir sehen, wie diese verschiedenen »Alter« miteinander verschränkt sind – sowohl auf der Ebene der Individuen als auch der Kulturen; halten wir hier einfach fest, dass in dem Moment, in dem *anthropos* die Bühne betritt, das Phänomen des Alters an Komplexität mindestens ebenso zunimmt wie in dem Moment, als das Leben auf unserem Planeten zum ersten Mal eine Spur hinterließ.

Derjenige Denker, von dem man eine brisante Philosophie des Alters erwarten würde, zumal was ihre menschliche Komponente angeht, ist Martin Heidegger. Heidegger dachte über Zeit radikaler nach als jeder Philosoph vor oder nach ihm. Doch auch er hatte – wie die metaphysische Tradition, an deren Überwindung er arbeitete – wenig über das Alter zu sagen. Heidegger lehrte uns, dass Zeit zeigend ist – dass sie einer Art Bewegung oder *kinesis* entspricht, die es dem Phänomen ermöglicht, zu erscheinen und von Gedanken und Worten erfasst zu werden. Er lehrte uns ebenfalls, dass die entbergende Dynamik der Zeit in der endlichen Zeitlichkeit des Daseins gründet. Weshalb er keine Anstrengung unternahm, die Zeitlichkeit des Daseins mit seinem Alter zu verknüpfen, und sei es in der nächstliegenden Bedeutung von Lebensphasen, ist schwer zu ergründen; denn wenn es um die existentialen Bestimmungen des Daseins geht, ist das Alter ebenso grundlegend wie Geworfenheit, Entwurf, Verfallenheit, Sein zum Tode und Mitsein. Gleichwohl bleibt das Dasein aus unerfindlichen Gründen in *Sein und Zeit* wie auch in Heideggers späterem Denken seinem Wesen nach alterslos.

Ich finde das verwunderlich, denn man könnte doch sagen, das Alter verhalte sich zur Zeit wie der Platz zum Raum. Nirgendwo in seinem Werk ist Heidegger überzeugender als dort, wo er aufzeigt, wie der Platz in seiner situierten Begrenztheit dem Raum vorausgeht. In musterhaft phänomenologischer Manier führt er vor, wie der wissenschaftliche Begriff eines homogenen Raumes aus der Öffnung des Daseins auf das »Da« seiner eigenen Hingehörigkeit hervorgeht oder von ihr ermöglicht wird. Man hätte von Heidegger eine ähnliche Analyse dazu erwartet, wie das Alter in seiner existentialen und historischen Ursprünglichkeit als Maßstab, wenn nicht als Quelle der endlichen Zeitlichkeit des Daseins und des chronologischen Begriffs der Zeit figuriert. Eine solche Analyse hätte ihm Gelegenheit geboten, zu zeigen, dass das stets endigende Wirken der Zeit in der Entfaltung des Alters und durch sie stattfindet, Tag für Tag, Jahr für Jahr, Ära für Ära und Epoche für Epoche. Leider erwägt Heidegger nirgendwo in seinem Werk das Alter als die Grenze der Endlichkeit, die es der Zeit erlaubt, in ihrem Zeigecharakter die Welt der Phänomene zu entbergen.

Lassen Sie mich kurz den Versuch machen, zu verdeutlichen, was alles, phänomenologisch gesprochen, außer acht bleibt, wenn es uns nicht gelingt, Zeit in Alter zu fundieren oder erstere aus letzterem herzuleiten.

Ich möchte mit der Feststellung beginnen, dass jedes Phänomen sein Alter oder, besser gesagt, *seine Alter* hat. Weshalb der Plural? Weil Entitäten erst zu Phänomenen werden, wenn sie wahrgenommen, intendiert oder begriffen werden. Daher bringt das Phänomen mindestens zwei voneinander unabhängige, aber miteinander verschränkte Alter zusammen: das Alter der Entität und das Alter des Begreifenden. Ein Junge und sein Großvater mögen in einem Urwald an der nordwestlichen Pazifikküste ihre Augen auf denselben Riesenmammutbaum richten, sie werden gleichwohl nicht dasselbe Phänomen sehen. Aufgrund ihres unterschiedlichen Alters erscheint es dem Jungen anders als dem Älteren. Der Himmel über mir bietet heute mehr oder weniger das gleiche blaue Schauspiel wie von jeher, doch seinem Alter nach ist es nicht derselbe Himmel. Als ich sieben war, war er das Band zwischen meinem Körper und dem Kosmos; mit zwanzig erschien er mir als eine Abstraktion; heute ist er die Kuppel zu einem Haus, von dem ich weiß, dass ich es nicht mehr allzu lange bewohnen werde; in Kürze wird er die Antwort darauf sein, was heute noch eine Frage bleibt.

Es führt zu nichts, wenn man sagt, ich »projizierte« mein Alter auf die Phänomene. Der Himmel ist mir immer als etwas Altersloses erschienen; und doch erscheint mir seine Alterslosigkeit, während ich altere, jeweils anders. Mein einziger Zugang zum Himmel und zur Welt der Phänomene überhaupt geht von meinem eigenen nichthimmlischen Alter aus. Wenn Identität Selbstgleichheit in der Zeit meint, dann ist das Alter das latente Element, das ein Differential in die Identitätsgleichung und damit in die Erscheinung der Dinge einbringt. Um denselben Gedanken etwas anders auszudrücken: Ich verleihe nicht dem Phänomen mein Alter; vielmehr erreicht mich das

Phänomen vermittels der Rezeptions- und Perzeptionsformen, die zu meinem Alter gehören. Man könnte es auch kantischer ausdrücken und sagen, dass Zeit in der Kindheit und im Erwachsenenalter nicht dieselbe Anschauungsform ist oder dass die Einbildungskraft Zeit in der Jugend anders schematisiert als im Alter.

Gerard Manley Hopkins' Gedicht »Spring and Fall« / »Frühling und Herbst«, in dem sich ein älteres lyrisches Ich an ein junges Mädchen wendet, drückt poetisch aus, was ich prosaischer über den Altersunterschied in der Selbstbekundung des Phänomens dargelegt habe:

> Margaret, are you grieving
> Over Goldengrove unleaving?
> Leaves, like the things of man, you
> With your fresh thoughts care for, can you?
> Ah! as the heart grows older
> It will come to such sights colder
> By and by, nor spare a sigh
> Though worlds of wanwood leafmeal lie;
> And yet you will weep and know why.
> Now no matter, child, the name:
> Sorrow's springs are the same.
> Nor mouth had, no nor mind, expressed
> What heart heard of, ghost guessed:
> It is the blight man was born for,
> It is Margaret you mourn for.

In der Übersetzung von Ursula Clemen:

> Margaret, härmst du dich über
> Goldenhain, der sich entblättert?
> Blätter, wie Menschendinge, dein

> Frischer Sinn, sag, mag er sich sorgen darum?
> Ach, wie das Herz älter wird,
> Fühlt es solchen Anblick kälter
> Nach und nach, gönnt keinen Seufzer mehr,
> Ob auch Welten von Welkwald blattweis fallen;
> Und doch wirst du weinen und wissen, warum.
> Was aber, Kind, gilt hier der Name:
> Leides Ursprung ist immer der gleiche.
> Kein Mund fand, nein, noch Geist je Wort
> Für das, was Herz vernommen, Seele sah:
> Es ist Welknis, für die wir geboren,
> Es ist Margaret, um die du trauerst.
> (Hopkins, *Gedichte, Schriften, Briefe*, S. 117)

Auch wenn es Margarets Emotionen hier an Glaubwürdigkeit mangelt – ein junges Mädchen vergießt normalerweise keine Tränen über fallendes Herbstlaub –, so lenkt das Gedicht doch die Aufmerksamkeit auf zwei wichtige phänomenologische Tatsachen. Erstens wirkt sich der Prozess des Alterns auf die Wahrnehmung der Phänomene aus. Zweitens ist menschliche Wahrnehmung auf einer bestimmten Ebene stets auch Selbstwahrnehmung. Der Unterschied zwischen dem Kind und dem Erwachsenen in dem Gedicht besteht darin, dass der Erwachsene vermutlich weiß, »weshalb« er weint, während Margaret dies vermutlich nicht weiß. Sie muss erst noch begreifen lernen, dass »Leides Ursprung […] immer der gleiche« ist.

Die letzte Behauptung mag tatsächlich zweifelhaft oder gar schlicht falsch sein – die Quellen des Leids sind *nicht* immer die gleichen –; jedoch liegt die Wahrheit des Hopkinsschen Gedichts nicht in seinem propositionalen Gehalt, sondern in der Entdeckung, dass mit dem Älterwerden des Herzens dem Phänomen eine andere Bedeutung zuwächst, eine Bedeutung, die eng mit dem Alter des Wahrnehmenden verbunden ist.

Auch der Dichter Giacomo Leopardi war der Meinung, dass sich die Gegenstände der Wahrnehmung mit zunehmendem Alter anders darbieten. Seiner pessimistischen Weltsicht zufolge neigt die Jugend dazu, in den Naturphänomenen ein unendliches Versprechen zu sehen. Herbstlaub, Mondlicht, offenes Meer – all dies sind Andeutungen künftigen Glücks. Doch indem sie die Jugend dazu einlädt, ihre Schönheit als Versprechen zu erfahren, erweist sich die Natur als unbeschreiblich grausam, denn dieses Versprechen ist und war stets *un inganno*, eine Täuschung. In seinem Gedicht »A Silvia« drückt er dies so aus: »O natura, o natura. / Perchè non rendi poi / Quel que prometti allor? Perchè di tanto / Inganni i figli tuoi?« »O Natur, o Natur, / warum hältst du nicht ein, / was du versprachst, und täuschst mit betörendem Schein / die eigenen Kinder nur?« (Leopardi, *Gesänge und Fragmente*, S. 147) Bei Hopkins offenbart das Alter mit der Zeit die implizite Wahrheit, die ein junges Mädchen in dem Phänomen naiv wahrnimmt; bei Leopardi offenbart es mit der Zeit die Täuschung, die in der naiven Wahrnehmung der Jugend verborgen ist. Noch einmal: Weder die eine noch die andere Vorstellung muss empirisch »wahr« sein. Wenigstens für unsere Zwecke jedoch ist wichtig, dass, im Unterschied zur Geschichte der Philosophie, die Geschichte der Dichtung eine Fülle von phänomenologischen Einsichten bietet, auf welchem Wege sich Wahrheit im Altern und durch das Altern offenbart.

Wenn Zeit, wie Heidegger behauptete, Wahrheit entbirgt und wenn Wahrheit wiederum, wie ich behaupte, altersgebunden ist, dann ist das, was in einer Lebensphase absolut wahr ist, in einer anderen bestenfalls relativ wahr. Als ich vor vielen Jahren zum ersten Mal die Eingangsverse von T. S. Eliots »The Four Quartets« / »Vier Quartette« las, war ich zutiefst davon überzeugt, auf die zeitlose Wahrheit der Zeit selbst gestoßen zu sein:

> Time present and time past
> are both perhaps present in time future
> And time future contained in time past.
> If all time is eternally present
> all time is unredeemable.
> What might have been is an abstraction
> Remaining a perpetual possibility
> Only in a world of speculation.

In deutscher Übersetzung:

> Jetzige Zeit und vergangene Zeit
> Sind vielleicht gegenwärtig in künftiger Zeit
> Und die künftige Zeit enthalten in der vergangenen.
> Ist alle Zeit auf ewig gegenwärtig
> Wird alle Zeit unerlösbar.
> Was hätte sein können ist eine Abstraktion
> Und bleibt als unentwegte Möglichkeit bestehn
> Nur in einer Welt spekulativen Denkens.
> (Eliot, *Werke* 4, S. 279)

Für einen jungen Menschen klingen Eliots Verse über das, »was hätte sein können«, wie die unheilvolle Wahrheit eines Orakels. Sie üben enormen Druck auf ihn aus, Nietzsches Lehre der ewigen Wiederkehr ernst zu nehmen (nach der wir vom Schicksal dazu verurteilt sind, alle Augenblicke unseres Lebens immer wieder, ewig, zu wiederholen) oder Rilke beim Wort zu nehmen, wenn er in seiner neunten »Duineser Elegie« (*Sämtliche Werke* 1, S. 717) schreibt: »Uns, die Schwindendsten. *Ein* Mal / jedes, nur *ein* Mal. *Ein* Mal und nichtmehr. Und wir auch / *ein* Mal. Nie wieder.« Diese Thesen – die ewige Wiederkehr und das »*ein* Mal« – sind insofern eng miteinander verbunden, als sie beide versichern, Realität erfülle sich im

Realen und nur im Realen. Jedoch erschüttert die Wahrheit dieser Aussage einen jungen Menschen sehr viel mehr als einen älteren, denn jener steht weit mehr unter dem Imperativ, sein Potential zu verwirklichen, als der ältere, dessen Leben sich, wie auch immer, bereits einem narrativen Abschluss entgegenschlängelt, auch wenn es sein biologisches Ende noch nicht erreicht hat.

Während ich der Auffassung bin, dass das Wirkliche als die Krone des Möglichen erstrahlt, bin ich, anders als zu dem Zeitpunkt, als ich Eliots Verse zum ersten Mal las, nicht mehr davon überzeugt, dass das Mögliche lediglich in der Verwirklichung eingelöst wird. Ich bin in einem Alter angelangt, in dem die Verbindung zwischen Zeit und Wirklichkeit eine Verschiebung erfahren hat, die mich für die Vorstellung empfänglicher macht, dass unsere gelebten Augenblicke in ihrer Punktförmigkeit gleichsam Funken sind, die aus einer unendlichen Quelle hervorgehen und in diese wieder zurückfallen, einer Quelle, die der Vorsokratiker Anaximander als *apeiron* bezeichnete, als unbegrenzten Urstoff. Dieses *apeiron* ist nicht nichts. Noch ist es »eine Abstraktion«, die »als unentwegte Möglichkeit« bestehen bleibt »in einer Welt spekulativen Denkens«. Seine überwältigende Potentialität durchdringt das Phänomen, gibt ihm Tiefe, Dichte und Opazität und durchflutet es mit der abnehmenden Latenz des unverwirklichten Potentials. Ich könnte denselben Gedanken auch anders ausdrücken, indem ich sage, dass der riesige Ozean der Potentialität, auf deren Oberfläche die Aktualität wie eine durchsichtige Welle treibt, unserer Erfahrung des Wirklichen Auftrieb und Tiefe verleiht.

Es gibt noch weitere Komplikationen, die an den Wendepunkten des menschlichen Alters am Werk sind. Wenn ich sage, dass ich sechzig Jahre alt bin, was meint das dann genau? Was oder wer ist dieses Ich? Ist es ein Körper, ein Geist, eine

Seele oder die Summe aller drei? Selbst wenn wir es, der Einfachheit halber, lediglich als einen Körper bezeichnen, haben wir es nicht mit einer bloßen Summe zu tun. Mein Körper ist sechzig und zugleich einige Milliarden Jahre alt, denn alle seine Atome, die ein paar Sekunden nach dem Urknall entstanden sind, sind mithin so alt wie das Universum selbst. Darüber hinaus altert der Körper nicht in allen seinen Teilen gleichmäßig. Das Alter eines schwachen Herzens ist nicht das einer gesunden Niere. Man kann in einem Körperteil alt werden und in einem anderen über Jahre hinweg jung bleiben. So äußert der Protagonist in John Banvilles Roman *Caliban* (S. 11) über die italienischen Frauen: »Sie altern von oben nach unten [...], denn diese Beine [...] hatten sie wohl auch schon mit zwanzig oder noch davor.« Kurz, der Körper ebenfalls ist heterochron.

Mein Körper enthält ein Gehirn. Ist mein Gehirn genauso alt wie mein Geist? Mit Sicherheit nicht, denn anders als das Gehirn ist mein Geist durch Wahlverwandtschaft und Vererbung mit dem Geist anderer, Toter wie Lebender, verbunden. In Yeats' »A Prayer for My Daughter« / »Ein Gebet für meine Tochter« lesen wir: »My mind, because the minds that I have loved, / The sort of beauty that I have approved, / Prosper but little, has dried up of late [...].« »Mein Denken, weil das Denken, das ich liebte, / Die Art von Schönheit, darin ich mich übte, / So schwach gedeihn, dörrt aus in jüngster Zeit.« (Yeats, *Die Gedichte*, S. 214) Wie Yeats habe ich Denker geliebt, die so alt sind wie Anaximander und Platon. Also ist mein Denken, das von dem ihren geprägt ist, über zweitausend Jahre alt. Ob es deshalb nun älter oder jünger ist als mein Gehirn, weiß der Himmel.

Was meine Seele anbetrifft – oder das, was wir gewöhnlich Seele nannten, ehe sie zusammenschrumpfte und von der Bühne der Geschichte verschwand –, so bin ich mindestens so alt wie Moses, Homer und Dante, deren Vermächtnisse einen

Teil meines psychischen Selbst ausmachen. Und sollte es mich je dazu treiben, die Tiefen meines Unbewussten zu ergründen, so werde ich höchstwahrscheinlich entdecken, dass ich so alt bin wie die Archetypen prähistorischer Mythen.

Wir schreiben das Jahr 2014. Gehöre ich – oder das Kompositum, das an meiner ersten Person Singular befestigt ist – meinem historischen Alter an? Sicherlich liegt in meinem Naturell mehr neunzehntes als einundzwanzigstes Jahrhundert, und gewiss enthält meine Vorstellung des Universums mehr Himmelssphären als allgemeine Relativitätstheorie, meine Kulturgeographie mehr antikes Athen als World Wide Web. Wenn ich umgekehrt bedenke, wie tief die westliche Kultur immer noch im Sumpf von Atavismen steckt, in welchem Schneckentempo unsere Anstrengungen vorankommen, die Torheiten der Vergangenheit zu überwinden und das Versprechen der Moderne zu erkennen, dann habe ich das Gefühl, historisch noch gar nicht geboren zu sein, dann bin ich sechzig minus ein oder zwei Jahrhunderte. Trotz aller Unzeitgemäßheit kann ich nicht leugnen, dass auch ich ein Kind meiner Zeit bin, denn ich kann nicht ganz einer Welt angehören, in der es so etwas wie *Radiohead* nicht gibt.

Wenn man sagt, Alter sei »relativ«, stellt man das Problem zu einfach oder gar falsch dar. Natürlich ist die eigene gelebte Erfahrung des Alters abhängig von Rasse, Klasse, Gender, Kultur, Nation und Bildung. In manchen Gesellschaften vermag sich ein fünfzehnjähriger Junge kaum vorzustellen, was es bedeutet, ein fünfzehnjähriges Mädchen in derselben Gesellschaft zu sein, oder was es bedeutet, ein gleichaltriger Junge in einer anderen Gesellschaft zu sein. Jenseits dieser speziellen Relativitäten sind wir jedoch mit einer noch viel allgemeineren Relativität konfrontiert. Fünfzehn Jahre alt zu sein bedeutet zu Beginn des dritten Jahrtausends etwas ganz anderes als zu Beginn des zweiten oder ersten, von der Vor- und Frühgeschichte ganz zu schweigen. Relativität, ob nun spezielle oder allgemeine, als Grundbegriff kann uns nur bis zu dem Punkt bringen, an dem es um die Bestimmung der komplexen Mannigfaltigkeit geht, die das wahre Alter eines Menschen ausmacht. Ich meine die Mannigfaltigkeit von Körper, Geist und Seele, wobei jedes einzelne Element einer eigenen verborgenen Dynamik folgt. Der Begriff der Relativität trägt dazu bei, jenen verwirrenden Nexus, der diese Mannigfaltigkeit geheimnisvoll in einer einzelnen Person zusammenhält, ebenso sehr zu verdunkeln wie zu erhellen – zumal sich diese Mannigfaltigkeit in beständigem Fluss befindet und ihre Einheit sich in dem entfaltet, was wir, vage genug, als Zeit bezeichnen.

Der in Frage stehende menschliche Nexus bleibt mit einer ersten Person Singular verknüpft und diese wiederum mit einer jeweiligen historischen Ära (Geschichte, so könnte man sagen, zwängt sich durch den Trichter der ersten Person Singular). Historische Epochen wiederum entfalten sich innerhalb des größeren Rahmens dessen, was man traditionell als Zeitalter der Kultur bezeichnet hat. In der Antike beispielsweise sprach man vom goldenen, silbernen, bronzenen Zeitalter etc. Giambattista Vico unterschied das Zeitalter der Götter von dem der Heroen und dem der Menschen. Später in diesem Buch werden wir mit Vicos Hilfe sehen, dass die Erscheinung eines Phänomens vom kulturellen Zeitalter einer Gesellschaft ebenso abhängt wie vom existentiellen Alter eines Individuums; mit anderen Worten: Die Veränderungen, denen die kulturelle Mentalität einer Gesellschaft in der historischen Zeit unterliegt, spielen eine prägende Rolle dabei, wie sich das Phänomen denen zeigt, die diese Mentalität teilen. All dies bekräftigt meine These: Was in einem bestimmten Lebensstadium oder in einem bestimmten historischen Stadium wahr ist, kann in einem anderen bestenfalls teilweise wahr sein. Kurz, Wahrheit hat ihr Alter oder, besser gesagt, mehrere.

Anthropos

Wir neigen zu dem Glauben, das rationale Denken – seine Fähigkeit zu abstraktem Denken, seine Fähigkeit, die Naturkräfte zu berechnen und zu beherrschen, sein Vermögen, Dinge zu ersinnen, zu entwerfen und zu entdecken – sei bis heute die größte Errungenschaft der Evolution, doch sollten wir Folgendes bedenken: Wir haben Computer gebaut, die imstande sind, die klügsten Schachspieler der Welt zu schlagen; doch wenn es darum geht, eine Maschine zu bauen, die es mit der Fähigkeit eines Tiers aufnehmen kann, sich mühelos durch einen Raum zu bewegen, ohne auf ihrem Weg Gegenstände anzurempeln, sind wir kläglich im Rückstand. Unsere Fähigkeiten zu rationalem Schlussfolgern lassen sich relativ leicht künstlich reproduzieren, während Sensomotorik, Tiefenwahrnehmung, Reflexe und Körperkoordination für die Roboterwissenschaft eine fast hoffnungslose Herausforderung darstellen. Warum?

Die Antwort hat wiederum mit dem Alter zu tun. Auf der Zeitskala der Evolution ist unser Verstand etwas völlig Neues – seine Fähigkeiten zu rationalem Schließen sind erst vor ein paar tausend Jahren aufgetaucht –, während die Evolution Milliarden von Jahren zur Verfügung hatte, das kinetische Funktionieren lebender Organismen zu vervollkommnen. Aus evolutionärer Sicht ist das rationale Denken so jung, dass man sagen könnte, wir Menschen würden in einer Weise denken und urteilen, wie sich analog das Neugeborene bewegt und verhält – unbeholfen, tastend, um die Beherrschung und kontrollierte Wirkung seiner Motorik kämpfend. Das ist ein Argument unter vielen dafür, dass wir vorsichtig damit sein sollten, unseren kognitiven Kräften die Gestaltung unserer Welt zu überlassen, und dass wir die Verantwortung für unser künftiges Schicksal keinesfalls aus der Hand geben sollten.

Abgesehen davon, dass er unter evolutionärem Gesichtspunkt »jung« ist, steht der menschliche Verstand von Anfang an mit dem Jungsein in einer genuinen Verbindung. Die ungewöhnlich lange Kindheit des Menschenjungen hat es uns gestattet, unsere Intelligenz zu entwickeln, ebenso wie unsere Intelligenz es uns erlaubt hat, unsere Kindheit zu verlängern. Nichts ist kostspieliger, aufwendiger in einem »jugendlichen« Sinne als der menschliche Verstand. Er ist die Quelle unserer Furchtsamkeit ebenso wie unserer Kühnheit. Er hat uns befähigt, Gefahren ebenso zu vermeiden wie herauszufordern. Er hat die Segnungen und die Ungeheuerlichkeiten der Zivilisation begünstigt und hat uns zu der schreckhaftesten und zugleich schrecklichsten Spezies werden lassen, die sich je auf der Erde herumtrieb.

Das Leben stürzt alles Lebendige in Risiko, Gefahr und Ungewissheit. Das Biotische verharrt unsicher schwankend an der Grenze von Chance und Untergang. Zwar ist alles Leben verletzlich, doch die Menschen sind aufgrund ihrer Existenzweise viel gefährdeter als jede andere lebende Art, denn wir wohnen in der Offenheit des Möglichen, einschließlich der Möglichkeit der Vernichtung, und haben einen Weg gefunden, diese Offenheit in bewusste Erkenntnis zu verwandeln. Auf einer fundamentalen Ebene tritt Erkenntnis als Reaktion des Menschen auf die Neuheit und Fremdheit auf, die uns unsere exponierte Stellung in der Welt um uns und *in* uns deutlich macht. Die Welt in ihrer Unheimlichkeit ist dem *Homo sapiens* für immer neu und fremd, so wie sie es für das Menschenjunge ist.

In der *Fröhlichen Wissenschaft* fragt sich Nietzsche, was die Menschen wirklich wollen, wenn sie nach Erkenntnis suchen. Seine Antwort:

Nichts weiter als dies: etwas Fremdes soll auf etwas *Bekanntes* zurückgeführt werden. Und wir Philosophen – haben wir unter Erkenntniss eigentlich *mehr* verstanden? Das Bekannte, das heisst: das woran wir gewöhnt sind, so dass wir uns nicht mehr darüber wundern, unser Alltag, irgend eine Regel, in der wir stecken, Alles und Jedes, in dem wir uns zu Hause wissen: – wie? Ist unser Bedürfniss nach Erkennen nicht eben dies Bedürfniss nach Bekanntem, der Wille, unter allem Fremden, Ungewöhnlichen, Fragwürdigen Etwas aufzudecken, das uns nicht mehr beunruhigt? Sollte es nicht der *Instinkt der Furcht* sein, der uns erkennen heisst? Sollte das Frohlocken des Erkennenden nicht eben das Frohlocken des wieder erlangten Sicherheitsgefühls sein? (§ 355)

In dieser psychologischen Erklärung des Willens zum Wissen liegt viel Bedenkenswertes, doch sollten wir Nietzsches These, dass uns »der Instinkt der Furcht […] erkennen heisst«, mit Vorsicht behandeln; denn könnte Furcht allein den Willen zum Wissen motivieren, würde alle lebende Natur nach Erkenntnis suchen. Es bedarf einer eigentümlichen Form von Angst – eines Risses im Gewebe von Instinkt, Reflex und Routine –, um einer Spezies den Anstoß zu begrifflicher Vermittlung, Verstehen und Sprache zu geben. Mit einem Wort: den Anstoß zum Bewusstsein. Der Riss muss aus dem *inneren* Sein des *Homo sapiens* kommen, derart, dass seine Wunden ein Gewahrwerden seiner selbst hervorrufen, das die umgebende Welt in ihrer Rätselhaftigkeit zur Kenntnis nimmt. Genau das nahmen die Alten an, als sie erklärten, das menschliche Bewusstsein entspringe zuerst dem Staunen, das die Form von Verwunderung, Ratlosigkeit oder Furcht annehmen kann. In der einen oder anderen Form entsteht es als Reaktion auf die überwältigende Fremdheit der

Welt, vor allem den befremdlichen Umstand, dass wir uns in ihr befinden.

Es gibt kein Staunen ohne Gewahrwerden unserer selbst, und wo das Staunen überwiegt, hat das Diktum »Nichts Neues unter der Sonne« keine Geltung. Menschliches Bewusstsein in seinem gesteigerten Selbstgewahrwerden erzeugt Neuartiges, auf das es reagiert. Das Neue schreckt auf. Es verstört. Es erweckt. Es fordert Aufmerksamkeit, Verständnis und Anpassung. Wo Leben ist, ist auch Neophobie, denn in der natürlichen Welt zieht das Neue gewöhnlich Störungen und Gefahren nach sich. Doch auch hier bildet der Mensch eine Ausnahme, denn neben unserer natürlichen, selbsterhaltenden Neophobie existiert zugleich eine Gegenstrebung, die Neophilie. Menschen verweilen inmitten des Neuen, so wie Kinder von Neuartigem angezogen werden und es zugleich argwöhnisch betrachten. Wäre unsere Spezies nicht von Anbeginn mit dieser neophilen Gegenstrebung ausgestattet gewesen, wären wir wohl kaum bis ans äußerste Ende der Welt gezogen, wir hätten wohl kaum Werkzeuge erfunden, das Reich der Intelligibilität erschlossen und auf die natürliche Welt die letztlich überirdischen Kräfte des menschlichen Denkens losgelassen.

Solche überirdischen Kräfte können nur in einer Spezies auftauchen, die zugleich überschwenglich und gequält ist. Menschen haben eine Neigung zu lieben, wovor ihnen graut, anzugreifen, was sie lieben, und aufzusuchen, wovor sie zurückweichen. Treffend formulierte der Renaissance-Humanist Francesco Bonciani in seiner Abhandlung *Lezioni sopra il comporre delle novelle* von 1574:

Viel erstaunlicher [als die Wunder der natürlichen Welt] ist der menschliche Geist, besonders in den Momenten seiner Verirrung: Aus Liebe können wir den Gegenstand unserer Liebe zerstören, so wie Deianeira Herakles vernichtete; bei Ödipus finden wir ein Vernunftvertrauen, das ihn ins eigene Verderben stürzt; es ist, als läge im menschlichen Geist eine lebendige Kraft, welche die Vernunft dieses Geistes und die Argumente, die sie aufbieten könnte, einer solchen Verirrung nicht zu verfallen, zunichtemacht.

Ob sie nun im menschlichen Geist oder anderswo liegt – diese »lebendige Kraft« ist so seltsam, so großartig und schrecklich, dass kein noch so umfassendes Wissen ihre Verirrung eindämmen kann. So wird jedes »Frohlocken des wieder erlangten Sicherheitsgefühls«, das die Erkenntnis verschafft, unweigerlich neuen Formen der Furcht weichen, denn der Schrecken liegt nicht so sehr in der Welt wie in uns selbst.

Das ist der Kern der anthropologischen These, die das berühmte zweite Chorlied in der *Antigone* des Sophokles eröffnet, bekannt auch als »Ode an den Menschen« (S. 37 f.): »Ungeheuer ist viel. Doch nichts / ungeheurer als der Mensch.« Das griechische Wort *deinos* kann »seltsam«, »großartig« oder »schrecklich« bedeuten. Alle drei Konnotationen kommen hier ins Spiel. Der Mensch *(anthropos)*, erläutert der Chor, segelt mitten im Winter auf berghohen Wellen, reißt die Erde mit seinem Pflug auf, fängt die »leichtträumenden Vögel« und zieht Fische aus der Tiefe des Meeres; dem Hengst und dem unbezähmten Stier hat er das Joch um den Nacken geworfen; »[u]nd die Rede und den luftigen Gedanken [...] hat erlernet er«. Er weiß, wie man Schutz vor Kälte, Heilung für Krankheiten findet, und schafft Recht und Gesetz. Doch bei all seiner Findigkeit kommt er durch seine Unbedachtheit *(tolma)* oft auf Schlimmes und findet sich *apolis*, ohne Heimatstadt. Wie sehr er es auch versucht, er hat nicht die Macht, dem zu entfliehen, was schließlich Anspruch auf alles Leben erhebt:

nämlich der Tod. »Allbewandert, / Unbewandert. Zu nichts kommt er.«

Wenn der Mensch großartig und seltsam ist, dann ist es auch diese Ode, die sein Lob singt, denn sie endet damit, dass der Chor sich mit Schrecken vom *anthropos* abwendet, der dem Abgrund trotzt, mutwillig die Mächte herausfordert, die ihn leicht überwältigen könnten, und sich zum Herrn über alle Dinge erhebt, obschon er kaum sich selbst noch andere Männer und Frauen zu beherrschen vermag (was sowohl an den Machtkämpfen als auch an der tragischen Handlung der *Antigone* abzulesen ist). Nachdem er eine großartige Schilderung dessen geboten hat, was die Menschheit so einfallsreich, wagemutig und schöpferisch macht, erklärt der Chor: »Nicht sei am Herde mit mir, / noch gleichgesinnt, / wer solches tut.« Warum diese Zurückweisung?

Mit seinem Schaudern leiht der Chor, aus den Ältesten Thebens bestehend, seine Stimme der Weisheit des Alters, die über dem (und gegen den) jugendlichen Leichtsinn steht. Ich sage »jugendlich«, weil die junge Antigone in ihrer Auflehnung gegen die Mächte, die sie so leicht vernichten könnten, in dem Stück als Paradebeispiel für den geschilderten *anthropos* auftritt. Ihr Onkel Kreon ist älter als sie, doch auch er ist, ideologisch gesprochen, ein »jugendlicher« Hitzkopf, denn in seiner Eile, Recht und Ordnung herzustellen, setzt er sich über eine Reihe alter Wahrheiten hinweg, darunter die, dass unbestattete Leichen offene Fragen bedeuten. In seinem übereifrigen Eintreten für eine neue Satzung der Stadt, für eine neue *raison d'état*, lässt er es zu, dass sein »Vernunftvertrauen [...] ihn ins eigene Verderben stürzt«, wie Bonciani in der angeführten Passage sagt. Es ist kein Zufall, dass die Ältesten des Chors zu Beginn des Stücks Kreon zweimal besorgt als den »neuen« König Thebens bezeichnen. Das griechische Wort *neos* bedeutet sowohl »jung« wie »neu«.

Wenn wir unter *anthropos* die menschliche Gattung verstehen, könnten wir sagen, dass die Ode an den Menschen in ihren ablehnenden Schlussversen die innere Bedächtigkeit zum Ausdruck bringt, die mit der unvorsichtigen Neophilie der Menschheit einhergeht. Ich meine jene Neophilie, die den Menschen dazu treibt, sich beim Erforschen, Entdecken, Herausfordern, Überwältigen in beispiellosen Trotzhandlungen selbst zu überschätzen. Die Ältesten Thebens erschrecken darüber, dass der Mensch aus unbekannten Gründen seine Unternehmungen unter vorsätzlicher Missachtung all dessen ins Werk setzt, was die menschliche Gesellschaft – mit ihren Traditionen, Bräuchen und selbstbewahrenden Institutionen – mühsam abwehrt, nämlich Katastrophen und den Nihilismus des Todes. Vielleicht ist *anthropos*, was seine Waghalsigkeit anbelangt, nicht »alt« genug, um die lauernden Abgründe des Todes in den Meeren, Gebirgen und bei den Völkern, in deren Gebiete er vordringt, zu fürchten.

Nach seinem kraftvollen, heroischen Porträt des Menschen wirkt die Vorsichtsethik des Chors durch und durch antiheroisch. Wir sollten jedoch nicht vergessen, dass die menschliche Gattung durchaus hätte untergehen können, wenn ihr diese Art von Beklommenheit gefehlt hätte, die das Gegengewicht zu ihrer Neigung darstellt, sich entsetzlichen Gefahren und Herausforderungen mutwillig auszusetzen. Vielleicht war neuerungssüchtige Kühnheit die notwendige Bedingung dafür, den Weg zur Rede und zum »luftigen Gedanken« des alles verstehenden menschlichen Verstandes zu finden, doch ist sie als solche nicht zureichend. Wenn es zutrifft, was die Ode verkündet – dass »nichts / ungeheurer [sei] als der Mensch« –, dann spricht alles für die Annahme, dass drückende Angst und anthropologische Scheu, wie sie der Chor zum Ausdruck bringt, eine ebenso wichtige, wenn nicht wichtigere Rolle beim Selbstgewahrwerden des Menschen spielen. Keine äußere

Gefahr kann dieses Gewahrwerden auslösen. Nur der Mensch in seiner frevlerischen Selbsttranszendenz kann durch ein Erschrecken vor sich selbst zum Selbstbewusstsein vorstoßen. Nur aus der Kluft zwischen Vorsicht und unbesonnener Kühnheit kann *anthropos* in all seiner Ungeheuerlichkeit und Größe ins Reich der Bedeutung vordringen.

Was hat das »Alter« des Menschen mit seinem Durchbruch ins Offene des Sinns zu tun? Ungeheuer ist vieles, doch nichts ungeheurer als das Alter des Menschen. Die sophokleische Ode gehört ja zu einem Stück über eine junge Frau, die zugleich Schwester und Tochter des Ödipus ist. Der Bruder, den sie beerdigen will, Kreons Anordnung missachtend, ist auch ihr Onkel. Es bedarf in der Tat eines ungeheuren Menschen, um die Sphinx herauszufordern und sie zu nötigen, sich selbst in den Abgrund zu stürzen – eines Menschen, der viel ungeheurer ist als der gewöhnliche *anthropos*, der am Morgen auf vier, mittags auf zwei und am Abend auf drei Beinen geht.

Ödipus betritt die Stadt Theben in der Gewissheit seines vermeintlichen Sieges über die Sphinx, nur um zu gegebener Zeit zu entdecken, dass das Leben einer perverseren Erzählweise folgt, als er erwartet hatte. Erst später zieht ihn das Rätsel, das er gelöst zu haben meinte, in den Strudel seiner Verwicklungen, und in den Wendungen und Windungen seiner weiteren Lebensgeschichte offenbart es ihm, dass das Alter des Menschen mehr ist als eine geradlinige Stufenfolge. Nehmen wir Ödipus als Warnung, dass zwei Beine nicht immer sind, was sie zu sein scheinen, besonders wenn eines davon ein Klumpfuß ist, und dass die Linie, die sich von der Kindheit bis zum Greisenalter erstreckt, nur einen der Fäden bildet, die das menschliche Dasein in das ausgespannte Netz des Alters einflechten, in dessen Mittelpunkt ein Knoten liegt. Auf diesen Knoten müssen wir nun unsere Aufmerksamkeit richten.

Neotenie

Wie alt ist die menschliche Spezies nun genau? Bei dieser Frage geht es mir nicht darum, wie lange es her ist, dass sich der *Homo sapiens* zu seiner heutigen Form entwickelt hat. Die Chronologie der Hominisierung hat gewiss ihre eigene Faszination, doch hier beschäftigt uns am meisten der »Altersunterschied« zwischen den Menschen und ihren Vorfahren, den Primaten. Mit Fragen zur Anatomie dieses Altersunterschieds werde ich mich im weiteren beschäftigen.

Wir, die wir zu dem beängstigenden Geschöpf geworden sind, das Sophokles' Ode an den Menschen beschreibt – wir, die wir uns mit unserer Intelligenz praktisch über das Tierreich hinaus entwickelt haben –, sind wir zur »fortgeschrittensten« Spezies auf der Erde geworden, indem wir über die adulten Stufen hinaus fortgeschritten sind, die unsere Vorfahren in ferner phylogenetischer Vergangenheit erreicht hatten? Gewiss dachten viele so, nachdem der deutsche Biologe Ernst Haeckel im neunzehnten Jahrhundert seine berühmte Rekapitulationstheorie aufgestellt hatte. Haeckels »biogenetische Grundregel« klingt immer noch vertraut: »Die Ontogenese rekapituliert die Phylogenese«, das heißt, die Individuen wiederholen oder durchlaufen in ihrer fetalen Entwicklung die verschiedenen Stufen der Evolution ihrer Spezies. So stellen die zeitweiligen kiemenähnlichen Spalten des menschlichen Embryos Rudimente des alten erwachsenen Fischs dar, aus dem wir uns vor vielen Millionen Jahren entwickelt haben, ebenso wie seine Schwimmfüße und die Anlagen eines Schwanzes Überreste unserer Abstammung von den Amphibien und frühen Säugetieren darstellen. Nach Haeckel entwickelte sich der Mensch zu seiner gegenwärtigen Form durch Anpassungen auf der Grundlage früherer morphologischer Stufen. Mit anderen Worten, der menschliche Embryo rekapituliert zunächst und überholt dann in seiner ontogenetischen Entwicklung die Formen der erwachsenen Vorfahren seiner Evolutionsgeschichte.

Die biogenetische Grundregel bot eine imposante Theorie der menschlichen Evolution – und erlebt heute in modifizierter Form eine starke Wiederbelebung –, doch das morphologische Beweismaterial arbeitete gegen seine Hauptprämisse. 1920 verwies der niederländische Anatom Louis Bolk auf über zwanzig Merkmale, die menschliche Erwachsene mit jugendlichen Primaten und zahlreichen Säugetierembryos teilen. Zum Beispiel ähnelt unser gerundeter Schädel mehr den Schädeln fetaler und infantiler Affen als denen reifer Affen (zu Näherem siehe die Anmerkungen zu diesem Kapitel im Anhang). Ebenso hat unsere Gesichtspartie eine frappierende Ähnlichkeit mit derjenigen junger, nicht jedoch erwachsener Primaten (bei Affen ist das jugendliche Gesicht relativ flach, doch wenn sie älter werden, beginnt es vorzuspringen, mit »positiver Allometrie«). Die menschliche Frau teilt mit Säugetierembryos den ventral gerichteten Vaginakanal, doch bei anderen Spezies schiebt er sich beim Wachstum der Weibchen nach hinten, während er beim Menschen unverändert bleibt. Unser nichtopponierbarer großer Zeh ist etwas, das die meisten Primaten in ihren frühen, jedoch nicht in ihren späteren Entwicklungsstufen mit uns teilen. Dies sind nur einige der eindrucksvollen Züge von Neotenie oder Retardierung, die Bolk zugunsten seiner »Fetalisationstheorie« aufzählt. Ihr zufolge ist der Mensch im Grunde ein junger Affe, der in seiner natürlichen Entwicklung (zum adulten Affen) zurückgeblieben ist. Dank dieser Retardierung verharren die Menschen ihr ganzes Leben lang in einer kindlichen Form, bleiben »pädomorph«. Bolk formulierte es drastischer: »Der Mensch ist seiner körperlichen Entwicklung nach ein Primatenfetus, der geschlechtsreif geworden ist.«

Aldous Huxley benutzte in seinem Roman *Nach vielen Sommern* Bolks Fetalisationstheorie als literarischen Stoff. Dem fünften Earl von Gonister und seiner Geliebten ist es gelungen, ihr Leben auf über zweihundert Jahre zu verlängern, indem sie sich von Eingeweiden von Karpfen ernähren. Als der amerikanische Millionär Jo Stoyte, der sich mit all seinem Geld biologische Unsterblichkeit erkaufen möchte, und sein Leibarzt Dr. Obispo sich auf die Suche nach dem Geheimnis der Langlebigkeit machen, entdecken sie den Earl und seine Geliebte – zu Affen geworden. Erstaunt darüber, den Earl auf allen vieren zu sehen, fragt Stoyte, was mit ihm geschehen sei. »Die Zeit«, antwortet Dr. Obispo. »Ein fötaler Affe, der Zeit hatte, sich auszuwachsen.« (S. 296) Es wäre verführerisch, die Frage zu stellen, ob sich die Zivilisation in letzter Zeit – analog gesprochen – von Karpfeneingeweiden ernährt hat, doch ist dies eine Spekulation, die wir vorläufig beiseitelassen werden.

Der biologische Fachausdruck für das von Bolk beschriebene Fetalisationsphänomen lautet »Neotenie«, ein Wort, das zwei griechische Wurzeln verbindet: *neos*, das »neu« oder »jung« bedeutet, und *tenein*, das so viel heißt wie »dehnen«, »strecken« oder »zurückhalten« (verwandt mit dem lateinischen *tenere*, »halten«). In der Evolutionsbiologie meint Neotenie den Fortbestand fetaler, larvaler oder juveniler Merkmale in adulten Organismen sowie eine allgemeine Entwicklungsverzögerung, die es möglich macht, juvenile Merkmale auf späteren Stufen des Lebenszyklus beizubehalten.

Bolks Fetalisationstheorie nahm bald den Weg der biogenetischen Rekapitulation, das heißt, sie ging ein in die Annalen der fehlerhaften, veralteten Wissenschaft, nicht so sehr wegen ihrer morphologischen Evidenz, die immer noch zwingend ist, sondern weil der von Bolk vorgeschlagene Erklärungsmechanismus für die Fetalisation wissenschaftlich unglaubhaft war. Bolk vermutete, dass eine allgemeine Modifikation unseres Hormongleichgewichts die menschliche Entwicklung abbremst, doch es war einfach nicht einleuchtend, dass hormonale Veränderungen derart komplexe morphologische Transformationen hervorrufen könnten. Darüber hinaus hatte Bolk keine angemessene Erklärung für viele unserer Merkmale, die ihrer Natur nach nicht pädomorph sind, darunter solche, die eindeutig gerontomorph sind. Diese tat er als bloß »sekundär« ab, ähnlich wie die Rekapitulationisten die pädomorphen Merkmale abgetan hatten.

Hätte Bolk den Darwinismus eher aufgegriffen als angegriffen, so wäre es seiner Fetalisationstheorie in der Wissenschaftsgeschichte besser ergangen. Unseligerweise veranlasste ihn seine ablehnende Haltung gegenüber dem Begriff der Adaptation, eine Erklärung für die Pädomorphose am falschen Ort zu suchen, eher in inneren hormonalen Veränderungen als in der äußeren Umwelt. Es war Stephen Jay Gould, der in seinem Buch *Ontogeny and Phylogeny* ein halbes Jahrhundert später Bolks »zentrale Einsicht«, wie Gould sagt, wiederbelebte und rehabilitierte, indem er sie von ihrem Erklärungsapparat schied und sie in die aktuelle Konzeption der »Mosaikevolution« einbettete. Nach dieser Auffassung wird die Morphologie von einer Vielzahl ganz unterschiedlicher Umweltfaktoren beeinflusst, so dass die Evolution der einzelnen Teile des menschlichen Körpers unter ganz unterschiedlichem evolutionären Druck stattfand. In einem solchen Modell können Pädomorphose und Gerontomorphose in der menschliche Anatomie widerspruchslos nebeneinander bestehen. Gould fasst seine Schlüsse zur Rolle der Neotenie im Verlauf der Hominisierung folgendermaßen zusammen:

> Ich glaube, dass menschliche Wesen »wesentlich« neoten sind, nicht weil ich eine Liste wichtiger pädomorpher Merkmale aufzählen könnte, sondern weil *die Entwick-*

lung der menschlichen Evolution eindeutig durch eine allgemeine zeitliche Retardierung gekennzeichnet ist. Diese Retardierung hat eine Matrix erzeugt, innerhalb deren alle Trends in der Evolution der menschlichen Morphologie zu bewerten sind. Diese Matrix sichert der Pädomorphose nicht per se eine zentrale Rolle, doch sie liefert sicherlich einen Mechanismus für ein solches Resultat, wenn dieses Resultat selektionsrelevant sein soll. Dieser Mechanismus wurde in der menschlichen Evolution immer wieder benutzt, weil retardierte Entwicklung mit einer Reihe potentieller Konsequenzen verbunden war: Verzögerung der fetalen Wachstumsraten, die zu größeren Größen und zur Beibehaltung juveniler Proportionen führte. Ist nicht ein solches System die proximale Ursache für das evolutionäre Wachstum des menschlichen Gehirns?

(*Ontogeny and Phylogeny*, S. 365;
Kursivierung im Original)

Gould stützt seine These, dass Retardierung eine grundlegende Matrix der menschlichen Evolution sei, mit überzeugenden darwinistischen Argumenten, die es plausibel erscheinen lassen, dass die Neotenie Selektionsvorteile bietet. Indem sie es uns erlaubt, verschiedene juvenile Züge im Erwachsenenalter beizubehalten, erhöht Retardierung unsere Anpassungsfähigkeit. Wenn die äußere Umwelt aus welchen Gründen auch immer raschen Veränderungen unterliegt – und die meisten Sprünge in der menschlichen Evolution waren die direkte Folge solcher Umbrüche –, sind wir besser imstande, mit solchen neuen Gegebenheiten zurechtzukommen, da wir als Kinder der Neotenie uns weniger auf einen festen Satz spezialisierter Merkmale und mehr auf die erhöhte Plastizität, Anpassungs- und Lernfähigkeit der Jugend verlassen.

Wenn Gould recht hat, ist Retardierung die Quelle nicht

nur unserer pädomorphen Züge, sondern auch zweier miteinander verbundener Merkmale, die uns mehr als alle übrigen von anderen Tieren unterscheiden: unsere größere Intelligenz und unsere größere Sozialisationsfähigkeit. Während das erste Merkmal auf unsere verzögerten fetalen Wachstumsraten zurückgeht, die es unserem Gehirn ermöglichen, einen erheblich größeren Umfang gegenüber dem anderer Primaten zu erreichen, entspringt das zweite unserer verlängerten Säuglings- und Kindheitsphase, die den Lernprozess und damit wiederum die Intelligenz fördert. Zusammengenommen liefern diese beiden Charakteristika eine Erklärung für jene spezifisch menschliche Überlebensstrategie, die wir Kultur nennen. Nur ein Wesen mit ungewöhnlich verzögerter Entwicklung kann dahin kommen, sich mehr auf Erlernen als auf Instinkt zu verlassen oder Überlebensstrategien zu verfolgen, die hauptsächlich auf Erziehung, Gedächtnis und erworbenen Fertigkeiten beruhen. Und nur ein Wesen, das in die tragenden Strukturen der menschlichen Gesellschaft hineingeboren wird, kann es sich leisten, seine juvenile Entwicklung dermaßen lange auszudehnen. Kurz, unsere Genialität als Spezies liegt in unserem Widerwillen dagegen, erwachsen zu werden.

Die Rolle, die der Neotenie in unserer Evolution zukommt, ist noch von vielen Zweifeln umgeben, doch wenn wir den Prozess der Menschwerdung in seinem Gesamtverlauf überblicken, ist die Bedeutung der verzögerten Entwicklung gar nicht zu überschätzen. Sie ist in einer Weise, die weit über unsere pädomorphen Züge hinausreicht, tief in unserer Existenz als Spezies verwurzelt. Wir Menschen verbringen mit dem Aufwachsen einen größeren Teil unseres Lebens (rund dreißig Prozent) als selbst unsere engsten Verwandten im Tierreich. Wir verbringen den überwiegenden Teil eines Jahres im Mutterleib, und wenn wir geboren werden, sind wir im Grunde immer noch Embryos. Der Grund dafür, dass sich unser embryonales Wachstum noch so lange nach der Geburt fortsetzt, hat mit der außergewöhnlichen Größe des menschlichen Gehirns zu tun. Müssten wir unser embryonales Wachstum in der Gebärmutter vollenden, wäre unser Kopf zu groß, um sie durch den Vaginalkanal zu verlassen.

Wenn Kultur Evolution mit anderen Mitteln ist, dann ist verzögerte Entwicklung der Garten – oder Kindergarten –, in dem das Lernvermögen der Jugend unter sorgsam kultivierten Umständen gediehen ist. Nur der *puer discens*, das lernende Kind, konnte zum *Homo sapiens* werden. Durch die dramatische, manchmal unbegrenzte Ausdehnung des Lernprozesses hat die verzögerte Entwicklung unser Schicksal unserer eigenen Genialität übereignet, unserem Allesverstehen, das die Ode an den Menschen »den luftigen Gedanken« nennt.

Kurz, die Neotenie beim Menschen ist weder Regression noch Fixierung, sondern ein modifizierter Entwicklungstyp, der juvenile Züge auf neue Ebenen der Reife bringt, wo sie in ihrer jugendlichen Form beibehalten werden. Wir können uns das folgendermaßen anschaulich machen: Gegen Ende seines Lebens behauptete Einstein, seine bahnbrechenden Entdeckungen in der Physik seien der Tatsache zu verdanken, dass er in Geist und Gemüt das ganze Leben lang ein Kind geblieben sei. Nun endete die Entwicklung von Einsteins Geist offenkundig nicht zu der Zeit, als er noch ein Kind war. Was er meinte, war vielmehr, dass er niemals aufhörte, beharrlicher und mit technisch raffinierteren Mitteln jene elementaren Fragen zu stellen, die Eltern nie so recht zu beantworten wissen: Warum ist der Himmel blau? Wie alt ist Gott? Warum kann ich den Wind nicht sehen? Man braucht eine kindliche Neugier, um wissen zu wollen, woraus ein Atom besteht, unter welchen Bedingungen Zeit rückwärts verlaufen könnte oder wie Licht für jemanden aussähe, der mit Lichtgeschwindigkeit auf einem parallelen Strahl mitreisen würde. Einsteins Geist wuchs an Fassungsvermögen und Komplexität immer weiter, ohne sein intrinsisches Staunen, seine Wissbegier und seine Liebe zum Wunderbaren zu verlieren. In diesem Sinne war sein Geist nicht unähnlich dem Bolkschen »Primatenfetus, der geschlechtsreif geworden ist«. Was nur eine andere Formulierung dafür ist, dass er ziemlich genial war.

Zu ergänzen wäre noch, dass Neotenie der Tyrannei des Erbes widersteht. Die Verlangsamung der Entwicklungsrate verzögert nicht nur das Erwachsenwerden, sondern richtet sich auch gegen die Reproduktion einer festen und ausgereiften Form, die uns über die Gesetze der Wiederholung und Identität mit unseren Vorfahren verbindet. In dieser Hinsicht verleiht die Neotenie den Menschen eine größere Speziesfreiheit sowohl *von* den genetischen Diktaten als auch *zu* neuen, noch unverwirklichten Möglichkeiten. Indem wir die Plastizität der Jugend über längere Zeiträume und in manchen Fällen unser ganzes Leben lang bewahren, haben wir unsere evolutionären Optionen beträchtlich erweitert und sind im Laufe der Zeit zu einer leichtfüßigeren, freieren, beweglicheren und abenteuerlustigeren Spezies geworden. Kurz, zu einer intelligenteren und jugendlicheren Spezies. Oder besser, zu einer intelligenteren, weil jugendlicheren Spezies.

Die Ode an den Menschen in der *Antigone* bietet uns einen flüchtigen Blick auf die eher erschreckende Seite dieser jugendlichen Offenheit für das staunende Entdecken und Erkennen der Welt. Die Entschlossenheit, mutig dorthin zu gehen, wohin bisher niemand gegangen ist, führt uns auf den Mond und in die Arkana der Chromosomen; sie bringt uns den Mikrochip und die Atombombe. Doch trotz all der Neuerungen, die sie in die Welt gebracht hat, seit Sophokles die Ode dichtete, bleibt etwas in der fortlaufenden Geschichte des Menschen unverändert. Selbst wenn es unserer jugendlichen Intelligenz eines Tages gelingen sollte, den Tod eher zu einer

Option als einer Notwendigkeit zu machen, wird wahr bleiben, was der Chor über *anthropos* sagt: »Allbewandert, / Unbewandert. Zu nichts kommt er.« Wenn unser Genie unserem Unwillen entspringt, erwachsen zu werden, so leitet sich unsere Weisheit wiederum von unserem gesteigerten Todesbewusstsein her. Wie wir im nächsten Kapitel gründlicher sehen werden, erblüht die menschliche Kultur, wenn beide zusammenwirken – und nicht gegeneinander.

Der Albino-Gorilla

Geschichten zu erzählen ist ein Grundzug der menschlichen Spezies, eine gleichsam kindliche Art, uns einen Reim auf die Rätsel der Welt zu machen, vor allem auf das Rätsel unserer Existenz in ihr. Es gibt allen Grund für die Annahme, dass die ersten menschlichen Geschichten nicht in verbaler, sondern in dramatischer Form entstanden, dass Handlung, Charakter und Emotion durch ritualisierte Darstellungen, Kostüme, Masken und vermittels der außerordentlichen mimetischen Fähigkeiten des menschlichen Körpers mitgeteilt wurden. Sprache wäre demnach erst später aufgetreten, ähnlich wie der gesprochene Dialog erst nach der Pantomime, den Zwischentiteln und der expressiven Gestik des Stummfilms kam.

Giambattista Vico – der italienische Denker aus dem frühen achtzehnten Jahrhundert, dessen Theorie der Zivilisationsepochen ich im nächsten Kapitel erörtern werde – hatte zweifellos recht mit der Behauptung, dass die animistischen Mythen der menschlichen Vorgeschichte aus zwei zusammenhängenden Eigenschaften entstanden sind, die in der frühen Kindheit des Menschen verbreitet sind: die Unfähigkeit des Kindes, abstrakt zu denken, und seine wunderbare bildliche Phantasie. Vico schreibt:

Denn wie die rationale Metaphysik lehrt, dass [...] der Mensch durch das Begreifen alles wird [...], so beweist die Metaphysik der Phantasie, dass [...] der Mensch durch das Nicht-Begreifen alles wird; und vielleicht liegt in diesem Satz mehr Wahrheit als in jenem, denn durch das Begreifen entfaltet der Mensch seinen Geist und erfasst die Dinge, doch durch das Nicht-Begreifen macht er die Dinge aus sich selbst, verwandelt sich in sie und wird selbst zum Ding.

(Vico, *Prinzipien einer neuen Wissenschaft*, § 405)

Die ältesten menschlichen Geschichten waren fast mit Gewissheit projektive Personifizierungen dieser Art, mit Akteuren, die sich in die Protagonisten ihrer Erzählungen verwandelten. Dieses imaginative Vermögen, zu projizieren – zu glauben, glauben zu machen und Unglauben außer Kraft zu setzen –, ist eines, das menschliche Wesen niemals verlieren, in welchem biologischen oder historischen Alter sie auch sein mögen. Es ist dies einer der neotenen Grundzüge der Menschheit, mit dem sich die Neotenie nun von der biologischen zur kulturellen Sphäre verlagert.

Da unser Thema hier der »Altersunterschied« zwischen dem *homo sapiens* und seinen Primatenvorfahren ist, lassen Sie mich an eine Geschichte erinnern, die vielleicht dazu beitragen mag, das undurchdringliche Dunkel, von dem die psychischen Elemente dieses Unterschieds umgeben sind, zu zerstreuen. Unter dem Titel »Der Albino-Gorilla« ist sie 1983 in Italo Calvinos Buch *Herr Palomar* erschienen (S. 96–100). Ehe wir sie im einzelnen erörtern, sollten wir zunächst darauf hinweisen, dass der Gorilla in Calvinos Vignette kein fiktionales Tier ist, sondern ein einstmals berühmter Bewohner des Zoos von Barcelona. Der Affe wurde 1966 als Neugeborenes in Äquatorialguinea gefangen und starb 2003, fast achtzehn

Jahre nachdem Calvino selbst gestorben war. Er trug den Namen *Copito de Nieve*, Schneeflöckchen, wegen seines weißen Fells und der hellen Hautpigmentierung, und er war der einzige Albino-Gorilla, von dem man je gehört hat. Während seines langen Lebens im Zoo zeugte er mehrfach Nachwuchs, doch keines der Jungen ererbte seinen Albinismus, und keines überlebte ihn. Copito de Nieve erreichte das hohe Alter von siebenunddreißig Jahren (im Durchschnitt wird ein Gorilla in freier Natur etwa fünfundzwanzig), und Calvino muss ihn gesehen haben, als der Gorilla noch ein Teenager war. Wenden wir uns nun der Geschichte zu.

Bei seinem Besuch im Zoo von Barcelona sieht Herr Palomar – »ein nervöser Zeitgenosse, Bewohner einer hektischen und überfüllten Welt« (S. 9) – Copito de Nieve in seinem ummauerten Freigehege. Obwohl der Gorilla noch jung ist, erscheint er Herrn Palomar »wie ein Greis«, »wie ein Monument aus unvordenklichen Zeiten, wie ein Gebirge oder die Pyramiden«. Der Eindruck eines hohen Alters rührt von dem archaischen Prototyp des Gorillakörpers her, der durch alle Epochen hindurch unverändert überdauert hat und dem Copito de Nieve trotz seiner Albinohaut völlig treu geblieben ist. Trotzdem scheint sich dieser Affe von anderen seiner Art zu unterscheiden, nicht nur wegen seines schneeweißen Fells, sondern weil er unter den Beschränkungen zu leiden scheint, denen ihn sein gattungsspezifisches Sein unterwirft. Er lebt in einem Freigehege, »umgeben von hohen Mauern, die ihm das Aussehen eines Gefängnishofes verleihen«, wie Calvino schreibt, doch man könnte auch sagen, dass das Gefängnis, das diesen Gorilla umgibt, zuallererst die evolutionäre Beschränkung ist, die die Natur seiner Spezies auferlegt hat.

Copito de Nieve zeigt die Qual seiner existentiellen Situation (jedenfalls in der Phantasie von Herrn Palomar), indem er einen alten Autoreifen eng an seine Brust drückt. Seine Gefährtin hat ebenfalls einen Reifen, doch für sie »ist er ein Gebrauchsgegenstand, zu dem sie ein praktisches und problemloses Verhältnis hat: Sie sitzt darin wie in einem Sessel und sonnt sich, während sie ihr Baby laust«. Doch für Copito de Nieve, der ihn niemals loslässt, »scheint der Kontakt mit diesem Reifen etwas Affektives zu sein, etwas Possessives und in gewisser Weise Symbolisches«. Herr Palomar überlegt: »Als könnte sich darin ein Spalt auftun, ein Ansatz zu dem, was für den Menschen die Suche nach einem Ausweg aus dem Lebensüberdruss ist: das Sicheinbringen in die Dinge, das Sich-in-den-Zeichen-Wiedererkennen, das Verwandeln der Welt in einen Zusammenhang von Symbolen: fast ein erstes Aufdämmern von Kultur in der langen biologischen Nacht.« Herr Palomar vermutet, dieser Überdruss könne die eigentliche Quelle der Sprache sein: »Vielleicht ist der Gorilla, während er sich in ihn einfühlt, gerade dabei, auf dem Grunde des Schweigens die Quellen der Sprache zu finden und einen Strom von Beziehungen herzustellen, zwischen seinen Gedanken und der sturen unerbittlichen Evidenz der Fakten, die sein Leben bestimmen.«

Einige namhafte Philosophen, die über den Unterschied zwischen Menschen- und Tierwelt gründlich nachgedacht haben, würden sich Herrn Palomars Wahrnehmung von Copito de Nieve als eingesperrtes Wesen zu eigen machen. Gestützt auf das Werk des Zoologen Jakob von Uexküll, meinte Martin Heidegger zum Beispiel, im Vergleich mit dem Menschen sei das Tier »weltarm«. Gänzlich in seinem unmittelbaren Wahrnehmungsfeld aufgehend, ist das Tier in seiner umgebenden Umwelt gefangen. Es kann nicht frei handeln, sich nur triebhaft benehmen. In seinen *Grundbegriffen der Metaphysik* (S. 347 f.) schreibt Heidegger: »Die Benommenheit ist die Bedingung der Möglichkeit dafür, dass das Tier seinem Wesen nach *in einer Umgebung sich benimmt, aber nie in einer Welt*« –

das heißt: nie in einer Welt des Handelns, des Sichverhaltens und der Offenheit des Sinns.

Der französische Philosoph Henri Bergson behauptet im wesentlichen das Gleiche, nur in eleganterer Prosa:

> Folglich ist auch der Unterschied zwischen dem Bewusstsein des Tieres, selbst des intelligentesten, und dem des Menschen radikal. Denn das Bewusstsein entspricht exakt dem Wahlvermögen, über welches das Lebewesen verfügt. Es ist koextensiv mit dem Saum möglicher Handlungen, der die reale Handlung umgibt: Bewusstsein ist synonym mit Erfindung und Freiheit. Beim Tier jedoch ist alle Erfindung immer nur eine Variation über das Thema der Routine. In die Gewohnheiten der Spezies eingekerkert, gelingt es ihm zwar zweifellos, diese durch seine individuelle Initiative zu erweitern; dem Automatismus entrinnt es jedoch nur für einen Augenblick, gerade lange genug, um einen neuen Automatismus zu erschaffen – kaum dass sie sich geöffnet hatten, schließen sich die Tore seines Gefängnisses schon wieder, und an seiner Kette zerrend, gelingt es ihm lediglich, sie zu verlängern. Mit dem Menschen zerreißt das Bewusstsein die Kette. Beim Menschen, und nur beim Menschen, befreit es sich.
>
> (Bergson, *Schöpferische Evolution*, S. 298 f.)

Unter Theoretikern wie unter Ethologen besteht heutzutage eine starke Tendenz, solche Annahmen über eine Ausnahmestellung des Menschen in der natürlichen Ordnung anzuzweifeln – Annahmen, die den meisten von uns fast selbstevident erscheinen. Doch wir brauchen hier nicht in diese Debatte einzutreten, da der Gorilla in Calvinos Geschichte eher eine bildliche Projektion als ein Exemplar darstellt. Doch was genau stellt er nun dar? Ist er eine hypothetische, vermittelnde Spezies zwischen den Primaten und dem Menschen? Leidet er an einer Form existentieller Angst, die dem Männchen – oder dem weißen Männchen – eigentümlich ist (man beachte den Unterschied zwischen Copitos »symbolischer« Beziehung zu seinem Reifen und der pragmatischen Beziehung seiner Gefährtin zu dem ihren)? Sollen wir in ihm ein gebrochenes Bild des Künstlers in seiner Entfremdung von der Gesellschaft sehen? Sollen wir in ihm ein psychologisches Selbstbildnis Calvinos selbst sehen? Für jede dieser Optionen ließen sich Argumente vorbringen, doch mit Rücksicht auf unser Hauptthema sollten wir den Fokus hier auf die folgende Frage verengen: Ist Copito de Nieve die frühkindliche Gestalt des Menschen im Kampf um den Durchbruch zur Sprache?

Diese Frage erlaubt eine negative und eine positive Antwort zugleich. Um mit der negativen zu beginnen, könnten wir sagen, dass ein menschlicher Säugling sprachlos *(infans)* ist, aber nicht so, wie der Gorilla es ist. Infantile Sprachlosigkeit entspricht einem überreichen Potential an Symbolisierung und Bedeutung; sie ist das plappernde Vorspiel zu einer unbändigen Geschwätzigkeit, die noch keine Worte zur Verfügung hat. Anders als ein menschliches Kind wird Copito de Nieve nie die Quellen erreichen, aus denen die Sprache hervorbricht, wie lange er auch lebt, denn diese Quellen haben ihren Ort in den Tiefen der frühesten Kindheit selbst. Nicht durch die Überwindung, sondern durch die Verlängerung der sprachlosen Infantilität wird Sprache geboren. Copito de Nieve ist schon zu alt, zu erwachsen, es ist zu spät dafür. Je älter er wird, desto weiter entfernt er sich von der Quelle. Kurz, er ist dazu verdammt, ein Affe zu bleiben, der niemals jung genug oder nicht lange genug jung war, um Zugang zu den Bereichen von Symbol, Mythos und Intelligibilität zu finden. Der Reifen, der ihn über seinen Ausschluss aus dem Garten des

Sinns hinwegtröstet, hat durchaus das Potential zu einem primitiven Symbol, doch in seinem Falle symbolisiert er eher die postsymbolische als die präsymbolische Existenzweise des Gorillas.

Selbst wenn wir zugäben, der »wirkliche« Copito de Nieve im Zoo von Barcelona litte an der Qual, die Herr Palomar auf ihn projiziert, wird der Gorilla dennoch zeitlebens kein Wort sagen, denn Calvinos Vignette lokalisiert die Quelle der Sprache am falschen Ort, nämlich in der »Suche [des Menschen] nach einem Ausweg aus dem Lebensüberdruss«. Sprache entsteht nicht aus dem Bedürfnis nach einem Ausweg, sondern aus dem Wunsch, ins Leben einzutreten, nicht aus dem Stirnrunzeln der Ohnmacht, sondern aus einem Überschuss an Vitalität und Staunen. Vicos Metaphysik der Phantasie entspringt einem jugendlichen menschlichen Drang, alle Dinge zu werden, und nicht aus einem verwirrten Bedürfnis, »einen Strom von Beziehungen herzustellen zwischen seinen Gedanken und [… den] Fakten, die sein Leben bestimmen«. Das letztere Bedürfnis gehört zu einer anderen Lebensstufe – wenn nicht zu einer anderen Zivilisationsstufe – als dasjenige, das ein menschliches Kleinkind nach Ausdrucksmitteln suchen lässt.

Anders als Copitos Beschränkungen sind die des Babys anspornend, denn sie vermitteln ihm das Gefühl, dass die umgebende Welt eine Fülle von Magie, Verlockungen, von Sinn und Handlungsmöglichkeiten birgt. Damit Copito de Nieve eine Figur der frühen Kindheit des Menschen sein könnte, müsste er so viel somatische Offenheit und Plastizität, so viel mimetischen Elan mitbringen, dass seine imaginative Energie in jedem Moment in Lautmalerei, Personifizierung, Symbolisierung und schließlich Sprache überschießen könnte. Statt dessen sieht Herr Palomar in Copito de Nieve den Blick eines »traurigen Riesen«, der hin und wieder »sein Knittergesicht zu der Besuchermenge jenseits der Scheibe, kaum einen Meter entfernt, [dreht]; ein Blick, der die ganze Resignation ausdrückt, die ganze Ergebenheit in das Schicksal, so zu sein, wie man ist [...]«. Resignation ist eindeutig nicht die Gestimmtheit, aus der heraus der primitive Mythos in all seinem Überschwang, der Animismus mit all seinem Zauber und die totemistischen Rituale mit all ihrer Magie entstanden sind.

Eine bejahende Antwort auf die oben gestellte Frage wird man nur dann geben können, wenn man das Ereignis anders datiert. Wir sollten Copito de Nieve nicht als Figur betrachten, in der sich der Kampf des kleinen Menschenwesens um den Durchbruch zur Sprache personifiziert; doch wir könnten (und sollten) in ihm eine Personifizierung jener Art von Infantilität betrachten, die in menschlichen Wesen fortbesteht, lange nachdem sie den Gebrauch der Sprache erworben haben. Wir könnten sie als postjuvenile Infantilität bezeichnen von der Art, wie sie Herrn Palomar selbst in seinem höheren Alter plagt. Wie das?

Herr Palomar beschließt seine Meditation mit einer Betrachtung über sich selbst. »Wie der Gorilla seinen Reifen hat, als greifbaren Anhalt für eine wahnhafte wortlose Rede, [...] so habe ich dieses Bild eines weißen Affen. Wir alle drehen immerzu einen leeren alten Reifen zwischen den Händen, mit dessen Hilfe wir gern jenen letzten Sinn erreichen würden, zu dem die Worte nicht vordringen.« Das Bemerkenswerte an Calvinos Vignette ist, dass sie für den Leser genau jene »Metaphysik der Phantasie« nachstellt, die Herrn Palomars menschliche Freiheit von Copitos speziesbedingten Beschränkungen unterscheidet. Herr Palomar mag ein älterer Herr sein, der innerlich erschöpft unter der Last des Alters leidet, doch er bewahrt immer noch jene besondere kindliche Fähigkeit, den Affen zu vermenschlichen, indem er sich in Copitos imaginierte Enttäuschungen projiziert. Denn es ist Herr Palomar, der, gefangen in einer »hektischen und überfüllten Welt«, die

Gefangenschaft des Affen in seiner umstände- und speziesbedingten Beschränktheit, den »Tatsachen des Lebens«, imaginiert. Und ebenso ist es Herr Palomar, der, vom Leben verstört, sich die Verstörung des Affen angesichts einer schemenhaft wahrgenommenen Sinndimension unmittelbar jenseits seiner kognitiven Reichweite vorstellt.

Und was noch wichtiger ist: Herr Palomar projiziert imaginativ auf den Affen jene psychische »Infantilität« – oder Sprachlosigkeit –, die nicht nur in ihm, sondern in allen Menschen ihr ganzes Leben lang fortbesteht. Wir haben keine Worte für den letzten Sinn der Dinge, die letzte, flüchtige Bedeutung, nach der wir suchen. Wie lange wir auch leben, wie sehr wir uns auch den sogenannten Tatsachen des Lebens stellen, es wird immer etwas Größeres geben, das das menschliche Verstehen übersteigt, das unseren Erwartungen trotzt und uns den Wunsch versagt, sein letztes Ziel zu begreifen. Wie sehr wir auch in der Phantasie zu allen Dingen »werden« oder sie wissenschaftlich »verstehen«, überdauert in jedem Menschenwesen ein inneres Kind, dem es nicht gelingt, die Welt, in die es geworfen wurde, zu begreifen – ein inneres Kind, das keine angemessenen Worte für das flüchtige Mysterium findet, das uns von überallher umgibt, wohin wir auch den Blick wenden. In diesem – und nur in diesem – Sinne ist ein Albino-Gorilla in uns allen.

Aus einem gemeinsamen Quell

Ein männliches Mitglied der Gattung Mensch hat einmal gesagt, der Unterschied zwischen dem Haben und Nichthaben eines Penis ziehe solche enormen sozialen und psychischen Folgen nach sich, dass »die Anatomie [...] das Schicksal« sei, womit gemeint war, das biologische Geschlecht [*sex*] bestimme die Grundlagen des Lebens. Nun gehört zur Anatomie freilich noch mehr als das Geschlecht, so wie zum Geschlecht noch mehr gehört als die Anatomie. Was das Schicksal angeht, sollten wir im Auge behalten, dass Mann und Frau sich in der Evolution als Tandem entwickelt haben, dass keines der beiden Geschlechter [*gender*] anatomisch menschlicher ist als das andere und dass auch keines in signifikantem Maße pädomorpher ist als das andere, auch wenn weibliche Individuen der Gattung Mensch in gewisser ästhetischer Hinsicht ein wenig neotener sind als männliche. Wenn Freuds Diktum (*Gesammelte Werke* VIII, S. 90) gültig ist, dann teilen Männer und Frauen in ihrer gattungsspezifischen Existenz im großen und ganzen ein gemeinsames Schicksal.

Was nicht heißt, dass die Geschlechterdifferenz zwischen Menschen nicht abgrundtief wäre oder dass Männer und Frauen nicht eine Kluft überbrücken müssten, um in Beziehungen zu treten. Im Hinblick auf manche ganz intimen Dinge – zum Beispiel, wie wir unsere Lebenszyklen oder den biologischen Alterungsprozess erfahren – weichen die Schicksale von Männern und Frauen stark voneinander ab (wenn auch nicht so stark, wie manche glauben möchten). Die weitergehende philosophische Frage lautet nun, ob die Geschlechterdifferenz Männer und Frauen mehr trennt als vereint oder ob sie im Gegenteil dazu dient, unsere gemeinsame Identität als Gattung zu festigen.

Vor ein paar Jahren stieß ich in irgendeiner Veröffentlichung auf die resolute Erklärung einer Zoologin: »Mit weiblichen Pavianen habe ich mehr gemein als mit Männern meiner eigenen Spezies.« Ich habe diese Behauptung unter mehreren Gesichtspunkten gründlich erwogen und würde heute folgendermaßen darauf antworten: So wie Männer und Frauen die anatomischen Merkmale teilen, die uns zu einer einzigen, in zwei Geschlechter [*genders*] unterschiedenen Spezies machen, so teilen sie auch das, was es einem Geschlecht möglich macht, sich mit dem anderen völlig uneins zu fühlen.

Ich will damit sagen, dass die Geschlechterteilung, wie tief sie auch reichen mag, als solche nicht ursprünglich ist. Ursprünglich ist unser menschliches Vermögen, uns von anderen entfremdet, befremdet und abgesondert zu fühlen, so als wäre man eine Anomalie innerhalb der eigenen Art. Dieses Gefühl eines inneren Albinismus befällt das eine Geschlecht nicht mehr als das andere. Es gehört zu der ausgesprochen menschlichen Erfahrung der Entfremdung, besonders während der Jugend, in der man geneigt ist, sich für ebenso monströs zu halten wie Frankensteins männliches Monster, das seiner Einsamkeit und seinem Unverstandensein in Worten Ausdruck gibt, die ihm von einer Frau verliehen wurden. Anders gesagt: Das jugendliche Gefühl, eine Ausnahme zu sein, wie es in Edgar Allan Poes Gedicht »Alone« / »Allein« hervortritt, betrifft das eine Geschlecht genauso wie das andere:

>From childhood's hour I have not been
>As others were – I have not seen
>As others saw – I could not bring
>My passions from a common spring.
>From the same source I have not taken
>My sorrow; I could not awaken
>My heart to joy at the same tone;
>And all I loved I loved alone.
>*Then* – in my childhood – in the dawn
>Of a most stormy life – was drawn
>From ev'ry depth of good and ill
>The mystery that binds me still.

In der Nachdichtung von Theodor Etzel:

> Von klein an ging ich eigne Bahn;
> Ich sah nicht so, wie andre sahn;
> Was mich ergriff zu Lust und Pein,
> Das musste ungewöhnlich sein.
> Ich schöpfte Leid aus anderm Quell;
> Und klang mein Herz in Freude hell,
> War's Klang, den nie ein andres gibt;
> Ich liebte, was nur ich geliebt.
> Und damals stieg – da ich noch jung,
> In wilden Gärens Dämmerung –
> Das Rätsel, das ich niemals löse,
> Aus jedem tiefen Gut und Böse.

Das Mysterium besteht fort – es hat seine Bannkraft nicht verloren –, weil es aus den Tiefen der Kindheit aufsteigt und sich als der ureigenste Kern des inneren Selbst auf spätere Lebensphasen überträgt. Doch auch wenn es mich bindet, definiert es mich nicht, wenn »definieren« heißt, eine einschränkende Grenze aufzuerlegen. Im Gegenteil, das Rätsel setzt mich im Modus der Offenheit der Welt aus, lässt mich die Fremdheit der Dinge, der fernen wie der nahen, gewahr werden und macht mich für sie empfänglich. Der andere, unvertraute »Quell«, aus dem ich meine Leidenschaften und mein Leid schöpfe, wirft mich in eine seltsame Vertrautheit mit der Welt – die Vertrautheit eines Eingeweihten, der die Bedingungen seiner Initiation noch nicht versteht. Genau hier, in dieser novizenhaften Offenheit, kommen ein Junge und ein Mädchen, ein Mann und eine Frau als zwei Individuen einer Art zusammen, wenn sie ihrer tiefsten menschlichen Berufung folgen. Je freier und aufrichtiger sie einander begegnen, desto befremdlicher erscheint diese Offenheit – so sehr, dass sie sich vielleicht dazu aufgerufen fühlen, diese Fremdheit zu bezähmen, indem sie eine Partnerschaft bilden.

Wir können unmöglich wissen, wie andere Spezies den Alterungsprozess erfahren, und selbst innerhalb unserer eigenen Spezies unterscheidet sich diese Erfahrung zwischen den Geschlechtern beträchtlich. Doch gleichviel ob man männlich oder weiblich ist, stellt die Kindheit für die Menschen eine Art Schicksal dar, nicht im Freudschen Sinne eines anatomischen Determinismus, sondern in dem Sinne, dass die innere Offenheit des Kindes für die Dinge in allen späteren Phasen des Lebenszyklus nachwirkt. Ob glücklich oder unglücklich, gesund oder ungesund, selig oder bedrängt: Die Kindheit bleibt das psychische Gravitationszentrum jedes Erwachsenen, so beharrlich – oder neoten – sind ihre frühen Imperative oder Impulse.

Das Paradox besteht darin, dass diese Imperative und Impulse in späteren Lebensphasen zumeist in imaginärer, nachträglich gebrochener Form wirksam bleiben. In Wahrheit ist Kindheit das, was jeder Erwachsene verloren hat, ob er nun eine getreue oder verzerrte Erinnerung daran hat. Gerade weil sie im Modus des Verlusts fortbesteht, haben wir eine ausgeprägte Neigung, ihr goldenes Zeitalter zu mythologisieren oder ihre Realität durch selektive Erinnerung, Phantasie, Sehnsucht und Rückprojektion zu verklären. Gewiss vermittelt der Verlust der Kindheit eine erste »Ahnung unserer Sterblichkeit«, wenn nicht das erste Empfinden des Todes selbst.

Zur Intimität zwischen reifen Menschen, ohne Rücksicht auf ihr Geschlecht, gehört die Erfahrung, diesen Verlust in der einen oder anderen Form zu teilen. Findet diese Erfahrung zwischen einem Mann und einer Frau statt, so ist das Band zwischen ihnen aufgrund des Geschlechtsunterschieds umso stärker. Möglich wird diese geteilte Gemeinsamkeit dadurch, dass niemand von uns, ob männlich oder weiblich, über dieses offene Reich der Begegnung in all seiner rätselhaften Fremdheit gebietet. Das wunderbare Gedicht »The River Merchant's

Wife: A Letter« / »Die Frau des Flusshändlers: Ein Brief« des chinesischen Dichters Li T'ai Po aus dem achten Jahrhundert – in der Wiedergabe von Ezra Pound *(Personae. Sämtliche Gedichte 1908–1921)* – erzählt die Erfahrung dieser Gemeinsamkeit aus der Ich-Perspektive:

> Als mir das Haar noch quer über die Stirne fiel,
> Spielte ich am Gatter rum und rupfte Blumen.
> Du kamst vorbei auf Bambusstelzen und spieltest Pferd,
> Gingst um das Haus herum, spieltest mit blauen Pflaumen.
> So lebten wir dahin im Dorf von Ch'ang-kan:
> Zwei Menschenkinder ohne Tadel und Argwohn.
>
> Mit vierzehn heiratete ich meinen Herrn: Dich.
> Ich lachte nie, denn ich war schüchtern.
> Ich senkte meinen Kopf und sah die Wand an.
> Auch hundertmal gerufen, sah ich nie zurück.
>
> Mit fünfzehn hörte ich zu bocken auf
> und wollte meinen Staub mit deinem mischen
> für immer und für immer und für immer.
> Was soll ich auf die Warte steigen?
>
> Mit sechzehn fuhrst du fort.
> Du fuhrst zum fernen Ch'ü-t'ang, am Fluss der quirlenden Wirbel.
> Schon fünf Monate bist du fort.
> Die Affen machen kläglichen Lärm in den Baumkronen.
> Du schlepptest deine Füße, als du fortgingst.
>
> Am Gatter ist das Moos gewachsen, viele Moose,
> zu dicht, um sie zu jäten!
> Das Laub fällt zeitig diesen Herbst im Wind.

> Die Schmetterlinge, zu zweit überm Rasen des Gartens
>   nach Westen,
> Sind schon gelb vor August.
> Sie tun mir weh. Ich werde älter.
> Kommst du herab durch die drei Flussengen,
> Bitte, schick mir beizeiten Nachricht,
> Dann komme ich dir entgegen
>   Bis nach Ch'ang-feng-sha.

Die erste Strophe schildert zwei Kinder, die in ihre parallelen Welten versunken sind, Welten, die sich nur an den Rändern überschneiden. Die Kinder leben »ohne Tadel und Argwohn« eher neben- als miteinander. Die zweite evoziert die eheliche Gemeinschaft mit ihrem neuen Mann, eine Wahl, die vermutlich ihre Eltern für sie getroffen haben. Sie erlebt ihr erstes Ehejahr als jähe Trennung von der Welt ihrer Kindheit. Ihre Sprachverweigerung zeigt, dass sie die Situation, in der sie sich befindet, nicht auszudrücken weiß; sie benutzt ihr Schweigen als Kommunikationsmittel. Die dritte Strophe beschreibt, wie sie ihre verlorene Kindheit hinter sich lässt und ein Band mit ihrem Mann knüpft, das weit in die Zukunft hineinreicht, über die Grenzen des biologischen Lebens hinaus. Die vierte Strophe beschreibt eine weitere Trennung, diesmal von ihrem Mann. Doch nun ist ihr ein Verlust nichts Fremdes mehr; sie weiß nun, was der Lärm der Affen dort oben zu bedeuten hat, nämlich die Trauer über die Endlichkeit. Die letzte Strophe beschreibt das wachsende Todesbewusstsein der Ehefrau und ihre Einsicht, dass sie und ihr Mann zu Verbündeten dabei geworden sind, die Wildnis der Zeit zu zähmen. Während der Abwesenheit ihres Mannes sind die Moose am Gartentor zu dicht gewachsen, um sie noch zu jäten; die Zeit verrinnt und wird herbstlich in der Blüte der Jugend, und sie empfindet die Kränkung des Älterwerdens. Wie die letzten Verse zeigen, sehnt sie sich danach, hinauszugehen und dem, der sie nur zögernd vor sechs Monaten verließ, entgegenzueilen und ihm außerhalb ihres Hauses, weit jenseits ihrer Gartenmauer, zu begegnen. Sie ist bereit, sich hinauszuwagen und ihm als gereifte Erwachsene, die ihre häusliche Partnerschaft bejaht, gegenüberzutreten.

In der Spanne zweier Jahre ist die Frau des Flusshändlers vom Mädchen zur Frau gereift und hat ein Bewusstsein davon erlangt, was es für zwei Erwachsene, die ihre Kindheit jeweils hinter sich haben, bedeutet, in der verrinnenden Zeit ein menschliches Zuhause zu schaffen. Innerhalb von zwei Jahren ist sie ihrer Endlichkeit innegeworden und ist bereit, ihr Leben auf dieser vergänglichen Grundlage neu einzurichten.

Wir leben in einer ganz anderen Kultur – nennen wir es ein anderes Zeitalter – als die Frau des Flusshändlers. Bei uns braucht man gewöhnlich zwanzig Jahre, um die existentielle Reifung durchzumachen, die sie in zweien vollzogen hat. Wie viel mit diesem immer weiter hinausgeschobenen Beginn der existentiellen Reife gewonnen oder verloren ist, lässt sich schwer sagen. Aber es gibt etwas, das Menschen wie der Flusshändler und seine Frau den »werdenden Erwachsenen« unserer Epoche voraushaben. Unsere unreifen Erwachsenen verbringen den größten Teil ihrer zwanziger Jahre damit, ihre beruflichen, amourösen und weltanschaulichen Optionen zu erkunden, ohne sich bereits auf eine festzulegen – in einem Alter, in dem sie, wie Jeffrey Arnetts sagt, »ihre Abhängigkeit als Kind und Jugendlicher hinter sich gelassen, [...] aber noch nicht die dauerhafte Verantwortung übernommen haben, die sie als Erwachsene übernehmen müssen«. Menschen wie der Flusshändler und seine Frau sind beim Erreichen ihrer eigentlichen Volljährigkeit biologisch noch so jung, dass ihre eheliche Beziehung mehr Zeit – und mehr Vitalität – zur Verfügung hat. Wir hingegen sind, wenn wir endlich erwachsen sind, oft bereits so ausgezehrt, dass das Erwachsenenalter uns eher erschöpft als beschwingt. Das Zeitalter der Verjüngung kann dieser wachsenden Diskrepanz zwischen unserer biologischen und psychosozialen Entwicklung allenfalls Grenzen setzen. Letztlich werden wir gegen die Natur nicht ankommen. (Zu weiteren Kommentaren zu dem Gedicht von Li T'ai Po siehe den Anmerkungsteil.)

Das Kind als Vorfahr

Während der Begriff »Neotenie« in der Biologie eine Form von verzögerter Entwicklung bedeutet, könnten wir ihn im psychologischen oder existentiellen Bereich verwenden, um eine Form von *weitergeleiteter* Entwicklung zu bezeichnen, in dem Sinne, dass das psychische Leben der Kindheit zum Erwachsenenalter weitergeleitet wird, wo es sowohl bewahrt als auch abgewandelt wird. Gäbe es nicht in der erwachsenen Psyche weiterhin ein inneres Kind, das auf Vatergötter, Muttergöttinnen und Gottheiten aller Art anspricht, gäbe es keine Religionen auf der Welt; und gäbe es keine Religionen auf der Welt, so gäbe es überhaupt keine Welt, nur Umwelten und Lebensräume. Aus demselben Grund gäbe es keine Ödipuskomplexe und herzlich wenig Kunst, Dichtung, Wissenschaft oder Philosophie, die sämtlich ihren Elan einer Art von kindlichem Staunen vor den Phänomenen verdanken. Die Erwartungen, die wir an das Leben herantragen – dass es unsere Ansprüche erfüllt, dass unsere Existenz bedeutsam ist, dass jemand oder etwas sich um uns kümmert –, sind ihrer Natur nach wesentlich kindlich. Das Erwachsenenalter des Menschen moduliert zwar, überwindet jedoch nicht eigentlich die Wünsche, Träume und Enttäuschungen, die wir in unsere postjuventilen Lebensstufen übertragen – sogar bis in die »zweite Kindheit« ohne Zähne, Haare und Augen.

Das moderne Evangelium dieser Weiterleitung von Kindheitsgefühlen schuf William Wordsworth. Wir täten gut daran, seine Dichtung vor den romantischen Klischees zu retten, zu denen sie geführt hat, vor allem die im Umkreis des vielzitierten Verses »Des Mannes Vater ist das Kind«, der in Wordsworths kurzem Gedicht »My Heart Leaps Up« / »Mein Herz hüpft auf« von 1802 enthalten ist:

> My heart leaps up when I behold
> > A Rainbow in the sky;
> So it was when my life began;
> So it is now I am a Man;
> So be it when I shall grow old,
> > Or let me die!
> The Child is Father of the Man;
> And I could wish my days to be
> Bound each to each by natural piety.

In der Übersetzung von Wolfgang Breitwieser:

> Mein Herz hüpft auf, seh ich im Blau
> > Den Regenbogen fern:
> Wie als mein Leben hier begann,
> So ist es noch, nun ich ein Mann,
> So sei's auch, bis ich alt und grau, –
> > Sonst stürb ich gern!
> Des Mannes Vater ist das Kind; –
> Und dies mein Wunsch: dass Tag dem Tag
> Die Liebe zur Natur verbinden mag.
> >   (Wordsworth, *Gedichte*, S. 15)

In der Mitte seines Lebens – dessen Stadien das Bild des Regenbogens verbindet und überwölbt – findet der »Mann« das Entzücken wieder, das ihn einst als Kind beim Anblick des Regenbogens überfiel und das er bis ins Alter zu bewahren hofft. (»Von dieser traumhaften Lebendigkeit und Herrlichkeit, welche die sichtbaren Gegenstände in der Kindheit umhüllt, könnte gewiss jeder, wenn er zurückblickte, Zeugnis geben«, schrieb Wordsworth 1843 in einem Brief.) Und sosehr dieses Entzücken über die Zeit hinweg sich treu bleiben möchte, das heißt unverändert zu bleiben versucht, muss es sich im Zuge des Alterns differenzieren.

Beim Kind ist es der strahlende Glanz des Phänomens, der spontan seine Freude weckt. Beim erwachsenen Mann hat diese Freude Wiederholungscharakter, sie ist vermittelt durch die Erinnerung an frühere Anlässe. Für den Alten nimmt sie gleichsam den Charakter einer Verpflichtung an, die ihn mit dem Kind verbindet. Man könnte diese natürliche Ehrfurcht – »natural piety«, wie Wordsworth sagt – vor dem Kind auch umgekehrt als kindliche Ehrfurcht vor den Eltern – »filial piety« – bezeichnen, denn sie hat etwas von derselben *pietas*, die Aeneas gegenüber seinem Vater Anchises erwies, als er diesen aus den Flammen Trojas rettete, nur dass in diesem Fall der »Mann« einen kindlichen Ahnen auf den Schultern in die Zukunft trägt.

Wordsworth entwickelte diese romantischen Glauben in seiner berühmten Ode »Intimations of Immortality from Recollections of Early Childhood« / »Ahnungen der Unsterblichkeit durch Erinnerungen an die früheste Kindheit« (*Gedichte*, S. 44–53) weiter, zu der die letzten drei Verse von »Mein Herz hüpft auf« als Epigraph dienen. Die »Ode« beginnt mit dem Empfinden des lyrischen Ichs, dass von der Erde »eine Glorie schwand« – die Glorie nämlich der Dinge, wie sie in der Kindheit erschienen. Im weiteren entfaltet sie eine quasiplatonische Idee eines präexistenten göttlichen Zustands, den die Seele des Menschen im Augenblick der Geburt verlässt, so als stellte die Geburt einen Sturz vom Himmel auf die Erde dar. »Geburt ist nur ein Schlaf und ein Vergessen« dieses pränatalen Zustands; freilich bewahren wir in der Kindheit eine viel stärkere assoziative Erinnerung an jene Glorie, aus der wir verstoßen wurden – »Der Himmel liegt auf unserm Kinderreich!« –, da das Neugeborene der ewigen Quelle der Freude näher ist als der Erwachsene (daher die intensiven »Ahnungen« der Kindheit). Das Gedicht geht weiter:

> Shades of the prison-house begin to close
>   Upon the Growing Boy,
> But He beholds the light, and whence it flows,
>   He sees it in his joy;
> The Youth, who daily further from the East
>   Must travel, still is Nature's Priest,
>   And by the vision splended
>   Is on his way attended;
> At length the Man perceives it die away
> And fade into the light of common day.

In der Übersetzung von Wolfgang Breitwieser:

> Stet um den Knaben, der heranwächst, schließt
>   Sich Kerkerschatten dann,
> Doch sieht ers Licht und sieht, wohin es fließt,
>   Siehts in der Freude an;
> Jüngling, der täglich weiter muss die Spur
>   Nach West, bleibt Priester der Natur,
>   Ihm bleibt die wunderbare
>   Traumschau der frühen Jahre;

Zum Schluss erkennt der Mann, sie wird zunicht
Verringert zu des öden Alltags Licht.

(V. 68–77)

Wir hätten Grund zu tiefem Gram darüber, wie dieser Kerker sich um den Knaben zu schließen beginnt und wie er seine Wahrnehmungen abstumpft, bis später im Leben seine ekstatische Sicht im öden Alltagslicht verblasst. Doch Wordsworth will sich nicht grämen, weil das ersterbende Licht der kindlichen Freude in der Glut der Ewigkeit weiterleuchtet: Jene ersten Empfindungen sind doch »das Quellenlicht all unsrer Tage noch«. »Unsrer« bezieht sich hier auf die ganze Menschheit, so wie »Tag« alles meint, was Menschen im Licht der Vernunft, durch Reflexion und gereifte Wahrnehmung erkennen. Das bewahrte jugendliche Staunen prägt weiterhin all unser menschliches Sehen und Wissen, nicht nur das des Dichters, und darum wiederholt Wordsworth emphatisch wie einen Lehrsatz, dass jene schattenhaften Erinnerungen »das Leitlicht unseres Sehens« bleiben.

Kindheitsempfinden liegt im Herzen des »Glauben[s], der den Tod durchblickt« und erfüllt uns »im Alter, das uns milde Weisheit schickt« (V. 190 f.). In dem Maße, wie der Prozess des Alterns seinen Lauf nimmt, unterwirft er dieses Empfinden einer Reifung, durch die der Erwachsene an Tiefe und Einsicht gewinnt, was er an Ehrfurcht und Intensität verliert, so dass dieses Empfinden mit den Jahren aufblüht, statt dahinzuwelken wie eine vertrocknete Hülse. Wenn Wordsworth erklärt: »Die kleinste Blüte kann mir oft Gedanken geben – / In Tiefen, welche Tränen nicht betaun« (V. 207 f.), so sind dies die Gedanken eines Erwachsenen, der sich noch einmal, nur eben auf reifere Weise, in die letzten Tiefen der Kindheitswunder versenkt – die zu tief für Tränen sind, weil von ihnen die Liebe zur Welt ausströmt, die uns an das Leben selbst bindet.

Diese fortwährende Rückkehr auf den Grund, diese ständige Wiederbelebung der Quelle verbindet den Prozess des Alterns mit dem Wachstum eines Baumes, der jedes Jahr aufs neue ausschlägt und sich belaubt. Ich entlehne die Metapher des Laubes einem anderen Gedicht, das – einhundertfünfzig Jahre nach Wordsworths »Ode« geschrieben – in mancher Hinsicht eine Nähe zu deren Evangelium der natürlichen Ehrfurcht aufweist. Dieses Gedicht mit dem Titel »Une voix« / »Eine Stimme« stammt aus der Sammlung *Pierre écrite / Beschriebener Stein* des französischen Dichters Yves Bonnefoy:

> Nous vieillissons, lui le feuillage et moi la source,
> Lui le peu de soleil et moi la profondeur,
> Et lui la mort et moi la sagesse de vivre.
>
> J'acceptais que le temps nous présentât dans l'ombre
> Son visage de faune au rire non moqueur,
> J'aimais que se levât le vent qui porte l'ombre
>
> Et que mourir ne fût en obscure fontaine
> Que troubler l'eau sans fond que le lierre buvait.
> J'amais, j'étais debout dans le songe éternel.

In der Übersetzung von Wolfgang Kemp:

> Wir alterten, er das Laub und ich die Quelle,
> er wenig Sonnenlicht und ich die Tiefe,
> und er der Tod und ich die Klugheit des Lebens.
>
> Ich ließ es gelten, dass die Zeit uns im Dunkel
> ihr Faunsgesicht, das lachende, zuwandte ohne Spott,
> ich liebte es, dass der Wind sich hob, der den Schatten
>   bringt,

Und dass zu sterben nicht mehr war als in dunkler Quelle
das grundlos tiefe Wasser aufzuwühlen, das der Efeu trank.
Ich liebte, aufrecht stand ich in dem ewigen Traum.

Obwohl das Wort »age« niemals auftaucht, ist sein Lautbild in dreien der Schlüsselwörter des Gedichts eingebettet: »feuill*age*« (Laub), »s*age*sse« (Klugheit«) und »vis*age*« (Gesicht). Die Entfaltung des Blattwerks, das Altern, hat dieses lyrische Ich in *lui* (ihn) und *moi* (mich) gespalten. *Moi* hält an der Quelle fest, am Ursprung des Lebens, während *lui* mit der Laubkrone verknüpft ist, die aus der (oder dank der) Quelle wächst, von der aus *moi* spricht. Je mehr der Baum wächst (oder die Person altert), desto mehr verdrängt sein Laubwerk das Sonnenlicht. Daher *le peu de soleil*, das wenige an Sonnenlicht, das im späteren Leben bleibt. Dieses wenige Licht wird schließlich dem Dunkel des Todes weichen, selbst wenn *moi* in der »Weisheit des Lebens« verwurzelt bleibt.

Das Gedicht zeigt, wie verengt wir den Prozess des Alterns auffassen, wenn wir ihn nur als Fortschritt von der Jugend über die Reife zum Tod betrachten. Zweifellos ist dies *eine* Dimension des Prozesses, und in dem Gedicht ist *lui* offenbar mit dem zunehmenden Schwund der künftigen Zeit verbunden (Laub – ein wenig Sonnenlicht – Tod). Doch das Gedicht deutet eine Gegenbewegung an, bei der *moi* sich tiefer in den schöpferischen Lebensgrund versenkt (Quelle – Tiefe – Klugheit des Lebens), während *lui* aus ihm heraus- und emporwächst. Das Laubwerk des Baumes sprießt, wächst ins Licht und verdrängt es dank der festen Wurzeln des Stammes, die immer tiefer in die Quelle eintauchen. In dieser gleichzeitigen Bewegung und Gegenbewegung – diesem Versenken und Entfalten – sprechen Leben und Tod mit *une voix*, mit einer doppelten Stimme.

Eben weil *moi* fest in seinem Grund verankert ist, kann es

wie das Ich in Wordsworths »Ode« »gelten lassen«, womit ihm die Zeit aufwartet. *Moi* ist glücklich, wenn »der Wind sich hob, der den Schatten bringt«, denn *moi* versteht den Tod nicht als Abschluss, sondern als Erfüllung der Möglichkeiten des Lebens. Wenn er eintritt, trübt sich das »grundlos tiefe Wasser«, aus dem der Efeu trinkt, nur wie ein leichtes Kräuseln auf der Oberfläche. Existentielles Wachstum bedeutet demnach keine Ablösung von der Quelle, sondern eine immer tiefere Verwurzelung in ihr. Insofern hat es teil an jenem »Glauben, der den Tod durchblickt«, wie es bei Wordsworth hieß, einem Glauben, der es *lui* und *moi* erlaubt, »in dem ewigen Traum [zu stehen]«. Die Krone des Baumes kann sich frei im Wind wiegen, weil seine Wurzeln fest in dem Grund verankert sind, in dem das Kind zuerst ins Leben trat und die Augen für die Wunder der Welt aufschlug. Wo das Kind des Mannes Vater ist, steht der Mann im ewigen Traum, nicht weil er den Tod überwindet, sondern weil er in der Fülle des Alters lebt, ohne Rücksicht darauf, wie früh oder spät im Lebenszyklus er stirbt.

Solche dichterischen Zeugnisse eines lyrischen Ichs erhärten eine der zentralen Thesen, die ich in diesem Kapitel vorgebracht habe: dass die menschliche Reife der Jugend entspringt, die sie verwirklicht. Je tiefer die Quelle, desto reicher das Wachstum, was nichts anderes heißt als dies: Die menschliche Jugend in ihrer neotenen Weiterleitung ermöglicht eine geistige Reifung, die im Tierreich nicht ihresgleichen findet, insofern sie der Menschheit eine weite Spanne psychischer und nicht nur organischer Seinsweisen erschließt. Im Hinblick auf unser Sein als Spezies ist dies der tiefere Sinn der sonst abgedroschenen Phrase »Des Mannes Vater ist das Kind«.

Doch ehe wir uns allzu sehr von Kindheitsromantik mitreißen lassen oder vor dem Altar der Jugendlichkeit auf die Knie fallen, sollten wir uns daran erinnern, was der Chor in der *Antigone* über den jugendlichen Geist des *anthropos* zu sagen hatte, nämlich dass im »Menschen« bei all seiner Fähigkeit zum Staunen, bei all seiner Offenheit für die Fremdartigkeit der Dinge, bei all seiner ingeniösen Fähigkeit, die Naturkräfte zu beeinflussen und neue Geräte und Werkzeuge zu entwerfen, ein seltsamer, selbstzerstörerischer Leichtsinn besteht, der leicht mit ihm durchgehen und zur Katastrophe führen kann. Schon die Tatsache, dass der Chor aus thebanischen Alten besteht, sollte uns daran erinnern, dass unsere Spezies nicht den Kindern ihr Überleben verdankt, sondern deren Eltern, Lehrern, Führern und Weisen. Letztlich kompensiert die menschliche Gesellschaft unsere außergewöhnliche Abhängigkeit von anderen während unserer Kindheit und Jugend. So zahlen die Erwachsenen der Spezies – und zahlen teuer – für den Luxus unserer verlängerten Jugend und ebenso für unsere törichten Irrwege. Wenn es zutrifft, dass das Kind des Mannes Vater ist, so deshalb, weil es den Mann zwingt, Vater zu werden, das heißt, einen Grad an sozialer, politischer und moralischer Reife zu entwickeln, der im Tierreich kein Vorbild hat. In den nächsten beiden Kapiteln werden wir näher und im einzelnen das »Genie« und die »Weisheit« betrachten, welche die menschlichen Gesellschaften definieren und – jede auf ihre eigene Weise – die Kulturgeschichte unserer Spezies erschaffen.

ZWEITES KAPITEL
WEISHEIT UND GENIE

Sapientia

Moderne Menschen gehören zu einer Unterart des *Homo sapiens*, die den Namen *Homo sapiens sapiens* trägt. Was immer die Taxonomen im Sinn gehabt haben mögen, als sie auf diese Bezeichnung kamen – ihre Redundanz verweist auf zwei Arten von *sapientia*, die sich in ihrem Charakter grundlegend unterscheiden. Die eine ist mit unserer Genialität verbunden, mit der Intelligenz in uns, die ausprobiert, erfindet, entdeckt, sich etwas vorstellt, berechnet und überhaupt durch Erkenntnis und Manipulation der äußeren Welt einen umfassenden Wandel zustande bringt. Die andere hängt mit jener »senilen« Altersweisheit der Menschheit zusammen, die – aus dem Bewusstsein unserer Sterblichkeit entsprungen – die Götter, die Gräber der Toten, die Gesetze und heiligen Schriften der Nationen, das Gedächtnis der Dichter und die Archive der Gelehrten hervorgebracht hat. (Hier und auch sonst bedeutet »senil« ausgereift, nicht hinfällig.) Von diesen beiden Arten der *sapientia* ist die eine »älter« als die andere, nicht weil ihre Genese weiter zurückreicht, sondern weil sie das Frühere – das, was vorher kommt – in ihre Obhut nimmt und verwahrt. Während Genialität die Neuerungen der Zukunft freisetzt, tritt Weisheit das Erbe der Vergangenheit an und erneuert es, indem sie es weitergibt.

Weiter oben habe ich darauf hingewiesen, dass das menschliche Alter eine ungeheure Komplexität dank der Tatsache gewinnt, dass wir von Menschen erbaute Welten bewohnen, die jede individuelle Lebensspanne überdauern. Anders als die Tiere, die den Lebenszyklus mit jeder Generation neu beginnen, sind die Menschen in fortlaufende Geschichten oder in eine Geschichte verstrickt, deren Vergangenheit den Weg in eine Zukunft eröffnet, die sie nicht erleben werden. Welche unterschiedlichen Formen es auch annehmen mag – in das institutionelle und gesellschaftliche Netz, von dem unser Überleben abhängt, sind wir immer schon eingebunden. Wenn wir von Kultur sprechen, meinen wir jenen Raum, in dem unsere Vorfahren weiterleben, nicht nur in der Erinnerung ihrer Lieben, sondern in den Gesetzen, Sitten, Überzeugungen und Wissensgehalten, die die betreffende Kultur prägen. Indem Weisheit die menschlichen Individuen befähigt, ein Erbe zu empfangen und weiterzugeben, verleiht sie ihnen ein kulturelles Alter, das sich nach der Spanne von Generationen und nicht nur nach unseren biologischen Jahren bemisst. So etwas wie eine unreife Gesellschaft, die jeder Weisheit entbehrte, gibt es streng genommen nicht. Eine gänzlich unreife Gesellschaft, wie sie William Golding in *Herr der Fliegen* zu schildern versucht hat, bricht entweder in sich zusammen oder macht Autoritätsstrukturen Platz, die ihr die Fortdauer ermöglichen.

Während Weisheit der Zukunft ein Fundament in der Vergangenheit gibt, erzeugt Genialität Brüche im kulturellen Kontinuum dank ihres schöpferischen Vermögens, den Diktaten der Tradition zu widerstehen und das Neue zu erzeugen – seien es neue Werkzeuge, neues Wissen, neue Weltsichten oder neue Ausdrucksmittel. Durch ihre Innovationen und Revolutionen bewirkt sie folgenreiche Veränderungen, Verwerfungen und Erweiterungen jenes Bestands an Vermächtnissen, den die Weisheit zu bewahren und zu überliefern versucht. Die Zähmung des Feuers, das Gießen des Eisens, die Entdeckung von Bronze, die Erfindung des Buchdrucks, der Aufstieg der Dampfmaschine – solche Ereignisse in der Geschichte der Genialität schaffen neue, unterschiedliche Epochen der Zivilisation (Steinzeit, Eisenzeit, Bronzezeit, Industriezeitalter usw.) und setzen die Weisheit vermehrt unter Druck, eine komplexe, dynamische und heterogene Vergangenheit weiterzuvererben. Die Weisheit könnte diese Herausforderung kaum erfüllen, wäre sie nicht in gewissem Sinn ingeniös, und die Genialität könnte nicht auf ihren vergangenen Errungenschaften aufbauen, wäre sie nicht in gewissem Sinn weise. Kurz, es gibt eine Weisheit im Herzen der Genialität, die es der Genialität ermöglicht, den Lohn ihrer Vergangenheit zu ernten, ohne fortwährend das Rad neu erfinden zu müssen, so wie es Genialität im Herzen der Weisheit gibt, die es der Weisheit gestattet, die Vergangenheit schöpferisch zu transformieren und zu verjüngen, während sie der andernfalls diskontinuierlichen Geschichte der Genialität ein gewisses Maß an Kontinuität verleiht.

Bis vor kurzem war die Geschichte des Genies von periodischen »Mononeismen« [von griech. *mónos*, allein, einzeln, und *néos*, neu] gekennzeichnet, einzelnen momenthaften Innovationen, die eine Zeitlang brauchten, um unsere Seinsweisen in der Welt neu zu organisieren. Jahrtausende trennen die Entdeckung des Feuers von der Entdeckung der Landwirtschaft. Zwischen der Erfindung der Schrift und der Druckerpresse stiegen mehrere Weltreiche auf und verschwanden wieder. Doch zwischen Druckerpresse und Dampfmaschine liegen nur wenige Jahrhunderte. Im größeren Maßstab der kulturellen Entwicklung ist das ein winziger Augenblick, der sich aus heutiger Perspektive jedoch wie ein galaktisches Zeitalter ausnimmt, weil wir an eine Situation von permanentem

Aufruhr und Umsturz gewöhnt sind. Seit dem Zweiten Weltkrieg haben wir eine wahnwitzige Vermehrung bedeutender Erfindungen erlebt, vom Luftverkehr über das Fernsehen und die Atombombe zur Antibabypille, um nur ein paar »Polyneismen« zu erwähnen – vielfache, mehr oder weniger gleichzeitige Neuerungen, die praktisch jeden Aspekt des Lebens in menschlichen Gesellschaften auf dem gesamten Erdball verändert haben.

Doch selbst diese Erfindungen des zwanzigsten Jahrhunderts erscheinen heute merkwürdig antiquiert, denn in den letzten beiden Jahrzehnten hat uns eine Reihe von neuen – viele davon nicht minder folgenreich – in einen polyneistischen Strudel gerissen, wie ihn die menschliche Kultur nie zuvor erlebt hat. Nichts in unserer näheren oder ferneren Vergangenheit ist mit dieser Veränderungsrate oder -größe vergleichbar, und noch weiß niemand, ob die menschliche Psyche über genügend jugendliche Plastizität verfügt, um sich an die beschleunigten Umwälzungen unseres fieberhaften Genies anzupassen.

Diese jüngsten aufbrandenden Wogen von Genialität, die überwiegend von der westlichen Zivilisation ihren Ausgang nehmen, haben es der Weisheit praktisch unmöglich gemacht, ihre Grundaufgabe zu erfüllen, das Neue mit dem Alten zu synthetisieren und unseren Welten ein gewisses Maß von Dauer und Kontinuität zu bieten (mehr zu Weltlichkeit und Dauer im vierten Kapitel). Selbst die abendländische Weisheit, die über die Jahrhunderte besonders schöpferisch, elastisch und erfinderisch geworden war, ist in schreckliche Verlegenheit geraten, weil sie die Klüfte nicht mehr zu überbrücken vermag, die von unserem vulkanischen Genie aufgerissen wurden, so dass wir heute vor einer Reihe beunruhigender Fragen stehen. Kann eine Gesellschaft gänzlich auf Weisheit verzichten und ihr Schicksal allein der Genialität anvertrauen, ohne sich selbst zu zerstören? Kann sie ihre Geschichtlichkeit verlieren und doch noch eine Zukunft haben? Können wir unser kulturelles Gedächtnis dem Vergessen anheimgeben und dennoch begreifen, was unsere Handlungen und Entscheidungen antreibt, und die Geschichten verstehen, die wir uns erzählen, um uns zu bestätigen, wer wir sind? Ist Selbsterkenntnis vereinbar mit einer wahnwitzigen Ausdehnung und Fragmentierung von Erkenntnis? Ist Verjüngung ohne einen begleitenden Prozess kultureller Reifung möglich? Um solche Fragen beantworten zu können, müssen wir zunächst ein klareres Bild davon gewinnen, was Weisheit und Genie sind und wie sie in der Vergangenheit Hand in Hand gingen und einander gefördert haben. Das ist die Aufgabe der nächsten beiden Kapitel. Erst dann werden wir in der Lage sein, im Schlusskapitel dieses Buches den Versuch zu unternehmen, diese Fragen selbst zu beantworten.

Eine Bemerkung über Alter und Weisheit

Ich möchte wiederholen, dass Weisheit nicht »älter« als Genie ist – sie kam nicht zuerst, weder im evolutionären noch im kulturellen Sinne –, auch wenn sie das Ältere oder Frühere in ihre Obhut nimmt. Darum sollten wir mit den überkommenen Klischees brechen und uns Weisheit nicht als ergrauten Alten und Genie nicht als Wunderkind vorstellen. Gewiss, Genialität stützt sich oft auf jugendliche Energien und Impulse, um ihre Neuerungen zu verwirklichen, während Weisheit in ihren Ausblicken in die Zukunft vorsichtig bleibt, zumal sie sich ja auf die Forderungen nach Stabilität, Bewahrung und Dauer konzentriert. Doch wie wir in diesem und im nächsten Kapitel bei jedem Schritt sehen werden, besitzt Weisheit ihre eigenen Form von Ingeniosität, so wie Genie seine eigenen Möglichkeiten hat, weise zu sein, wenn es seine Wagnisse eingeht.

Die Konvention, die Weisheit mit hohem Alter verknüpft, hält einer empirischen Nachprüfung kaum stand. Junge Leute verfügen über eine intuitive Weisheit, die sich mit dem Alter oft verflüchtigt. Wir sahen, dass Wordsworths Lehre der natürlichen Pietät dem Kind eine jenseitige innere Weisheit zuschreibt, die das Kind zum »Vater des Mannes« werden lässt. »Hinfälligkeit ist die Weisheit des Körpers«, erklärt Yeats in dem Gedicht »After Long Silence« / »Nach langem Schweigen«, das ich im vierten Kapitel erörtern werde (*Die Gedichte*, S. 299), doch H. L. Mencken, der »Weise von Baltimore«, spottete über die »geläufige Lehre, dass Alter zu Weisheit führt«. Ein chinesisches Sprichwort spricht nur das Offenkundige aus, wenn es sagt: »Weisheit ist keine Frage des Alters; auch ein Hundertjähriger kann leeres Geschwätz von sich geben.« Weil er ebenfalls glaubte, dass Weisheit nicht vom Alter abhängt, sagte der griechische Weise Diogenes Laertius: »Halte niemanden davon ab, nach Weisheit zu suchen, wenn er jung ist [...] es ist nie zu früh oder zu spät, nach einer gesunden Seele zu streben.« Man kann nicht sein ganzes Leben lang närrisch sein und erwarten, wie durch natürliche Kompensation brächten spätere Jahre dann Weisheit. Wenn überhaupt, wird Weisheit denen zuteil, die ihre Quellen pflegen, solange sie jung sind; der Nutzen, den sie später daraus ziehen – die Früchte, an denen ihr sie erkennen sollt –, wachsen aus einem früh gelegten Samen. Im letzten Kapitel dieses Buches werde ich ausführlicher auf diese Frage einer jugendlichen Kultivierung der Weisheit zurückkommen.

Besonders überzeugend ist Montaigne – in seiner Art, in der ersten Person laut zu denken – mit seiner Bemerkung, dass mancher mit zunehmendem Alter in Vorurteil, Kleinlichkeit und Missmut zurückfällt, statt in Weisheit zu erblühen. Rückblickend auf seine Jugend schreibt er: »Was mich betrifft, halte ich es für gewiss, dass seit dem dreißigsten Lebensjahr mein Geist und mein Körper an Stärke mehr ab- als zugenommen haben, mehr zurückgegangen als vorangeschritten sind. Es mag sein, dass bei denen, die ihre Zeit gut nutzen, Wissen und Erfahrung mit dem Alter wachsen; Regsamkeit und Reaktionsvermögen aber, Entschlusskraft und andre Eigenschaften, die uns weit eigentümlicher, die weit wichtiger und wesentlicher sind, welken und schwinden dahin.« (*Essais*, I, § 57) Und über das Altern fügt er hinzu:

> Unseren Widerwillen gegen die Dinge, wie sie jetzt stehn, unser mürrisches Herummäkeln daran nennen wir *Weisheit*. In Wahrheit aber legen wir unsere Laster weniger ab, als dass wir sie gegen neue und, wie ich meine, schlimmre eintauschen. [...] man trifft keine Seelen, oder nur sehr wenige, die im Alter nicht sauer und schimmlig zu riechen begännen. Der ganze Mensch schreitet seinem Wachstum entgegen, und der ganze Mensch seinem Welken. (*Essais*, III, § 2)

Als Ganzes welken nicht nur Individuen, sondern auch Zivilisationen. So wie ein Mensch mit dem Alter nicht unbedingt weiser wird, gewinnen Zivilisationen nicht unbedingt an institutioneller oder kultureller Weisheit, wenn sie älter werden. Wir müssen behutsam darauf achten, die Analogie nicht allzu weit zu treiben, denn das organische Gesetz, das die individuelle Reifung regelt, beherrscht nicht die historische Entwicklung einer Zivilisation. Dank der Neugeborenen, die ihnen unaufhörlich neues Leben einflößen, können sich Zivilisationen selbst verjüngen. In jedem beliebigen Augenblick kann eine »saure und schimmlige« Weisheit wieder regsam, entschlusskräftig und fröhlich werden. Individuen haben dieses Vorrecht nicht. Wir können zum Niedergang einer Gesellschaft durch unsere Torheit und zu ihrem Erblühen durch unsere Weisheit beitragen, doch unsere persönlichen Geschichten finden ihr Ende lange vor der Geschichte, zu der sie gehören. Der Zweck der Weisheit auf institutioneller, gesellschaftlicher und historischer Ebene liegt darin, neue Wege zu finden, die Geschichten in Gang zu halten, und dazu bedarf es des Genies.

Der Fluss und der Vulkan

Denkt man an das abendländische Genie, so denkt man vor allem an die Griechen. Zur Bestätigung, dass die westliche Zivilisation in vielerlei Hinsicht das Kind des antiken Griechenland ist, brauchen wir nur einen Blick auf die Eröffnung von Platons *Timaios* zu werfen. Dort erzählt Kritias dem Sokrates »diese alte Geschichte«, die er von seinem Großvater am »Knabentag der Apaturien« hörte, als Kritias zehn Jahre alt war und sein Großvater über neunzig. Der Großvater hatte die Geschichte in seiner Jugend von seinem Vater gehört, dem sie von Solon dem Weisen erzählt worden war, der sie während seines Aufenthalts in der ägyptischen Stadt Sais von einem alten Priester erfuhr. Wir wiederum hören den Bericht, den Kritias dem Sokrates gibt, von Platon, und eine Kurzfassung davon werde ich nun nacherzählen, damit der Strom des kulturellen Gedächtnisses weiterfließen kann.

Folgendes war geschehen: Bei seinem Besuch in Saïs wird Solon von seinen ägyptischen Gastgebern gebeten, von der ältesten Vergangenheit Griechenlands zu berichten, und so beginnt er ihnen von Phoroneus zu erzählen, dem ersten Menschen, von Deukalion und Pyrrha und von anderen griechischen Ursprungserzählungen; doch bald wird er von einem ehrwürdigen alten Priester unterbrochen, der ausruft: »O Solon, Solon, ihr Hellenen bleibt doch immer Kinder, und einen alten Hellenen gibt es nicht! [...] Ihr seid alle jung an Geiste, [...] denn ihr tragt in ihm keine Anschauung, welche aus alter Überlieferung stammt, und keine mit der Zeit ergraute Kunde.« (22b) Und der Priester fährt fort zu erläutern, warum die Griechen so jung an »Geist und Seele« *(psyche)* sind.

Die Göttin Athene, erklärt er, gründete Athen tausend Jahre vor Saïs – eine uralte Stadt –, doch die Athener haben keine Erinnerung an die Ursprünge ihrer Stadt, weil ihre früheren Zivilisationen vernichtet wurden. Diese wiederkehrenden »Vertilgungen« wurden durch Aberrationen der Gestirnsbewegungen bewirkt, die meteorologische und vulkanische Störungen hervorriefen und »die Vernichtung von Allem, was auf der Erde befindlich ist«, entfesselten. Und der Priester erzählt nun die Geschichte von einer Insel, die im Zuge einer dieser Abweichungen vom normalen Lauf der Gestirne vor etwa neuntausend Jahren im Meer versank:

> Viele andere große Taten eures Staates nun lesen wir in unseren Schriften mit Bewunderung, von allen jedoch ragt *eine* durch ihre Größe und Kühnheit hervor. Unsere Bücher erzählen nämlich, eine wie gewaltige Kriegsmacht einst euer Staat gebrochen hat, als sie übermütig gegen ganz Europa und Asien zugleich vom atlantischen Meere heranzog. Damals nämlich war das Meer dort fahrbar, denn vor der Mündung, welche ihr in eurer Sprache die Säulen des Herkules heißt, hatte es eine Insel, welche größer war als Asien und Libyen zusammen, und von ihr konnte man damals nach den übrigen Inseln hinübersetzen und von den Inseln auf das ganze gegenüberliegende Festland, welches jenes recht eigentlich so

zu nennende Meer umschließt. Denn alles Das, was sich innerhalb der eben genannten Mündung befindet [das Mittelmeer], erscheint wie eine (bloße) Bucht mit einem engen Eingange, jenes Meer aber kann in Wahrheit also und das es umgebende Land mit vollem Fug und Recht Festland heißen. Auf dieser Insel Atlantis nun bestand eine große und bewundernswürdige Königsherrschaft, welche nicht bloß die ganze Insel, sondern auch viele andere Inseln und Teile des Festlands unter ihrer Gewalt hatte. Außerdem beherrschte sie noch von den hier innerhalb liegenden Ländern Libyen bis nach Ägypten und Europa bis nach Tyrrenien hin. Indem sich nun diese ganze Macht zu einer Heeresmasse vereinigte, unternahm sie es, unser und euer Land und überhaupt das ganze innerhalb der Mündung liegende Gebiet mit Einem Zuge zu unterjochen. Da wurde nun, mein Solon, die Macht eures Staates in ihrer (vollen) Trefflichkeit und Stärke vor allen Menschen offenbar. Denn vor allen Andern an Mut und Kriegskünsten hervorragend, führt derselbe zuerst die Hellenen, dann aber ward er durch den Abfall der Anderen gezwungen, sich auf sich allein zu verlassen, und als er so in die äußerste Gefahr gekommen, da überwand er die Andringenden und stellte Siegeszeichen auf und verhinderte so die Unterjochung der noch nicht Unterjochten und gab den Andern von uns, die wir innerhalb der herakleischen Grenzen wohnen, mit edlem Sinn die Freiheit zurück. Späterhin aber entstanden gewaltige Erdbeben und Überschwemmungen, und da versank während eines schlimmen Tages und einer schlimmen Nacht das ganze streitbare Geschlecht bei euch scharenweise unter der Erde, und ebenso verschwand die Insel Atlantis, indem sie im Meere unterging. Deshalb ist auch die dortige See jetzt unfahrbar und undurchforschbar, weil der sehr hoch aufgehäufte Schlamm im Wege ist, welchen die Insel durch ihr Untersinken hervorbrachte. (*Timaios*, 24e–25d)

Atlantis versank im Meer, um nie wieder aufzuerstehen; doch Athen »versank in der Erde«, erhob sich jedoch schließlich wieder aus der Asche und behielt keine Erinnerung an seine frühere Existenz.

Warum hat Ägypten eine epochenüberdauernde Erinnerung an das, was die Griechen seit langem vergessen haben? Die Antwort liegt in der Geographie beider Länder. Dank der Flachheit des Nildeltas ist es Ägypten gelungen, die erdgeschichtlichen Katastrophen ohne fatale Konsequenzen zu überstehen, während das gebirgige Gelände Griechenlands dazu führt, dass Athen und andere griechische Städte von Fluten überschwemmt und unter Ascheschichten begraben werden. Der Priester:

[I]n unserem Lande strömt weder dann noch sonst das Wasser vom Himmel herab auf die Fluren, sondern es ist so eingerichtet, dass alles von unten her über sie aufsteigt. Daher und aus diesen Gründen bleibt Alles bei uns erhalten und gilt deshalb für das Älteste. [...] Ihr dagegen und die übrigen Staaten seid hinsichtlich der Schrift und alles Anderen, was zum staatlichen Leben gehört, immer eben erst eingerichtet, wenn schon wiederum nach dem Ablauf der gewöhnlichen Frist wie eine Krankheit die Regenflut des Himmels über euch hereinbricht und nur die der Schrift Unkundigen und Ungebildeten bei euch übrig lässt, so dass ihr immer von Neuem gleichsam wieder jung werdet und der Vorgänge bei uns und bei euch unkundig bleibt, so viel ihrer in alten Zeiten sich ereigneten. (22e–23b)

Man beachte die Prägnanz der Unterscheidung des Priesters zwischen griechischer Jugend und ägyptischem Alter, die nichts mit chronologischem Alter, sondern mit institutioneller Stabilität zu tun hat. Die »ältesten« Kulturen sind nicht immer jene, deren Ursprünge am weitesten zurückreichen, sondern jene, die größere Kontinuität mit ihnen bewahrt haben. Obwohl Athene die Stadt Athen tausend Jahre vor Saïs gründete, haben die Ägypter eine ungebrochene, ununterbrochene Erinnerung an ihre tiefste Vergangenheit, während die Griechen ihre Erinnerung immer wieder verlieren und »wie Kinder« alles von neuem beginnen.

Das Symbol des ägyptischen Alters ist der Fluss, das der griechischen Jugend ist der Vulkan. Der Priester spielt auf den Vulkanismus in Griechenland an, wenn er feststellt, dass die schlimmsten Verwüstungen, die Griechenlands frühere Zivilisationen begruben, durch Wasser oder Feuer verursacht wurden. In Ägypten ist es so eingerichtet, dass das Wasser »von unten her« aufsteigt und den Nil zu meist harmlosen Überschwemmungen veranlasst. In Griechenland hingegen fallen Wasser und Feuer vom Himmel, das eine als Regen, das andere als Lava und Asche von den Berggipfeln.

Mit ihrer Beschwörung mehrerer verlorener Altertümer in der athenischen Geschichte verweist Platons Erzählung auf ein Gesetz epochaler Katastrophen, das sich hin und wieder in der Geschichte der abendländischen Zivilisation bemerkbar gemacht hat, vor wie nach der Zeit Platons. Diese Zyklen von »Aufstieg und Fall« mögen vielleicht nicht dem geschuldet sein, was von den Himmeln fällt, selbst wenn die Natur nach wie vor an unseren Kalamitäten führend oder verstärkend beteiligt ist; doch es besteht kein Zweifel, dass die abendländische Zivilisation als Ganzes periodisch ihr Gedächtnis verliert, das Erbe ihrer Vergangenheit ausschlägt und ihre Errungenschaften dem Ruin preisgibt. Die klassische griechische Kultur, zu deren erhabensten Blüten Platons Werk zählt, schloss an ein längeres »dunkles Zeitalter« an, das dem Zusammenbruch Mykenes folgte. Die homerischen Epen (achtes Jahrhundert v. Chr.) blicken auf dessen Glorie aus dem Schatten jenes Dunkels zurück. Das klassische Griechenland sollte nach seiner großen kulturellen Blüte schließlich selbst den Weg Mykenes gehen. Ebenso wie Rom sollte es dem Verfall erliegen. Die Renaissance wiederum blickte sehnsüchtig auf die griechische und römische Welt zurück, die wir heute noch als unser »Altertum« bezeichnen.

Diese wiederkehrenden Brüche im kulturellen Kontinuum – Brüche, die »dunkle Zeitalter« von Armut, Verwüstung und institutionellem Zusammenbruch hervorbringen – scheinen oft genug vorzukommen, um Platons Parabel von den abweichenden Gestirnsbewegungen wenigstens allegorische Glaubwürdigkeit zu verleihen. Heute haben wir das Privileg, diesen vulkanischen Prozess aus nächster Nähe, in Technicolor sozusagen, betrachten zu können, insofern sich die gesamte christlich-humanistische Zivilisation, die sich im Anschluss an den Untergang Roms langsam festigte, vor unseren Augen auflöst. Von Präsident John Garfield wird erzählt, dass er, wenn er sich langweilte oder seine Freunde amüsieren wollte, in jede Hand einen Bleistift nahm und Sätze auf Griechisch und Latein *gleichzeitig* verfasste. Wenn man bedenkt, dass es Thomas Jefferson als Student gewohnt war, die griechische Bibel ins Lateinische und umgekehrt zu übersetzen, kann man ermessen, in welchem Maße die »Aberrationen vom normalen Lauf der Gestirne« ihre entfesselte Wut in letzter Zeit auf die politische Klasse Amerikas gerichtet haben. Es ist noch nicht so lange her, dass ein Universitätsprofessor im Hörsaal im Normalfall lateinische und griechische Zitate unübersetzt ließ. Später begann er, Übersetzungen für griechische, doch nicht für lateinische Texte zu geben. Heutzutage muss er seinen Studenten sagen, dass es einmal so etwas wie eine griechische und eine lateinische Sprache gab, dass es einmal einen antiken Ort namens Athen gab und so weiter. Bald wird so viel nicht einmal der Professor noch wissen. Oder er wird es irgendwie noch wissen, aber nichts mehr damit anzufangen wissen, und wenn man mit etwas nichts mehr anzufangen weiß, wird man es schließlich vergessen.

Warum diese periodischen Brüche im kulturellen Kontinuum? Im *Timaios* schreibt Platon die Wiederverjüngung der Griechen den abweichenden Gestirnsbewegungen zu, doch wir sollten im Auge behalten, dass Zivilisationen nicht nur durch äußere Feinde oder Naturkräfte gestürzt werden, sondern manchmal innerlich, unter ihrem eigenen Gewicht, kollabieren. Unser Zeitalter zeigt, dass ein Verlust des kulturellen Gedächtnisses eintreten kann, obwohl – oder vielleicht sogar weil – die Vergangenheit exzessiv erinnert und katalogisiert wird. Je mehr historisches Wissen wir ansammeln – je mehr wir die riesigen Datenbanken unseres digitalen Gedächtnisses mit Informationen über die Vergangenheit füllen und überfüllen –, desto mehr entgleiten uns wesentliche Elemente ihres Erbes durch die Lücken unseres lebendigen Gedächtnisses. Wir sollten auch im Sinn behalten, dass wir, je rissiger unser kulturelles Gedächtnis wird, desto verwundbarer werden für die Abweichungen der Gestirne, soll heißen: für die Fluktuationen und Eruptionen der Natur. Jugend hat mehrere Tugenden, doch die Sorge um die Zukunft gehört nicht dazu.

Kinder der Wissenschaft

Platons »alte Geschichte« bietet sich noch zu anderen allegorischen Lesarten an, die mit unserem Thema Weisheit und Genie in Verbindung stehen. Der ägyptische Priester sagt von den Griechen, es sei nicht ein einziger Alter unter ihnen; Erinnerungen würden nicht aus alter Überlieferung weitergereicht, und sie hätten kein Wissen, das mit den Jahren würdig ergraut. Obwohl ihre Kultur tief in die Vergangenheit reiche, vergäßen sie fortwährend, was hinter ihnen liegt. Das klingt wie eine Beschreibung der modernen Wissenschaft. Wissenschaft hat eine lange Geschichte, die Jahrtausende zurückreicht, doch sowohl ihre Visionäre als auch ihre gewöhnlichen Praktiker funktionieren am besten, wenn sie die Vergangenheit vergessen und nach vorn auf die nächste Herausforderung blicken. Wissenschaftshistorie ist eine Angelegenheit der Historiker, nicht der Wissenschaftler. Ein zwanzig Jahre altes Theorem mag durchaus in die Annalen der Vorgeschichte gehören. Und was die Weisheitstraditionen der Vergangenheit angeht, lässt sich die Wissenschaft selten eine Gelegenheit entgehen, auf deren Unkenntnis der Tatsachen hinzuweisen. Ehrfurcht und Wissenschaft passen nicht gut zusammen, und für den Geist des Wagemuts, wie er in der Ode an den Menschen in der *Antigone* beschrieben wurde, gibt es keine bessere Verkörperung als die wissenschaftliche Forschung, besonders in der Gegenwart.

Wie ein Kind, das »ganz Auge« ist, starrt Wissenschaft auf die Phänomene, hypnotisiert von ihrer Gestalt, Größe, Quantität und Bewegung. Sie ist neugierig auf ihre Ursachen, fasziniert von dem, was sie nicht versteht, begierig darauf, mehr zu wissen, als die üblichen Erklärungen liefern können, und zu spielerischen Was-wäre-wenn-Hypothesen geneigt. Sie ist weniger daran interessiert, die Feststellungen irgendwelcher

Vorgänger zu übernehmen, als zu erforschen, was sie übersehen haben könnten. Ihre vorherrschende Passion gilt der Entdeckung; daher kann sie mit Altem wenig anfangen, es sei denn, es ließe sich auf neue Weise betrachten. Moderne Wissenschaft kultiviert die Amnesie, um weiterhin auf die Welt blicken zu können, als wäre es das erste Mal. Darin liegt der kindliche Geist des Staunens.

Auf dem Bild von Paul Klee, das durch Walter Benjamins Kommentar in seinen Thesen »Über den Begriff der Geschichte« Berühmtheit erlangt hat, wird der sogenannte Engel der Geschichte mit ausgebreiteten Flügeln, den Blick rückwärtsgewandt, durch die Luft getragen. Nach Benjamins Vision sieht der Engel nichts als die angehäuften Trümmer des Vergangenen. Seine Bewegung ist eine Form des potenzierten Alterns, ein Flug nicht durch den Raum, sondern durch die unerbittliche Sukzession von Zeitaltern, betrachtet aus der Perspektive ihres Vergehens, nicht ihres Kommens. Dies ist nun eindeutig *nicht* ein Bild, in dem wir den Geist der Wissenschaft erkennen, denn Wissenschaft fliegt mit den Schwingen eines Engels anderer Art – des Engels der Neotenie –, der sich einen Weg in verborgene Räume (und wieder heraus) bahnt, immer um die Ecke biegt oder eine Kurve dreht, eine Falte des Kosmos betritt oder verlässt, so dass sein erwartungsvoller, nach vorn gerichteter Blick eine tausendmal zuvor gesehene Welt neu sieht, als wäre es zum ersten Mal. Sein Glück besteht in der Illusion, dass die Zeitlinie eine Illusion sei. Obwohl Erinnerung den Sturm im Paradies erzeugt, der beide Engel in die Höhe treibt, sieht der Engel der Neotenie das, was sein Gegenpart nicht sieht, und sieht nicht, was der andere sieht. Darum scheint er im Universum heimischer als sein endlos alternder, immer älterer Schmerzensbruder, der die Bürde der Erstgeburt trägt.

Wie Platons mythische Griechen hat die Wissenschaft in der Tat eine Geschichte und ein Alter, das ihren jugendlichen

Habitus Lügen straft. Tatsächlich bleibt Geschichte die Linse, durch welche die Welt sich ihrem faszinierten Blick darbietet. Das Theorem von heute gäbe es nicht – und wäre sinnlos, selbst wenn es existierte – ohne das Theorem von gestern, so wie die kopernikanische Kosmologie nicht existierte – und sinnlos wäre, selbst wenn es sie gäbe – ohne die ptolemäische. Und so weiter. Wenn Wissenschaft »naiv« vorgeht, mit dem Gebaren eines Kindes, so deshalb, weil sie ihr Gedächtnis ingeniös voraus in die Zukunft verlegt und dabei sogar vergisst, dass sie ein Gedächtnis hat.

Eine große Rolle bei diesem Vergessen spielt die Art und Weise, wie Wissenschaft ihr latentes Gedächtnis in Gebrauchsobjekten vergegenständlicht, in denen das Wissen, ohne das diese Gegenstände nicht funktionieren würden, sich in diesem Funktionieren selbst auslöscht. Man betrachte einmal ein modernes Flugzeug, sagt Antoine de Saint-Exupéry in seinem Essay »Das Flugzeug« von 1940. Denn etwas Wichtiges bleibt unserem Auge verborgen: »Wenn an unseren Geräten jede sichtbare Spur der technischen Bearbeitung geschwunden ist und wir sie so natürlich und selbstverständlich wie vom Meer gerundete Kieselsteine ergreifen, wird man langsam vergessen, dass es sich überhaupt um so etwas wie eine Maschine handelt.« (*Wind, Sand und Sterne*, S. 61) Es verschwindet die generationenlange Arbeit und Erfahrung von Mechanikern und Handwerkern. »Die Maschine in ihrer höchsten Vollendung wird unauffällig«, sie verliert ihre Identität hinter ihrem Funktionieren. Die meisten Gegenstände, die unseren Alltag bevölkern, reagieren auf den einfachen Befehl unserer Finger; doch das Flugzeug, der Geschirrspüler oder der Personalcomputer archivieren in ihren Funktionen unauffällig eine jahrtausendelang angehäufte Erfahrung. Ein Auto mag nagelneu sein, doch der Verbrennungsmotor unter seiner Haube stammt aus dem neunzehnten Jahrhundert, während die Grundlagen seiner Motilität bis auf die Erfindung des Rades zurückgehen. Kein einzelner Mensch beherrscht die gesamte Wissenschaft, die in ein Automobil mit all seinen technischen Merkmalen eingeht. Doch der Teenager, der den Führerschein macht, steuert es ebenso gewandt wie der Ingenieur, der etwas von den Theoremen und Gleichungen versteht, die sich hinter seiner Mechanik verbergen.

Das alles bestätigt nur, dass der durchschnittliche Bewohner der ersten Welt heute den Luxus genießt, gegenüber den Instrumenten, die er bedient, benutzt und täglich benötigt, sich so unschuldig verhalten zu können wie ein Kind. Wir alle sind Nutznießer einer Geschichte, die in die Tiefen der Zeit zurückreicht, wie lückenhaft oder eindimensional unsere Erfahrung der Gegenwart in unserem Zeitalter der Verjüngung auch sein mag. Das sind die vielleicht unbeabsichtigten Segnungen, mit denen uns die neotene Weisheit der Wissenschaft bedenkt. Saint-Exupéry erfasste das intuitiv, als er mit Blick auf die Woge der naturwissenschaftlich-technischen Genialität in den ersten Jahrzehnten des zwanzigsten Jahrhunderts schrieb: »Wir sind junge Wilde und staunen über unsere neuen Spielsachen.« (S. 60) Erst wenn wir ein Stück älter geworden sind, werden wir fähig sein, die Lieder dieser neuen Epoche zu schreiben.

Unendlich viele »Lieder« sind seither über die sogenannte neue Epoche geschrieben worden, die inzwischen, acht oder neun Jahrzehnte später, ziemlich alt geworden ist. Der Vulkanismus des Abendlandes mag uns an »Geist und Seele« jung gehalten haben, indem er uns unser Gedächtnis hat verlieren lassen, doch das kann nichts an der Tatsache ändern, dass wir – historisch gesprochen – allesamt alt sind, ob wir uns dessen recht bewusst sind oder nicht. Die tiefe Vergangenheit, die in dem Gegenstand steckt, die aus dem Bewusstsein erlischt oder unter dem Schutt zerstörter Städte begraben liegt, verschwindet nicht in den aufeinanderfolgenden Konvulsionen der Geschichte. Sie geht nur in den Untergrund, versinkt sozusagen in der Erde, aus deren Tiefe sie weiterhin über die Zukunft bestimmt. Und wenn es dann so weit ist, wird diese Zukunft mehrere Vorläufer im Verlauf der Jahrtausende gehabt haben. Letztlich also eine »alte Geschichte«.

Je mehr Brüche die abendländische Zivilisation in ihrem historischen Kontinuum erlebt, desto mehr neue Elemente gehen in ihre sprunghafte Geschichte ein – Elemente, die so neu sind, dass sie sogar unsere Vorstellung davon, was es heißt, alt zu sein, verändern. Die moderne Wissenschaft hat dazu beigetragen, uns in eine der »jüngsten« Gesellschaften in der Weltgeschichte zu verwandeln – wir sind jünger in einer Weise, die selbst für unsere relativ nahen Vorfahren unvorstellbar gewesen wäre –, doch gleichzeitig hat sie auch unser Alter enorm erhöht. Darwin und anderen Evolutionstheoretikern verdanken wir es, dass die menschliche Spezies heute viel älter ist als zu der Zeit, als wir an die biblische Schöpfungschronologie glaubten. Ebenso haben die Kosmologen in unserem Zeitalter der Verjüngung das Alter des Universums ins Unermessliche ausgedehnt; Geologen haben die geologische Zeitskala aufgestellt; Archäologen haben ein Altertum nach dem anderen unterhalb dessen ausgegraben, was uns einst als *fons et origo* der menschlichen Zivilisation erschien; und Philologen haben die Alltagswörter, die wir uns anagrammatisch zuzwitschern, mit einem ehrwürdigen etymologischen Alter versehen. Die Wissenschaft, die uns geistig so jung hält, hat mehr dafür getan, unser kulturelles wie naturgeschichtliches Alter zu erhöhen, als es irgendein ägyptischer Priester aus Saïs mit seinen alten Geschichten vermocht hätte. Hin und wieder, nachdem wir unser Gedächtnis verloren haben und wieder zu Kindern geworden sind, entdecken wir schließlich, dass eine Geschichte hinter uns liegt, die so alt ist wie die Welt, und dass wir gar keine Kinder mehr sind. Nur ist diese Welt dann älter denn je.

Heterochronie

Wenn Geologie, Archäologie und Philologie Quantensprünge bewirken können in unserem Verständnis, wie alt die Dinge sind, dann sollten wir mit der Analogie zwischen geschichtlicher Entwicklung und dem Reifungsprozess menschlicher Individuen umso vorsichtiger sein. Diese Analogie findet sich in einer großen Vielfalt von Mythen, Theorien und Spekulationen, von Hesiod bis Freud und darüber hinaus. Die großartigste – und in mancher Hinsicht naivste – Version liefert uns die Eulenphilosophie Hegels, der die Weltgeschichte als singuläre, einheitliche Bewegung der Selbstverwirklichung des Geistes konzipierte, eine Bewegung, die dem Lauf der Sonne von Ost nach West folgt. Hegel stellt sie in der »Einleitung« zu seinen *Vorlesungen über die Philosophie der Geschichte* folgendermaßen dar:

> Das erste, womit wir anzufangen haben, ist der *Orient*. [...] Es ist das Kindesalter der Geschichte. [...] Die Geschichte geht hiermit [...] nach *Mittelasien* überhaupt über. Wenn wir den Vergleich mit den Menschenaltern fortsetzen wollen, so wäre dies das Knabenalter, welches sich nicht mehr in der Ruhe und dem Zutrauen des Kindes, sondern sich raufend und herumschlagend verhält. Dem Jünglingsalter ist dann die *griechische Welt* zu vergleichen, denn hier sind es Individualitäten, die sich bilden. Dies ist das *zweite* Hauptprinzip der Weltgeschichte. [...] Das dritte Moment ist das Reich der abstrakten Allgemeinheit: es ist das *Römische Reich*, die saure Arbeit des Mannesalters der Geschichte. [...] Hiermit tritt dann das *Germanische Reich*, das vierte Moment der Weltgeschichte ein: dieses entspräche nun in der Vergleichung mit den Menschenaltern dem *Greisenalter*.

Das natürliche Greisenalter ist Schwäche, das Greisenalter des Geistes aber ist seine vollkommene Reife, in welcher er zurückgeht zur Einheit, aber als Geist.

(S. 135–140)

Diese Rückkehr zur Einheit, fährt er fort, wurde »an sich« mit dem Christentum in Europa erreicht; »doch zur konkreten Wirklichkeit ist das Prinzip der germanischen Welt« erst Jahrhunderte später »durch die germanischen Nationen ausgebildet worden« (S. 140).

Dieser »Vergleich [der Geschichte] mit den Menschenaltern« ist trotz seiner vermeintlichen Dynamik hoffnungslos statisch. Zunächst einmal sind die vier fraglichen Zivilisationen unabhängig voneinander aufgestiegen, mit Ausnahme des modernen Europa, das bestimmte genetische Verbindungen mit dem alten Griechenland und Rom bewahrt hat. Sie alle in einen einzigen Zyklus der kulturellen Reifung einzuordnen, ist viel zu ausgetüftelt – selbst für die Vernunft. Darüber hinaus folgte jede von ihnen ihrer eigenen Entwicklungsdynamik. Rom zum Beispiel durchlief die meisten, wenn nicht alle Stufen dieser sogenannten Weltgeschichte – vom Despotismus der frühen Familienpatriarchen über die Aristokratie der Patrizier und die Volksrevolutionen der Plebejer bis schließlich zur Universalität des Kaiserreichs (ob dies eine Entwicklung von der Jugend zum Greisenalter war, steht auf einem anderen Blatt).

Was die geschichtlichen Zeitalter angeht – ihre Entstehungsbedingungen, die Muster ihrer Aufeinanderfolge und ihre gegenseitige Durchdringung –, ist der Denker, von dem wir am meisten zu lernen haben, nicht Hegel, sondern sein neapolitanischer Vorgänger im achtzehnten Jahrhundert, Giambattista Vico, der einen großen Teil seines verschlungenen Lebensweges damit verbrachte, über die Gesetze der kulturellen Entwicklung nachzudenken. Die Früchte seiner Einsichten sind in seinen *Prinzipien einer neuen Wissenschaft* enthalten, deren endgültige Fassung 1744 veröffentlicht wurde. Vico meinte, die meisten antiken Zivilisationen entwickelten sich autonom entlang spezifischer und zugleich allgemeiner Linien. Ihrer eigenen inneren Dynamik überlassen, durchliefen sie auf natürliche Weise ein Zeitalter der Götter, ein Zeitalter der Heroen und ein Zeitalter der Menschen. Jedem dieser Zeitalter – dem göttlichen, heroischen und menschlichen – entspricht ein bestimmter Typus von Religion, Sprache, Technik, Moral, Politik und Recht. Die *Neue Wissenschaft* bietet eine vollentfaltete theoretische Darstellung davon, wie sich die Zeitalter nach einem zyklischen Gesetz bilden, umwandeln und auflösen, das Vico als *il corso delle nazioni* bezeichnet, den »Lauf der Nationen«. Das folgende knappe Schema mag dazu beitragen, Vicos Leistung in dieser Hinsicht zu würdigen.

Das Zeitalter der Götter, das den geschichtlichen *corso* in primitiven Gesellschaften in Gang bringt, wird von animistischen Religionen beherrscht. Eine beträchtliche Anzahl von Gottheiten bevölkert die Welt und manifestiert sich in (oder als) Naturerscheinungen. Vico nennt dieses erste Zeitalter das »der Götter«, weil diese Götter – geboren aus der wunderbaren poetischen Imagination der frühen Gesellschaftsgründer – über beinahe jeden Aspekt des menschlichen Schicksals Gewalt haben. Seine vorherrschende Form der sozialen Organisation ist der erweiterte Familienclan, über den die Familienoberhäupter als souveräne Herrscher und Hohepriester mit strenger religiöser und patriarchaler Autorität regieren. Die Sprache in den Zeitaltern der Götter ist eine vorwiegend zeremonielle, gestische und emblematische.

Das Zeitalter der Heroen beginnt mit einer gemeinsamen Anstrengung der Familienpatriarchen oder »Heroen«, die Unruhe und die Rebellionen ihrer Leibeigenen zu unterdrücken.

Die lockeren Bündnisse, die sie untereinander schließen, führen zur Entstehung einer herrschenden aristokratischen Klasse. Tatsächlich ist dieses heroische Zeitalter vor allem von der Klassendistinktion geprägt: Die Adligen glauben, sie stammten von den Göttern ab – und ihre Leibeigenen von den Tieren. Die Sprache des heroischen Zeitalters ist weitgehend symbolisch, heraldisch und bildhaft.

Das Zeitalter der Menschen bricht an, wenn den unterdrückten Klassen langsam aufgegangen ist, dass alle menschlichen Wesen – adlige oder plebejische – eine gemeinsame menschliche Natur teilen, und auf demokratische Reformen drängen. Die Institutionen des menschlichen Zeitalters neigen daher zu Volksjustiz und Egalitarismus, während seine Denkweise tendenziell immer abstrakter wird. Die Sprache des menschlichen Zeitalters ist vornehmlich diskursiv, juridisch und analytisch – eher prosaisch als poetisch, eher präzise als leidenschaftlich, eher benennend als bildhaft.

Die *Prinzipien einer neuen Wissenschaft* zeigen bis ins kleinste philologische Detail, wie die drei Zeitalter, jedes auf seine Weise, die sinnliche Wahrnehmung, die gedankliche Erfassung und den symbolischen Ausdruck konfigurieren. Im vorigen Kapitel habe ich darauf hingewiesen, dass die Wahrnehmung eines Phänomens an das persönliche Alter des Wahrnehmenden gebunden ist (der Junge und sein Großvater, habe ich behauptet, sehen nicht dasselbe Phänomen, wenn sie auf denselben Baum blicken). Die gleiche These kann man für das geschichtliche Alter aufstellen – dass das Phänomen in einem Zeitalter anders als in einem anderen erscheint. Vico will in seiner *Neuen Wissenschaft* deutlich machen, in welchem Maße jedes der drei kulturellen Zeitalter die Wahrnehmung von Phänomenen modifiziert. Dies ist die große Leistung seines einzigartigen Werkes. Anhand schematischer Kategorien und lebendiger Beispiele zeigt er, wie das Phänomen – im Denken wie im Wahrnehmen – grundlegende Umwandlungen erfährt, wenn ein Zeitalter von einem anderen abgelöst wird. Immer wieder erinnert er uns daran, wie schwierig es ist, sich ausgehend von unserer modernen Denkweise in die phänomenologischen Horizonte früherer Zeitalter zu stellen. Mit Bezug auf die Mühen der Rekonstruktion, die er beim Schreiben seiner *Neuen Wissenschaft* auf sich nehmen musste, erklärt Vico: »So stießen wir [...] auf die harten Schwierigkeiten, die uns die Forscherarbeit von gut zwanzig Jahren gekostet haben, und wir [mussten] von diesen unseren menschlichen, zivilisierten Naturen zu jenen ganz wilden und schrecklichen hinabsteigen, die vorzustellen uns vollständig versagt ist und die wir nur mit großer Mühe begreifen können.« (§ 338)

Im Zeitalter der Menschen ist das Bewusstsein, besonders in seinen modernen Ausprägungen, zu bedächtig, zu aufgeklärt und zu ironisch, um in jedem Aspekt der »sympathetischen Natur« Gottheiten sehen zu können. Wir Modernen haben die starke poetische Imagination verloren, die einst das Meer in Gestalt eines Gottes wahrnahm. Wir sehen die Dinge in dem rationalen, abstrakten, »entzauberten« Bezugsrahmen, in den unser menschliches Zeitalter die Erscheinungen stellt. Für uns ist Poseidon eine dichterische Trope, eher ein kurioser Anthropomorphismus als das wahre Gesicht des Meeres. Genau das ist es, was Wordsworth in seinem Gedicht »The World is Too Much with Us« / »Die Welt ist uns zu nahe« bedauert, wenn er beklagt, dass das moderne Bewusstsein das Phänomen nicht mehr mit einem anthropomorphen Bild verlebendigen kann: »Gott, wär ich Heide doch / Und einem Glauben treu, der längst verfiel – / Ich stünd im Dünengras und fühlte noch / Mich weniger verloren und verworrn: / Säh Proteus, meerentstiegen, hörte Spiel / Tritons, des Alten, auf bekränztem Horn.« (*Gedichte*, S. 29)

Dieser Glaube »verfiel«, als ein Zeitalter einem anderen

und dieses einem dritten Platz gemacht hatte, so dass das Phänomen des Meeres – die Art, wie es sich der menschlichen Wahrnehmung darbietet – eine grundlegende Metamorphose erfuhr. Das bedeutet nicht, dass seine früheren Modalitäten völlig in Vergessenheit geraten wären. Wie wir sahen, glaubte Wordsworth, dass die »natürliche Ehrfurcht« eine Spur der verzauberten kindlichen Wahrnehmungsweise bewahrt und sie an spätere Lebensstufen übermittelt. Vico glaubte auf historischer Ebene an etwas Ähnliches. Obgleich er betonte, dass wir zu Denk- und Wahrnehmungsweisen, die früheren Zeitaltern angehören, nicht willentlich zurückkehren und sie nicht wieder übernehmen können, hielt er daran fest, dass die phänomenologische »Wahrheit« solcher vergangener Zeitalter die Fühl- und Denkweise späterer Epochen bis zu einem gewissen Grad, entsprechend der jeweiligen Kultur oder Zivilisation, weiter beeinflusst. Kurz, die Zeitalter sind nicht in ihre jeweiligen autonomen Bezugsrahmen (ihren »hermeneutischen Horizont«, wie manche sagen würden) eingesperrt; vielmehr begegnen, schneiden und überlappen sie sich aufgrund der Tatsache, dass »diese politische Welt sicherlich von den Menschen gemacht worden ist; deswegen können [...] ihre Prinzipien innerhalb der Modifikationen unseres eigenen menschlichen Geistes gefunden werden« (Vico, *Prinzipien einer neuen Wissenschaft*, § 331). Der menschliche Geist im weitesten Sinne – einschließlich dessen, was später als kollektives Unbewusstes bezeichnet werden sollte – enthält in sich aktive Elemente seiner früheren Denkweisen und »Modifikationen«.

Gewöhnlich haben die Gelehrten angenommen, die Beziehung zwischen Vicos drei Zeitaltern sei linear, progredierend und diskret. Dies ist nicht der Fall. In der Tat folgen die Zeitalter in Vicos Schema aufeinander, doch sie durchdringen sich auch. Zum Beispiel bemerkt Vico zu den Arten von Sprache, die jedem Zeitalter eigentümlich sind:

Um nun auf die sehr schwierige Bildungsweise all dieser drei Arten von Sprachen und Buchstaben einzugehen, ist dieses Prinzip aufzustellen: So wie zu gleicher Zeit die Götter, die Heroen und die Menschen entstanden sind (denn Menschen waren ja auch jene, die in ihrer Phantasie die Götter ersannen und ihre heroische Natur aus derjenigen der Götter und derjenigen der Menschen gemischt glaubten), so entstanden zu gleicher Zeit auch diese drei Sprachen (wobei vorausgesetzt wird, dass die Buchstaben mit ihnen immer Hand in Hand gingen) […]. (§ 446)

Ich verstehe dies so, dass alle drei Sprachtypen in jedem Zeitalter gleichzeitig vorhanden sind, obwohl ein Typus in der allgemeinen Mannigfaltigkeit überwiegt. Wir, die wir dem menschlichen Zeitalter angehören, sprechen und schreiben nicht *nur* in Prosa. Auch Gesten, Symbole und Tropen prägen unsere Sprache, wenngleich in geringerem Maße als in früheren Zeitaltern. Ähnlich war die zumeist stumme und gestische Sprache der Zeit der Götter nicht *gänzlich* stumm und gestisch, sondern auch, wenngleich in geringerem Maße, symbolisch und artikuliert (das heißt, heroisch und menschlich). Dasselbe trifft zu für die Metaphysik, die Politik und die Sitten dieser drei Grundkonfigurationen. Jede enthält in unterschiedlichem Maße »heterochrone« Elemente, das heißt solche, die zu anderen Zeitaltern gehören. Dies gilt vor allem für das menschliche Zeitalter mit seiner größeren Last von Traditionen und seiner ausgedehnteren Vergangenheit. Deshalb ist das Bild des Proteus, der dem Meer entsteigt, Wordsworth nicht völlig fremd, und das ist auch der Grund, weshalb die Mythen des göttlichen Zeitalters noch in uns nachklingen, auch wenn es uns völlig versagt ist, uns vorzustellen – und »wir nur mit großer Mühe begreifen können«

(§ 338) –, wie die Welt den Menschen erschien, die sie zuerst geschaffen hatten.

Wenn gegenseitige Durchdringung der Zeitalter bedeutet, dass jede menschliche Gesellschaft in gewissem Maße heterochrone Züge besitzt, können wir mit Vico sagen, dass dieser veränderliche Anteil der Heterochronie von einer Menge von Randbedingungen abhängt, wie Klima, Geographie, Kriege und die Geschichte lokaler Institutionen. Vor allem können wir sagen, dass verschiedene Zivilisationen beim Übergang von einem Zeitalter zum anderen zwar ähnlichen Entwicklungsmustern folgen, dass aber manche höhere Heteronomieanteile besitzen als andere und dass die Beziehung zwischen den Zeitaltern in manchen Fällen wohlwollend und förderlich, in anderen Fällen kriegerisch und schroff ist.

Wenn Hegel die römische Kultur erwachsener schien als die griechische, müssen die Gründe dafür andere gewesen sein als die von Hegel selbst vorgebrachten (nämlich dass der Geist – bildlich gesprochen – seine Kindheit in Asien, seine Jugend in Griechenland und sein Erwachsenenalter in Rom verbracht hat). In Anlehnung an Vicos Theorie könnten wir den Grund vielmehr darin sehen, dass Rom während seiner Entwicklung einen größeren Anteil seines göttlichen Zeitalters in seinem heroischen Zeitalter bewahrt hat und einen größeren Anteil beider in seinem menschlichen Zeitalter. Mit anderen Worten: Rom blieb seinem Gründergeist und seinen ursprünglichen Werten in höherem Maße treu als die Griechen den ihren, und zwar dank einer Vielzahl von Faktoren (zu denen wiederum seine Geographie, seine sozialen Strukturen, sein Senat, seine agrarischen Traditionen, seine Gründungsmythen und so weiter zählen). Diese Faktoren erlaubten es dem menschlichen Zeitalter der Römer, in höherem Maße Kontinuität mit seiner Vergangenheit zu bewahren, als es bei der griechischen Zivilisation der Fall war, deren geschichtliche

Entwicklung (wie Vico beobachtet) überhaupt unbeständiger, weniger zentralisiert und diskontinuierlicher war als die der römischen Zivilisation.

In einer Passage, die uns unweigerlich an den *Timaios* erinnert, verwendet Vico das Bild eines Flusses, um die Kontinuität der zivilen und politischen Geschichte Roms zu beschreiben: »[W]ie der mächtige Lauf eines königlichen Stromes noch sehr lange im Meer sowohl die Richtung seiner Strömung als auch die Süße seines Wassers bewahrt«, lief während der ersten menschlichen Regierungen das Zeitalter der Götter weiter, »da ja jene religiöse Weise zu denken noch andauern musste, dass nämlich die Götter all das täten, was in Wirklichkeit die Menschen taten [...]« (§ 629). Man könnte darin ein Beispiel für Vicos »rheologische« Darstellung der römischen Weisheit sehen, der zufolge das römische göttliche Zeitalter sanft oder »süß« in die folgenden Zeitalter überging (während für Griechenland der Wirbel, der Strudel oder der Sturzbach die angemesseneren Analogien wären).

Weiter oben habe ich eine Unterscheidung zwischen dem Fließenden und dem Vulkanischen getroffen. Hier möchte ich eine entsprechende Unterscheidung zwischen »ehrfürchtigen« und »rebellischen« Formen der Heterochronie vornehmen. Bildlich gesprochen, ist es der Unterschied zwischen Aeneas und Ödipus. Indem er die Bürde des Erbes auf seine Schultern nimmt, das heißt, indem er die Verantwortung für die Zukunft seines Volkes übernimmt, flieht Aeneas mit seinen Hausgöttern aus den Flammen Trojas, um seinem Hause eine neue Heimat zu sichern, wo es unter neuen Bedingungen fortdauern kann. In Vergils *Aeneis*, die während des römischen Zeitalters der Menschen entstand, verkörpert Aeneas paradigmatisch den »Heros«, wenngleich er seine Heldentaten im Auftrag (den Vico als »göttlichen« bezeichnet) der Vorfahren vollbringt, deren Ansprüche schwer auf den Lebenden lasten;

und nicht die geringste dieser Forderungen ist es, auf Kosten des eigenen Glücks und Wohlergehens für die Ungeborenen zu sorgen. In Vergils archetypischem Porträt stellt Aeneas ein idealisiertes Band – ein pietätvolles, ehrfürchtiges »und« – dar, das die römischen Generationen miteinander verbindet.

Man vergleiche dieses ehrfürchtige »und« mit dem rebellischen »aber«, das man nicht nur in der Ödipusgeschichte, sondern auch in den griechischen Theogonien findet. Siehe Uranus, Gott der Himmel. Eifersüchtig auf seine Nachkommen, schloss er sie alle tief ins Innere der Erde ein, das heißt in den Körper seiner Gattin Gaia. Gaia, die diese Last unerträglich fand, gab ihrem jüngsten und kühnsten Sohn Kronos eine Sichel und stiftete ihn an, gegen seinen Vater vorzugehen. Als Uranus das nächste Mal zu Gaia stieg, um bei ihr zu liegen, kastrierte ihn Kronos vom Bauch seiner Mutter aus. Den Blutstropfen, die auf die Erde fielen, entsprangen die drei Furien und die Giganten; aus den Genitalien, die Kronos ins Meer warf, entstand Aphrodite. Mit der Niederlage des Uranus, die von nun an die Trennung von Himmel und Erde besiegelte, begann ein neues »goldenes Zeitalter« in der Weltgeschichte – das der Titanen.

Dieses goldene Zeitalter sollte nicht lange währen, denn wie sein Vater Uranus hegte Kronos gegenüber seinen Kindern Argwohn und Furcht – mit gutem Grund, wie sich herausstellte, denn Uranus hatte ihm vorausgesagt, er werde seinerseits von einem seiner Söhne gestürzt werden; daher verschlang er sie gleich nach ihrer Geburt. Auf den Rat Gaias hin gab Kronos' Frau Rhea ihrem Gatten einen in Windeln gewickelten Stein, den dieser anstelle seines Sohnes Zeus verschlang. Dies sollte sich als sein Ruin erweisen, denn nachdem Kronos seine anderen Kinder ausgespien hatte, führte Zeus seine Brüder in die Schlacht gegen ihren Vater. So wurden Kronos und die übrigen Titanen von einer jüngeren Göttergeneration, den sogenannten Olympiern, gestürzt, die die Titanen in den Tartarus warfen und in Ketten legten. Nicht umsonst finden wir Kronos' Namen in das unbeholfene Wort eingebettet, das ich in diesem Zusammenhang bereits mehrfach gebraucht habe: Heterochronie.

Die Generationskriege der Götter erzählen uns etwas über die angespannte und aufgewühlte Heterochronie der Griechen. Auch Rom wurde in seiner turbulenten Geschichte periodisch von heftigen Bürgerkriegen und vernichtenden inneren Kämpfen erschüttert, doch besteht ein Unterschied zwischen inter- und intragenerationalen Konflikten. Zeus gegen Kronos oder Ödipus gegen Laios ist nicht das Gleiche wie Romulus gegen Remus oder Brutus gegen Caesar oder Antonius gegen Octavian. Ist Brudermord der bösartige Auswuchs der Kindespietät, wie sie in der Gestalt des Aeneas idealisiert wurde? Es genügt wohl, wenn man sagt, dass den griechischen Mythos eine tiefe Angst vor dem Generationengegensatz durchzieht und dass diese Angst etwas mit der konfliktreichen, kriegerischen Natur der griechischen Heterochronie – verglichen mit den fließenderen Mustern Roms – zu tun hat. Im einen Falle erscheinen die diversen Zeitalter der Kultur eher als trennend und dissonant; im anderen bleiben sie kontinuierlicher, eher ineinander zerfließend als auseinander hervorbrechend. Dieser Unterschied zeigt sich auf beliebigen Ebenen und Bereichen sowohl in der alten wie in der modernen westlichen Welt. Im folgenden Abschnitt werde ich einen kurzen Blick darauf werfen, was es heißt, in dem hier beschriebenen vulkanischen Muster »zu Hause« zu sein – mit Bezug auf unsere eigene Zeit.

Generationskonflikte

Die Soziologen Gunhild O. Hagestad und Peter Uhlenberg behaupten, dass die modernen westlichen Gesellschaften, besonders in den USA, eine institutionalisierte Alterssegregation praktizieren, bei der die Jungen in Ausbildungseinrichtungen, die Erwachsenen am Arbeitsplatz und die Älteren in Altenheimen festgehalten werden. Demnach verbringen die Generationen den größten Teil ihrer Zeit nebeneinanderher statt miteinander. Die Bereiche werden zunehmend abgegrenzt, und entsprechend verringert sich der Kontakt zwischen ihnen. Eine solche Apartheid beraubt die Älteren ihrer traditionellen Mentorenrolle, nimmt den Jungen das Gefühl der Zugehörigkeit zu einer ausgedehnteren Verwandtschaft und entzieht den Familien die »soziale Einbettung« oder »Generativität« (wie die Autoren sagen), die in traditionelleren Gesellschaften den Dialog und die Interaktion zwischen den verschiedenen Altersgruppen fördern. Mit dem Wort »Generativität« bezeichnen Hagestad und Uhlenberg die Weitergabe von Vermächtnissen von einer Generation zur nächsten innerhalb der häuslichen Sphäre, eine Weitergabe, die zur gegenseitigen »Einbettung« der Bewohner in diese Sphäre führt.

Es ist kaum überraschend, dass Gesellschaften mit hohen Anteilen von Einbettung und Generativität tendenziell größere Kontinuität mit ihrer geschichtlichen Vergangenheit bewahren als solche, die die Generationen voneinander absondern. Die häusliche Interaktion, die zwischen den Generationen stattfindet – oder eben unterbleibt –, hängt zu einem großen Teil von der gemeinsamen Welt außerhalb der Hausmauern statt, einer Welt, deren soziale, wirtschaftliche und technologische Kräfte ausnahmslos ihren Weg in die Intimität des Familiendomizils finden. Daher wäre es falsch zu sagen, die kulturelle Heterochronie beginne »zu Hause«. Sie beginnt in der öffentlichen Welt jenseits der vier Wände, in denen eine Familie lebt. Ich benutze diese Formulierung der »vier Wände« bildlich, denn wir wissen, dass in unserer heutigen Gesellschaft physische Mauern gegen den Einbruch der Außenwelt in den häuslichen Raum machtlos sind.

Das Gleiche gilt für die sogenannte Generationenkluft. Dieser Begriff wurde in den sechziger Jahren des letzten Jahrhunderts populär, einer Blütezeit genialer kultureller und technischer Innovationen, die das Geflecht des gesellschaftlichen Lebens in der westlichen Kultur verwandelte. Alterssegregation ist ebenso eine Wirkung wie eine Ursache dieser Kluft. Die polyneistischen Eruptionen der Nachkriegszeit brachten derart rasche und umfassende Veränderungen in der gemeinsamen Welt hervor, dass die *baby boomer* in einer anderen Welt als der ihrer Eltern erwachsen wurden. Wenn Eltern und Kinder Bewohner verschiedener Welten sind, wird die häusliche Sphäre eher in einem vulkanischen als im fließenden Sinne heterokosmisch und heterochron.

Aus Gründen, die noch ungeklärt sind, liefert uns die Art von Welt, in die wir hineingeboren werden und in der wir während unserer prägenden Jahre aufwachsen, einen geistigen Rahmen oder eine generationsspezifische Sichtweise, die während unseres ganzen Lebens erstaunlich stabil bleibt, selbst dann noch, wenn diese Welt in Wirklichkeit bereits untergegangen ist. (Ich verwende das Wort »Welt« hier unbefangen, um bestimmte Gestaltungen der sozialen Realität zu benennen, zum Beispiel die »Welt« der Weltwirtschaftskrise im Gegensatz zur »Welt« des Nachkriegsbooms. Im vierten Kapitel werde ich genauer analysieren, was der Ausdruck »Welt« in einem umfassenderen diskursiven Sinn bedeutet.) Insoweit die Welt, in die man hineingeboren wird, die eigene kulturelle Mentalität prägt, besitzt jede Generation ihre angeborene Mentalität.

Wir sind uns nicht ganz darüber im klaren, wie viel Menschen gleichen Alters oder der gleichen Generation über Klassen-, Rassen-, Gender- und sogar Nationalitätengrenzen hinweg gemeinsam haben. Es gibt eine flüchtige »Stimmung«, die Disposition einer Generation, auf die Leute des gleichen Alters auf seltsame, untergründige Weise »eingestimmt« sind. Hat sie sich einmal herausgebildet, bleibt sie zumeist über alle späten Lebensstadien hinweg erhalten. Wenn ich irgendwo auf der Welt Leuten meiner Generation begegne, habe ich fast immer das Gefühl, sozusagen unter meinesgleichen zu sein. Diese lebenslange Fortdauer einer früh im Leben erworbenen Generationenmentalität bezeichnet einen weiteren grundlegenden Aspekt der kulturellen Neotenie.

Während der sechziger Jahre war es noch möglich, von *der* Generationenkluft im Singular zu sprechen, da diese Kluft eine ganze Elterngeneration von ihren Kindern trennte. (Wenn ich »eine ganze Generation« sage, meine ich jenes Segment der Gesellschaft – eine Minderheit natürlich –, für das diese Kluft eine Realität war.) Heutzutage wäre es sinnlos, von einer einzigen Generationenkluft zu sprechen, denn in den letzten paar Jahrzehnten hat der Singular einer wahnwitzigen Pluralität Platz gemacht. Heute sind die Klüfte zwischen Mikroaltersgruppen derart zahlreich, dass man sie nicht mehr generational nennen kann. Während die *baby boomer* noch die Gesamtheit einer Generation bildeten, sind ihre Nachkommen in eine Vielzahl von Subgenerationen zersplittert, die es schwierig, wenn nicht unmöglich macht, noch in irgendeiner sinnvollen Weise von Generationen zu sprechen – so rasch wird eine Welt mitsamt ihrer Herkunftsmentalität von einer neuen überrollt. Die Risse werden nicht nur häufiger, sondern auch tiefer. Ein Abgrund – ein psychologischer, sozialer, sprachlicher und kultureller Abgrund – trennt heute diejenigen, die mit dem Computer aufgewachsen sind, von den anderen. Gleiches gilt für das Handy, das Videostreaming oder die sozialen Medien. Fünf oder zehn Jahre Altersunterschied stellen einen jungen Menschen auf eine Seite dieses oder jenes Abgrundes, während sich die Zahl der Abgründe ständig vermehrt. Viele der traditionellen Unterschiede zwischen einer Generation und einer anderen kollabieren unterdessen. Erwachsene kaufen, buchstäblich und bildlich gesprochen, in denselben Outlets ein wie ihre Kinder und Enkel. Dieses merkwürdige Phänomen der Generationenkonfusion, das so sehr an die Geschichte des Ödipus erinnert, ist ein Thema, das ich später wieder aufgreifen werde. Kehren wir nun kurz zu den Griechen zurück und befassen wir uns weiter mit dem Knoten des Generationskonflikts.

Tragische Weisheit

Aus meinen früheren Bemerkungen zur kindlichen Ehrfurcht des Aeneas und zu den ödipalen Dramen der griechischen Theogonie könnte man schließen, dass die Griechen, anders als die Römer, reichlich Genie hatten, während an Weisheit eher Mangel herrschte. Nichts könnte der Wahrheit ferner sein. Die griechische Genialität gedieh in dem Maße, wie die ihr entsprechende Weisheit die heftig rivalisierenden Zeitalter in ein schöpferisches Spannungsverhältnis zueinander zu bringen wusste, ohne dass damit ihr Konflikt notwendigerweise gelöst worden wäre. In der *Orestie* stößt das »göttliche« Gesetz der Blutrache der Erinnyen mit einem abstrakten Begriff von Gerechtigkeit zusammen, der im historischen *corso* der Griechen (mit Vico zu sprechen) erst viel später auftauchen sollte. In der angespannten Versöhnung, zu der sie am Schluss gelangt, stellt die Trilogie, ohne zu irgendeiner Ausflucht zu greifen, die potentiell selbstzerstörerischen Antagonismen einander gegenüber, die nur von außen, durch die Intervention der Weisheit Athenes, eingedämmt werden konnten.

Zu einer ähnlichen Kollision kommt es in der *Antigone*, in der eine junge Frau ihren Onkel in einem Streitgespräch herausfordert, bei dem es nicht nur um zwei Individuen, sondern um zwei Gebote geht – eines von viel älterem Ursprung als das andere. Die Ironie ihrer Auseinandersetzung liegt darin, dass die junge Antigone ein archaisches Gesetz der Blutsverwandtschaft (die Pflicht zum Begräbnis von Familienmitgliedern) vertritt, während der ältere Kreon Achtung vor dem neoteren Gesetz des Staates fordert. Wie im vorigen Kapitel bemerkt, haftet Kreon eine politische Naivität an, die ihn politisch unreif erscheinen lässt. Durch sein rasches, unbesonnenes Handeln und seine schwache Urteilskraft bestätigt er die Besorgnis, die der Chor zu Beginn des Stücks andeutet, wenn er sich über Kreons Status als »neuer König des Landes« äußert: »Was will er uns sagen / dass er öffentlich einberuft der Bürger Versammlung« (V. 174–176). Später im Stück wird sein Sohn Haimon sich als politisch klüger denn sein Vater erweisen, wenn er auf die Torheit hinweist, auf dem Todesurteil gegen Antigone zu beharren, das die Bürger Thebens so gründlich missbilligen.

George Steiner betont in seinem Buch *Die Antigonen* mit Recht, dass das Begräbnismotiv bei Sophokles – das in *Aias*, *Antigone* und *Ödipus auf Kolonos* so zentral ist – »an weit zurückliegende Spuren des Totemischen an[knüpft]« und »dass der Jahrtausende überdauernde Magnetismus des Stückes und des in ihm dargestellten Mythos von viel älteren Quellen psychischer Energie gespeist wird« (S. 150, 162). Diese älteren Quellen psychischer Energie traten in verschiedenen Masken auf, um auf der griechischen Bühne ihre fortbestehenden Ansprüche geltend zu machen, und weckten unter einer unbarmherzigen Sonne, die auf (und in) die abgründigen Tiefen der

Zeitalter schien, die Angst der Zuschauer vor der Macht der archaischen Kräfte, aus der Unterwelt aufzusteigen und die jüngere Ordnung der Olympier zu stürzen.

Abgesehen von ihrer Thematik zeigen die griechischen Tragödien auch unter formalen Gesichtspunkten eine beeindruckende heterochrone Vielfalt. Häufig entspringen die Oden des Chors – in ihren Prosodien, ihrer Melodik und ihren Theologien – aus viel älteren Quellen als die prosaische Rede der Charaktere. Der hypnotische Gesang und Tanz des Chors verleiht seinen Oden eine dumpfe Resonanz aus untergründigen Tiefen, unterhalb des Schauspiels menschlichen Leidens. In seiner Bewegung und Gegenbewegung zwischen Strophe und Antistrophe liefert er choreographische Bilder einer dauerhaften Wahrheit, die wie ein dunkler Saum von Weisheit den episodischen Lärm der Handlung des Stücks umfasst. Dass die meisten Handlungen der griechischen Tragödien tief in die Geschichte oder in einigen Fällen in die Vorgeschichte (manche würden sagen: ins Unbewusste) der griechischen Gesellschaft zurückreichen, diente nur dazu, das Erstaunen und das Erschrecken vor dieser heterochronen Spannung zu erhöhen.

Es sollte nicht weniger als fast zweitausend Jahre dauern, ehe mit Shakespeares *König Lear* wieder eine Fabel auf die Bühne kam, die auch nur entfernt einem solchen Konflikt zwischen den Zeitaltern ähnelte. Es ist nicht nur Lears biologisches Alter (über achtzig), das ihn so alt macht. Vielmehr ist es die Tatsache, dass er eindeutig einem heroischen Zeitalter angehört zu einer Zeit, zu der es bereits von einem menschlichen Zeitalter – mit seinem selbstreflexiven Bewusstsein, seiner analytischen Abstraktion und seinem verbissenen Willen zur Macht – abgelöst wurde. Vico schreibt über das Zeitalter der Menschen, dessen Denkweise und Haltung sei von Ironie bestimmt, eine Reflexion, die, aus Falschheit gefertigt, nur die Maske der Wahrheit trägt (*Prinzipien einer neuen Wissen-*

schaft, § 408). Diese psychische Fähigkeit zur Reflexion, die nicht nur zwischen Wahrheit und Falschheit zu unterscheiden weiß, sondern diese Unterscheidung auch zu manipulieren versteht, indem sie Falschheit mit dem Anschein von Wahrheit maskiert (und umgekehrt) –, diese Fähigkeit zur Reflexion ist dem Denken Lears ganz und gar unvertraut. Lear vermag das tödliche Spiel der Ironie nicht zu verstehen. Um deren Tücken zu durchschauen, muss er erst durch eine Reihe schockierender Erfahrungen im Verlauf des Stücks erzogen werden. Selbst nach seiner Feuertaufe scheitert er immer noch daran, ihre Verdrehungen zu begreifen. Es ist dieses aus der Zeit gefallene Sein, diese Zugehörigkeit zu einer früheren, nun weitgehend obsoleten Epoche, die Lear so archetypisch alt macht.

Obwohl sie eine vergilsche kindliche Ehrfurcht zeigt, wenn sie sich der Sache ihres Vaters anschließt, ist Cordelia ebenso sehr wie ihre doppelzüngigen Schwestern ein Geschöpf der neuen Zeit. Ihre Aufrichtigkeit ist das tugendhafte Gegenstück zu der boshaften, von Ironie entfesselten Unaufrichtigkeit. Sicherlich erscheint diese Aufrichtigkeit bei der symbolischen Abdankungszeremonie zu Beginn des Stücks, die ihr Vater arrangiert hatte, völlig fehl am Platz. Cordelias Weigerung, ihre programmgemäße und emblematische Rolle zu spielen – ihre Gewissensskrupel, ihre wohlüberlegten und nachdenklichen Erklärungen, ihr prosaisches Abwägen der wörtlichen Bedeutung von Worten –, zeigt gerade, wie entschieden sie dem neuen, »reflexiven« Zeitalter der Ironie angehört. Lear erwartet von ihr eine formelle Beteiligung an einem heraldischen Ritual; statt dessen bekommt er eine Geste der Aufrichtigkeit. Das Problem liegt darin, dass Lear von Redlichkeit und Unredlichkeit nichts versteht. Er kennt nur Loyalität und Illoyalität. Mit ihrer prosaischen Reaktion auf eine poetische Feierlichkeit stürzt Cordelia ihren Vater in Verlegenheit, lässt sie ihn erstaunt und verwirrt zurückprallen. Es ist die Kluft zwischen einem kulturellen Zeitalter und einem anderen, die Lear glauben macht, Cordelia sei ihm eine Fremde geworden.

In Vicos Theorie des historischen *corso* wird das menschliche Bewusstsein ironisch dank der Fähigkeit der Vernunft, den Aberglauben und das Unwissen früherer Epochen einer kritischen Analyse zu unterziehen und die Willkür auf dem Grunde der Wahrheiten zu enthüllen, die von jenen Epochen als unverletzlich oder normativ gerechtfertigt wurden. Wenn es darum geht, ihre Autorität auf selbstgelegten Fundamenten zu begründen, besteht die Aufgabe der Vernunft darin, die Irrtümer aufzudecken, die jahrhunderte- und sogar jahrtausendelang die Maske der Wahrheit getragen haben (zum Beispiel dass Standesunterschiede in der Natur gegründet seien und nicht im Brauch oder dass die menschliche Gesellschaft der Autorität der Tradition bedürfe, weil Freidenkertum ins Verderben führt). In seiner *Abhandlung über die Methode* erklärte Descartes, sein Ziel bestehe darin, durch den Gebrauch der Vernunft eine verlässliche Methode zur Unterscheidung zwischen Wahrem und Falschem zu sichern. Doch der Wille zur Wahrheit hat einen potentiell selbstzerstörerischen Impuls in seinem immanenten Drang, alle Dinge seiner desillusionierten Analyse zu unterziehen. Die Vernunft unterwirft nicht nur die schädlichen Irrtümer der Vergangenheit einer vernichtenden Kritik, sondern auch die sozialen und ethischen Prinzipien, die – obschon nicht rational fundiert – es den Gemeinwesen ermöglicht haben, die Jahrhunderte zu überdauern. So hat sie nicht nur die Kraft, die Menschen von ihren alten Fesseln zu lösen, sondern auch die Kraft, durch die ätzenden Wirkungen des Zynismus die institutionellen Grundlagen der Gesellschaft zu untergraben.

König Lear verleiht sowohl seinen Schurken wie auch Cordelia einen hohen Grad an Vernunft (nichts ist vernünftiger

als Cordelias Rede an ihren Vater in der Eröffnungsszene).
Vernunft ist die Währung des neuen Zeitalters. Zwanghaft rationalisiert die jüngere Generation ihre Handlungen. Unter pragmatischem Gesichtspunkt argumentieren Regan und Goneril völlig »vernünftig«, wenn sie von Lear verlangen, sein Gefolge von hundert Rittern um die Hälfte oder um eine weitere Hälfte der Hälfte zu vermindern oder sie überhaupt vollständig zu entlassen, weil er jetzt keiner bediensteten Ritter mehr bedarf. Auf dieses dem Zeitalter der Menschen gemäße Argument, welches den Bedarf zur neuen Religion erhebt, antwortet Lear mit einem Argument seines eigenen heroischen Zeitalters: »O, reason not the need! ...« »O, sprich von nöthig nicht! Der letzte Bettler / Hat etwas, noch so klein, im Ueberfluß; / Gib der Natur blos was sie nöthig hat, / Und Vieh- und Menschenleben gelten gleich.« (II. Akt, 4. Szene)

In einem Stück, das an Rationalisierungen und schneidenden Sarkasmen überreich ist, kommt nichts jener desillusionierten analytischen Schärfe in Edmunds Reflexionen gleich, in denen er offen und ehrlich gegen sich selbst ist. Seine Respektlosigkeit enthält eine komprimierte rebellische Energie, die ihn zum metaphysischen Vertreter der modernen Ideologie, der unseren, werden lässt:

Das ist doch in der Welt der Blödsinn auf seiner höchsten Stufe; wenn wir an Glück krank sind – d.h. uns oft nur selber den Magen verdorben haben –, so müssen Sonne, Mond und Sterne an unserm Missgeschick schuld sein, als wären wir Schurken durch Nothwendigkeit, Thoren durch himmlischen Zwang, Schufte, Diebe und Verräther durch die Obmacht der Sphären, Trunkenbolde, Lügner und Ehebrecher durch aufgezwungenen Gehorsam gegen planetarische Einflüsse, und alles, worin wir schlecht sind, durch göttlichen Anstoß. Wundervolle

Ausflucht für einen Dirnenjäger, seine Bocksgelüste einem Stern zur Last zu legen! Mein Vater ward mit meiner Mutter unter dem Drachenschwanz einig, und meine Geburt fand unter *ursa major* statt; daraus folgt, ich bin rauh und wollüstig. Pah! ich wäre geworden, was ich bin, hätte auch der jungfräulichste Stern am Firmament zu meiner Bastardzeugung geblinzelt. (I. Akt, 2. Szene)

Kein Exponent des Existentialismus im zwanzigsten Jahrhundert, nicht einmal Jean-Paul Sartre selbst, vermochte je die Essenz der Lehre annähernd so zu verdichten, wie es Edmund in diesen brillanten Versen gelingt; Verse, die all jene entlarven, die die Urheberschaft eines jeden an seinem eigenen Schicksal leugnen möchten. Gäbe es nicht die stets einfallsreichen Listen der bösen Absicht, die in jedem menschlichen Zeitalter verbreitet sind, müsste jeder, der auch nur ein Spur von modernem Blut in seinen Adern hat, Edmunds Ruf nach Selbstbestimmung und Selbstverantwortlichkeit bejubeln.

In den rätselhaftesten Versen des *König Lear* – den Reimen, die das Drama zu einem Ende bringen – erinnert Edgar das Publikum an das beherrschende Thema des Stücks, nämlich das Alter. »Der trüben Zeit bringt jeder seinen Zoll, / Sagt, was er fühlt, nicht was er sagen soll, / Der Aeltste litt zumeist; kein Jüngrer mehr / Erfährt so viel und lebt so lang wie er.« (V. Akt, 3. Szene) Gewiss kann er nicht meinen, dass er und der Herzog von Albany niemals so lange leben werden wie Lear, noch dass die Jungen jemals so viel erfahren werden wie ihre Vorfahren; doch was er genau meint, entgeht uns und legt uns die Frage nahe, ob das neue Zeitalter, das über Lears heroisches Zeitalter hinweggegangen ist, einfach zu aufgeregt, zu sehr ohne Mitte und zu chaotisch in seiner Metaphysik und seiner Geopolitik ist, um so lange dauern zu können wie sein Vorgänger.

Wir brauchen hier nicht zu untersuchen, inwiefern der Alterskonflikt in *König Lear* sowie seine Lösung sich in vielerlei Hinsicht von dem Streit unterscheidet, der von den oben erörterten griechischen Stücken auf die Bühne gebracht wurde. Es genügt zu sagen, dass Shakespeares Tragödien eine klare Trennlinie zwischen den Kräften des Guten und des Bösen ziehen, was im griechischen Drama gewöhnlich nicht der Fall ist, und dass bei Shakespeare am Ende das Gute fast immer über das Böse obsiegt, auch wenn der Sieg erhebliche Kosten verlangt. Der Alterskonflikt in *König Lear* ist jedoch eindeutig nicht einer zwischen Gut und Böse, und er überträgt sich auch nicht in einen Generationskonflikt. Schließlich verbündet sich eine Reihe jüngerer Protagonisten mit Lear und Gloucester gegen Leute wie Edmund, Cornwall und die verdorbenen Töchter. Ihr Triumph über die Schurken des Stücks stellt nicht das vergangene Zeitalter wieder her, sondern begräbt es nur feierlich und förmlich mit dem Respekt, den es verdient. Das Öffnen des Knopfs von Lears heraldischem Kleid sagt uns in symbolischer Sprache, dass Lears Epoche ihrer Autorität entkleidet ist (»Bitte, macht diesen Knopf auf«, sagt Lear in seinen letzten Worten). Wenn in dem Stück die Kräfte des Guten über die des Bösen die Oberhand gewinnen, so in dem Sinne, dass seine Botschafter für ein gewisses Maß an heilsamer Kontinuität anstelle eines gewaltsamen Umsturzes beim Übergang von einem Zeitalter zum anderen sorgen. Insofern siegt tatsächlich in gewissem Maße die Weisheit.

Freilich ist dies eine defensive oder konservative Art von Weisheit. Was wir in *König Lear* nicht finden, ist die erfinderische, revolutionäre Weisheit, die in Verbindung mit den Kräften des Genies eine wirkliche Verjüngung – nicht bloß eine Stabilisierung – auf politischem, sozialem oder kulturellem Gebiet bewirkt. Tatsächlich haben wir uns mit dem Phänomen der Heterochronie bisher so beschäftigt, als wäre es geradezu eine Sammlung verschiebbarer Teile oder wohlunterschiedener interagierender Zeitalter – und nicht ein geschichtlicher Prozess gegenseitiger Verschmelzung und Transformation. Was noch aussteht, ist eine detaillierte, auf bestimmte Beispiele zurückgreifende Untersuchung, die deutlich macht, in welcher Weise Weisheit und Genie in der Vergangenheit zusammengearbeitet haben, um wirkliche »neotene Revolutionen« hervorzubringen. Im nächsten Kapitel werde ich eine Auswahl solcher Revolutionen erörtern.

DRITTES KAPITEL
NEOTENE REVOLUTIONEN

Präambel

Dieses Kapitel möchte zeigen, wie die dynamische Synergie zwischen Weisheit und Genie verschiedene »neotene Revolutionen« im kulturellen Bereich hervorgebracht hat. Die Revolutionen, denen ich mich widmen werde, haben wenig mit Biologie zu tun, aus der das Wort »Neotenie« stammt, und doch beschäftige ich mich nicht nur mit lockeren Analogien zwischen Biologie und Kultur. Wie ich im ersten Kapitel gezeigt habe, gehört Neotenie zu den wichtigsten Faktoren, die zur Steigerung der Intelligenz und zur Sozialisation unserer Spezies beitragen. Insofern Kultur die erweiterte Arena ist, in der sich das evolutionäre Schicksal der Menschheit abspielt, gewinnt das, was ich in diesem Kapitel herausarbeiten möchte, seinen vollen Sinn erst im Lichte meiner Erörterung der biologischen Neotenie im ersten Kapitel sowie meiner Diskussion über Weisheit und Genie im zweiten.

Genauer gesagt verstehe ich kulturelle Neotenie als einen vielgestaltigen Verjüngungsprozess, durch den ältere Traditionen dank einer Synergie zwischen den synthetischen Kräften der Weisheit und den rebellischen Kräften des Genies neuere oder jüngere Formen annehmen. Die beste Möglichkeit, die Wirkung dieser Synergie zu verstehen – wie nämlich das Genie seine Revolutionen konsolidiert, indem es auf die Ressourcen der Weisheit zurückgreift –, besteht darin, eine Reihe von Fallstudien heranzuziehen, die die Prämisse mit einem Beispiel verbinden, so wie Vico in seiner *Neuen Wissenschaft* »Wahrheit« und »Gewissheit« zusammenzubringen versuchte. Zu meinen Fallstudien in diesem Kapitel zählen der Aufstieg der sokratischen Philosophie, der Triumph des Christentums in der Antike, die europäische Aufklärung und die Gründung der amerikanischen Republik. Ich hätte zahllose andere Ereignisse in der abendländischen Kulturgeschichte wählen können – die Renaissance, die Romantik, die Französische Revolution –, doch meine Absicht in diesem Buch ist es, eine *Theorie* und nicht eine Geschichte der kulturellen Neotenie anzubieten. Indem ich meine Beispiele ausgesprochen schematisch behandle – nicht als Forscher, sondern als »Neuer Wissenschaftler« sozusagen –, möchte ich eher eine These veranschaulichen als eine Geschichte erzählen.

Vor allem ihrer Heterogenität wegen habe ich mich entschieden, diese besonderen Fallstudien in den Mittelpunkt zu stellen. Jede dieser Revolutionen in der abendländischen Kulturgeschichte hat ihr singuläres, unwiederholbares Merkmal, jede ereignet sich zu einem anderem Zeitpunkt der Geschichte, und jede gehört einem anderen kulturellen Bereich an (Philosophie, Religion, Ideologie oder Politik). Doch alles in allem weisen diese Revolutionen wiederkehrende Muster auf, deren Strukturen oder Tendenzen ich hier herauszuarbeiten versuche. Ob der Effekt darin besteht, einem jugendlichen kulturellen Merkmal einen höheren Reifegrad zu verleihen oder einer alten Tradition eine neue oder jüngere Form zu geben: Jedes Mal werden wir finden, dass die Neuheit des Neuen letztlich auf den Fundamenten des Alten ruht – und dass es in Wirklichkeit gar keine anderen Fundamente hat, auf denen es ruhen könnte.

Das Wort »alt« ist in diesem Zusammenhang notwendigerweise zweideutig. Als Gegenbegriff sowohl zu »neu« wie zu

»jung« kann es sich auf sehr unterschiedliche Phänomene beziehen und damit das Bezugsobjekt unklar werden lassen. Wir müssen lernen, mit dieser Ambiguität zu leben, so wie die Griechen mit ihrem Wort *neos*, das sowohl jung wie neu bedeutet. »Neu« und »jung« sind nicht gegenseitig austauschbar, und das Neue ist keineswegs von sich aus neoten. Gleichwohl sind Neuheit und Jugend in einer Weise aufeinander bezogen, die sie häufig zum natürlichen Korrelat des jeweils anderen macht. Kulturelle Neotenie erzeugt typischerweise das Neue, so wie sie das, was jung ist, befreit, kultiviert oder ihm den Weg bereitet. So wie in unserem Zusammenhang Neotenie als Verjüngung und zugleich als Erneuerung zu verstehen ist, sollten auch neotene Revolutionen in der Weise aufgefasst werden, dass sie die Sache der Neuheit und der Jugend gleichermaßen fördern, was wir an unserer ersten Fallstudie sogleich sehen werden – dem Aufstieg der sokratischen Philosophie im antiken Athen.

Sokratische Genialität

Es ist unwahrscheinlich, dass jemand, der sich nicht in seiner Jugend in die Philosophie verliebt, in späteren Jahren viel mit ihr anfangen kann. Und das gilt sogar für die meisten derer, die sich *doch* früh von ihr faszinieren ließen. Es mag für ein Leben, vor dem die Zukunft liegt, wohl zutreffen, dass »ein Leben ohne Selbsterforschung […] gar nicht verdient gelebt zu werden« (*Apologie* 38a), doch für ein Leben, das die meisten Jahre schon hinter sich hat, ist das Credo des Sokrates kaum gültig. Von einem bestimmen Alter an ist das Leben lebenswert, einfach weil es das Leben ist. Vielleicht sollte das Credo lauten: Eine Jugend ohne Selbsterforschung ist keine echte Jugend, sondern vorzeitiges Alter. Dem könnte man hinzufügen, dass eine selbsterforschende Philosophie, die auf kritischer Vernunft beruht, einem selbsterforschenden, kritischen Stadium im Reifungsprozess angemessen ist. Die Römer nannten diese Lebensphase, der das Studium der Philosophie entspricht, *adulescentia* (grob gesagt, der Zeitraum zwischen sechzehntem und dreißigstem Lebensjahr). Gewiss sparten manche griechischen und römischen Patrizier keinerlei Kosten, wenn es darum ging, die besten Dialektiker als Hauslehrer ihrer Söhne einzustellen, doch erwarteten sie, dass Letztere in dem Maße, wie sie im Leben vorankämen und die Verantwortung eines Erwachsenen übernähmen, sich schließlich ernsthafteren Dingen als der Philosophie zuwenden würden.

Platons *Politeia* inszeniert die Abneigung der Älteren, sich mit Philosophie zu befassen, in dem Eröffnungsgespräch zwischen Sokrates und Kephalos, einem Greis, in dessen Haus der Dialog stattfindet. Auf Sokrates' Frage, was er, Kephalos, für den größten Segen seines ererbten Reichtums halte, antwortet dieser: »Und hiezu meine ich, ist der Besitz des Reichtums am meisten wert, nicht zwar jedem aber dem wohlgesinnten. Denn dass er nicht leicht wider Willen jemanden übervorteilt oder hintergeht oder einem Menschen Geld schuldig bleiben und so in Furcht davon gehn muss, dazu kann ihm der Besitz des Reichtums gar vieles beitragen.« (*Politeia* 331b) Nach konventioneller Weisheit ist Kephalos ein Einfaltspinsel, der glaubt, Tugend hänge von Glück und den Umständen ab. Solche konventionelle Weisheit wird jedoch von Platons sardonischem Porträt des alten Herrn durchkreuzt. Aus der Perspektive des Lebens und nicht der theoretischen Vernunft betrachtet, ist es ein Zeichen von Kephalos' Weisheit und Reife, wenn er meint, der größte Vorteil ererbten Reichtums sei die moralische, nicht die materielle Bequemlichkeit, die er bietet. Hinter jedem großen Vermögen liegt ein Verbrechen, sagte Balzac, und wer ein Vermögen ererbt hat, wird sich gewiss weniger zu kriminellen Betätigungen hinreißen lassen, als wenn man es verdienen muss. Sokrates:

> Vortrefflich, sprach ich, sagst du das o Kephalos. Aber eben dieses, die Gerechtigkeit, sollen wir sagen so ganz einfach, sie sei Wahrheit und Wiedergeben was einer von einem empfangen hat? oder ist auch eben dieses bisweilen zwar Recht bisweilen aber auch Unrecht zu tun? Ich meine nämlich so. Jeder wird wohl sagen, wenn einer von einem Freunde, der ganz bei besonnenem Mute war, Waffen empfangen hat, und dieser sie im Wahnsinn wieder fordert, er ihm dergleichen weder verpflichtet ist wiederzugeben, noch selbst Recht täte wenn er sie ihm wiedergäbe, oder in einem solchen Zustande ihm von allen Dingen die Wahrheit sagte.
> Du hast Recht, sagte er.
> Also ist das auch nicht die rechte Erklärung der Gerechtigkeit, Wahrheit reden und was man empfangen hat wiedergeben.
> Allerdings doch o Sokrates, sagte Polemarchos die Rede aufnehmend, wenn man doch dem Simonides etwas glauben darf.
> Ei wohl, sagte Kephalos, jedoch übergebe ich euch nun die Rede, denn ich muss jetzt für die heiligen Dinge Sorge tragen.
> Ist nun nicht, sprach ich, Polemarchos der Erbe des deinigen?
> Freilich, sagte er lächelnd und ging zugleich hinaus nach dem Opfer. (331c–d)

Zu Beginn des *Symposion* ist es die Flötenspielerin, die von dem philosophischen Gastmahl verjagt wird. Hier ist es der alte Mann, der genau in dem Moment geht, in dem der Dialog

»ernst« zu werden beginnt, das heißt in dem Moment, in dem Sokrates beginnt, abstrakte Substantive zu behandeln, als wären es reale Substanzen. Kephalos weiß, dass es in seinem Alter besser ist, wegzugehen und ein Opfer zu bereiten, als mit begrenzten Mitteln nach der Natur der Götter zu forschen oder sich zu fragen, wie ein idealer Staat aussähe oder ob es ein Wesen der Gerechtigkeit gibt. Da ist es doch ebenso gut, sein Opfer zu bereiten und die Götter auf seiner Seite zu haben, für den Fall, dass es welche gibt. Kephalos hat einfach keine Zeit für sokratisches Philosophieren. Der Tod sitzt ihm im Nacken. Er hatte gehofft, sie beide würden ein angenehmes Gespräch miteinander führen: »Denn wisse nur, je mehr die andern Vergnügungen, die vom Leibe herrühren, für mich welk werden, um desto mehr wachsen mir Freude und Lust an Reden.« (328d) Doch Sokrates ist, bei all seinem dialogischen Geschick, kein charmanter Unterhalter. Er ist ein Stachelrochen. Und ebenso ist die Philosophie, wie er sie praktiziert, keine angenehme Konversation. Sie ist ein agonistischer Wettbewerb.

Der Unterschied zwischen Sokrates und Kephalos liegt nicht so sehr in ihren Jahren – soweit wir wissen, dürften sie im selben Alter gewesen sein –, sondern darin, dass Sokrates sich lebenslang jenen jugendlichen Drang bewahrte, an den die Philosophie am stärksten appelliert. Ich meine den Drang, den Sinn der Wirklichkeit herauszufinden. Mit seiner Weigerung bis zu seinem Todestage, auf diese Suche zu verzichten oder sein Fragen aufzugeben, erscheint uns Sokrates über die Epochen hinweg als eine neotene Gestalt par excellence. Er war ein Mensch, der den Glutkern seiner Leidenschaft niemals dem Alterungsprozess opferte, ein Mensch, der heroisch an seinem Glauben an das Versprechen der Philosophie festhielt: das Versprechen eines neuen Lebens noch im Angesicht des Todes. Es besteht kein Zweifel, warum er sich so zur athenischen Jugend und warum sie sich umgekehrt so sehr zu ihm hingezogen fühlte. Ob die Vorwürfe, die gegen ihn erhoben wurden – Gottlosigkeit und Verführung der Jugend –, berechtigt waren oder nicht, ob Platons und Xenophons Schilderungen von Sokrates als einem älteren Mann, der es vorzog, seine Zeit lieber mit Knaben und jungen Männern zu verbringen als mit Gleichaltrigen, zutrafen oder nicht: Es ist kaum zu bezweifeln, dass die sokratische Philosophie mit ihrer Skepsis gegenüber Vorurteilen, mit ihrer tastenden Suche nach den Gründen der eigenen Wahrheit und mit ihrem euphorischen Transzendenzversprechen in erster Linie und unmittelbar an die athenische Jugend und speziell das Jugendlichste an ihr appellierte: ihre Libido, ihre Unruhe, ihren Wunsch nach Heroismus, ihre Fähigkeit zu staunen, ihre unendlichen Erwartungen, ihre Neigung zu zweifeln und in Frage zu stellen, ihre Bereitschaft zu glauben und zugleich ihr Bedürfnis nach Führung und Unabhängigkeit.

Die Ironie liegt hier darin, dass die Weisheitsliebe der Philosophie, die auf die Jugend so verführerisch wirkt, von einer Reife träumt, die diejenige aller Älteren und Weisen überträfe. Sokrates strebte nach einer vollkommenen Reife, die kein Mensch je zuvor erlangt hatte. Mit seiner Ablehnung der Pose des Weisen und dem Eingeständnis seiner Unkenntnis in der Frage wahrer Erkenntnis spielte er die Rolle des ewigen Schülers, der niemals zu der Weisheit, auf die sich sein ganzes Begehren richtet, aufsteigen wird. Indem er die Unterscheidung zwischen Lehren und Lernen, Meister und Schüler, Hierophant und Sykophant verschwimmen ließ, verwandelte er die Philosophie in eine endlose Pädagogik, bei der Lehrer und Schüler von derselben Liebe beseelt sind und dieselben überragenden Ziele verfolgen. Das Genie des Sokrates bestand darin, dass er Erziehung ebenso wohl zum Mittel wie zum Ziel der Philosophie machte. Es ist, als würde Sokrates seinen Mitbürgern erklären: »Was die Weisheit anlangt, seid ihr alle Kinder. Auch ich eile vergeblich dem ständig zurückweichenden Ziel hinterher, doch im Unterschied zu euch ist meine Erziehung nicht abgeschlossen, meine Reifung ist nicht zu Ende und wird es nie sein.« Um diesen philosophischen Dauerlauf, diesen unendlichen Reifungsprozess durchzustehen, bedarf es einer umfassenden Verjüngung (oder De-Kephalisierung) der Psyche. Sicher, nur weil die Griechen so jung an »Geist und Seele« waren, konnte jemand wie Sokrates unter ihnen auftreten und sie zu einer energischeren, ausgedehnteren, aufnahmefähigeren Jugendlichkeit auffordern – einer Jugendlichkeit, die fähig ist, ihr ganzes Streben auf eine nie dagewesene Reife der Seele zu richten.

Also nicht nur weil er bis zum letzten Tag seines Lebens an seiner jugendlichen Leidenschaft festhielt oder weil er um dieser Leidenschaft willen starb, bleibt Sokrates ein großartiges neotenes Genie. Sondern weil er diese Leidenschaft auf eine neue Reflexionsebene hob, ohne ihren inneren jugendlichen Elan zu beeinträchtigen. Aus dieser Quelle entsprang auch seine Verführungskraft über seine jüngeren Schüler. Um die Liebe der Schüler ebenso zu wecken wie zu erziehen, muss ein Lehrer älter und zugleich in demselben »geistigen« Alter sein wie sie. Sokrates' höchst spezifische Eigenheit als Pädagoge liegt darin, dass er den Schülern nicht in der Verkleidung eines weisen Alten erschien, sondern als die reifere Inkarnation ihrer eigenen jugendlichen Hoffnungen auf ein sich immer weiter entfernendes erotisches Ziel. Die Tatsache, dass sie letztlich mehr *ihn* liebten als das, was er liebte, zeigt, in welchem Grade er in seiner Person die Neotenie der Philosophie als solche verkörperte. Seine Person war der Beweis für den unauslöschlich jugendlichen Geist der Philosophie. Die legendäre Körperkraft des Sokrates, sein Mut, seine Ausdauer und seine Fähigkeit, den Wirkungen des Alkohols zu widerstehen – all das verwies auf einen inneren Geist, der in dem Maße jung bleibt, wie er dem Ruf der Philosophie beharrlich folgt.

Es bleibt unentscheidbar, wer von beiden, Sokrates oder Kephalos, der »Reifere« ist, denn Sokrates revolutionierte gerade den Maßstab, mit dem eine solche vergleichende Einschätzung zu bemessen wäre. Aus Kephalos' Sicht hat jemand, der sich bis ins höhere Alter vom Transzendenzversprechen der Philosophie berauschen lässt, es schlicht versäumt, sich mit den ernüchternden Realitäten des Lebens abzufinden, vor allem mit der Realität der Endlichkeit. Aus der Perspektive des Sokrates sind die oberflächliche Frömmigkeit, die Kephalos an den Tag legt, seine Todesfurcht, seine zermürbenden Zweifel und sein Schuldgefühl angesichts der Tatsache des Todes Krankheitssymptome eines unerforschten Lebens, schlüssiger Beweis einer verfehlten Erziehung. »[W]enn einem das nahetritt«, sagt Kephalos, bevor er davongeht, um ein Opfer darzubringen, »dass er glaubt zu sterben, ihn dann Furcht ankommt und Sorge um was er zuvor keine hatte. Denn teils die Erzählungen von der Unterwelt, dass wer hier ungerecht gewesen ist dort Strafe leiden muss, die er oft gehört aber bis dahin verlacht hat, gehen ihm dann im Sinne herum, ob sie nicht wahr sind […].« (330d–e) Für Sokrates war der Tod nur eine Stufe in einem endlosen Reifungsprozess. Wie alt oder wie jung muss man sein, um *das* zu glauben?

Platonische Weisheit

Wir neigen heute dazu, uns die klassische Philosophie als einen ehrwürdigen Greis vorzustellen, in dem sich eine altersgrau gewordene Weisheit verkörpert. Doch als Platon daranging, den von seinem Lehrer angestoßenen Übergang vom Mythos zum Logos zu vollenden, bestand eines der größten

Probleme, vor die er sich gestellt sah, in dem Mangel der Philosophie an Tradition, also ihrem Mangel an Autorität. Die Griechen mögen im Vergleich mit den Ägyptern Kinder gewesen sein, doch auch sie waren nicht »jung« genug im Geiste, sich der Autorität von etwas zu beugen, das so neoterisch war wie die kritische Vernunft. In dieser Hinsicht waren die Griechen den Ägyptern, den Römern und überhaupt den antiken Völkern nicht unähnlich: Autorität ging einher mit Alter, Geschichte und Tradition. Fehlten diese, so fehlte es der kritischen Vernunft an Überzeugungskraft und Glaubwürdigkeit.

Mit anderen Worten, es reicht nicht aus, nur die theoretischen Grundlagen der Philosophie zu sichern; es war auch notwendig, sie auf schon bestehende kulturelle Fundamente zu stellen. Nur auf diese Weise konnte die Philosophie eine wirkliche neotene Revolution herbeiführen, ohne die sie kaum erblüht wäre oder eine so bedeutsame, lang andauernde Tradition begründet hätte. Wie gelang Platon dies? Wie vermochte er auf die Vernunft eine Autorität zu übertragen, die sie, wie er wusste, auf der Basis ihres logischen Denkens allein nicht beanspruchen konnte, wie streng dieses logische Denken auch sein mochte? Ganz einfach, er verbuchte die alten Kräfte des Mythos auf dem Konto des Logos, so dass die Neuheit des Letzteren auf den Fundamenten des Ersteren ruhen konnte, auf Fundamenten, die der Logos in Wahrheit umstürzte. Genauer gesagt, er nahm die Zeugungskräfte des Mythos dafür in Anspruch, der Vernunft zu liefern, was ihr fehlte, nämlich ein erhabenes Alter. Nur der Mythos hat die Macht, Altertümer zu erschaffen, so wie Athene die Macht hat, die Stadt Athen zu gründen. Während die Vernunft ihr Versprechen in die Zukunft projiziert und ihre Hoffnungen auf kommende Dinge setzt, nimmt der Mythos die Vergangenheit, das Archaische und Ursprüngliche in seine Obhut. Platon wusste, dass der Mythos nicht einer Vergangenheit angehörte, die sich überwinden ließe; ihm war vielmehr klar, dass die Vergangenheit dem Reich des Mythos angehört, insofern sie auf den furchteinflößenden Schoß der ersten Anfänge zurückgeht. Eine solche Vergangenheit mit all ihrer mythischen Autorität war es, die er der Philosophie zu verschaffen wusste.

Kurz, Platon wurde zum Mythenproduzenten. Nur so war er imstande, der Philosophie eine Zukunft zu sichern. Jeder, der auch nur oberflächlich mit Platons Werken vertraut ist, weiß, dass sie über ein wunderbares Mythenarchiv verfügt mit einigen traditionellen, einigen esoterischen und ein paar selbsterfundenen Mythen. Doch es ist weder bloß Platons Verwendung von Mythen noch auch seine Erfindung neuer Mythen, die in seinem Werk Genie und Mythos zusammenbringen. Vielmehr ist es die Art, wie er seine philosophischen Lehren mit vorsintflutlichen Ursprüngen untrennbar verkoppelt und damit den Mythos der Philosophie selbst hervorbringt. Die präinkarnierte Seele, die präexistierenden Formen, der präkosmische Demiurg, die antediluvianische Stadt Athen – das sind nur einige der Gründungsmythen, mit denen Platon die Philosophie an ein Reich absoluter Vorgängigkeit anschloss. Ein solcher Anschluss ist rein mythisch, das heißt, er ist völlig sublim. Aus der Matrix einer solchen Vorgängigkeit entstammen sämtliche Fabeln, Allegorien und Analogien, die heute noch das Platonsche Werk prägen – die geflügelte Seele, der virtuose Wagenlenker, der Aufstieg aus der Höhle, die Stufenleiter der Liebe – all das in diesem Werk ist ganz und gar unvergesslich, anregend und weitervererbbar. Und zusammengenommen laufen sie auf einen Supermythos hinaus, den Mythos der Abkünftigkeit der Vernunft aus einer ursprünglichen Transzendenz, in der und mittels deren die Welt und ihre Weltseele zuallererst entstanden.

Die Philosophie und nur die Philosophie hat Zugang zum Reich der Ursprünge, da der Logos einer der Funken ist, die die

Schöpfung in Gang gebracht haben. Dieser Logos steht in Fühlung mit den ersten, mit den »früheren« Dingen (daher sein »apriorischer« Charakter, wie man später sagen sollte), die so früh und so ursprünglich sind, dass die traditionellen Mythen Griechenlands keine wirkliche Erinnerung an sie haben. Platon deutet das im *Timaios* an, wo er den ägyptischen Priester über Solons Ursprungserzählungen spotten lässt. Es gibt ein Gedächtnis, sagt der Priester, das älter ist, als die Erinnerung eurer Geschichten reicht. Nur der Logos der Philosophie kann Zugang zu diesem älteren Gedächtnis finden. Wahre Erkenntnis ist *anamnesis* oder Wiedererinnerung. Erkenntnis wird nicht erworben, sondern wieder angeeignet. Die Philosophie lehrt uns nichts; mit ihrer Kritik befreit sie den Geist aus seinem engen Gehäuse, damit die Vernunft sich wieder an das erinnern kann, was die präexistente Seele bei ihrem Sturz in die Materie vergaß. In Platons Werk treten Weisheit und Genie zusammen, um die Philosophie zum einzigen legitimen Erben dieses verlorenen Altertums der Seele zu machen.

Auf diese Weise müssen wir den Mythos des Sokrates selbst in diesem Werk verstehen. Sokrates ist nur ein Gefäß, eine Hebamme, ein Vermittler, der den Schüler befähigt, eine pränatale Erinnerung wiederzugewinnen, die den traditionellen Mythen entgeht. In seinem jugendlichen Geist steckt eine Weisheit, die älter ist als die Weisheit aller anderen Weisen. Sokrates ist nicht im Besitz dieser Weisheit, doch er ahnt ihre ins Dunkel der Vorzeit zurückweichende Vorgängigkeit. Im Horizont seiner unendlichen Erwartung strebte Sokrates nach absoluter Reife – der Reife des Ursprungs sozusagen. Er war ihr ständig auf der Spur. Seine lebenslange Bemühung um ein lebenslanges Lernen bestand darin, zu lernen, wie man den Weg zurückgeht. Das ist die mühselige Anstrengung der Philosophie: sich gegen den Strom der Zeit zu der Quelle zu bewegen, aus der die Zeit selbst ins Sein entsprang.

Mit der Gestalt des Sokrates konnte Platon die griechische Idee der *paideia* zugleich transformieren und bewahren. Nach dieser Vorstellung besteht Erziehung darin, aus den Lehren der Vergangenheit zu lernen und ihre Vermächtnisse weiterzuvererben. Auch die Philosophie lehrt die Lehren der Vergangenheit – nicht der partiellen Vergangenheit, sondern eher der absoluten Vergangenheit des Ursprungs, die vor uns liegt wie eine Möglichkeit der Reife, deren Verwirklichung aussteht. All das soll nur heißen, dass Platon nicht bloß einen Übergang vom Mythos zum Logos vollzog; in seiner ingeniösen Weisheit schuf er einen Mythos des Logos und gab damit der Philosophie etwas, dessen sie am meisten bedurfte, wenn sie eine zukunftsträchtige Tradition begründen sollte: ein Alter, das so alt ist wie die Welt selbst.

Das Kind und das Himmelreich

Es gibt vielerlei Hinsichten, in denen man das frühe Christentum als neotene Revolution bezeichnen könnte. Ohne Zweifel gibt es im Neuen Testament so etwas wie eine Theologie des Kindes, zum Beispiel im Lukasevangelium, wenn Jesus sagt: »Jch preise dich Vater [...] / Das du solchs verborgen hast den Weisen vnd Klugen / Vnd hast es offenbart den Unmündigen.« (*Lk* 10,21) In einer berühmten Passage im Matthäusevangelium erklärt Jesus: »Warlich ich sage euch / Es sey denn / das jr euch umbkeret / vnd werdet wie die Kinder / so werdet jr nicht ins Himelreich komen.« (*Mt* 18,3) Doch was genau meint Jesus damit? Auf welche Aspekte des Kindes bezieht er sich, wenn er sagt, dass wir bei der Bekehrung »werden wie die Kinder«? Auf die Offenherzigkeit des Kindes, seine Aufrichtigkeit, Abhängigkeit, Machtlosigkeit? Im 1. Petrusbrief lesen wir: »So leget nu ab alle Bosheit vnd allen Betrug / Vnd seid girig nach der vernünfftigen lautern Milch / als die jtzt gebornen Kindlin / Auff das jr durch die selbigen zunemet.« (*1 Petr* 2,1) Wenn wir unterstellen, dass dies die kindlichen Eigenschaften sind, auf die sich die Passage bei Matthäus bezieht – was keineswegs sicher ist –, wie sollen die Erwachsenen diese Kindheit des Geistes wiedererlangen oder vielleicht zum ersten Mal erlangen? Und was hat es schließlich zu bedeuten, dass Gottes Himmelreich denen verschlossen ist, die daran scheitern, wie die Kinder zu werden?

Das sind in der Tat leidige Fragen, zumal sie weitere Probleme aufwerfen, die mit den Kindheitsnarrativen im Lukas- und Matthäusevangelium zusammenhängen. Was hat zum Beispiel das Kind Jesus mit dem Kind in Matthäus 18 zu tun? Was hat der kindliche Jesus mit der christlichen Lehre überhaupt zu tun, vorausgesetzt, er hat damit irgend etwas zu tun? Geht die obsessive Ikonographie des Jesuskindes in der Geschichte der christlichen Kunst aus dem Kern der christlichen Lehre hervor, oder ist sie ein gefühlsseliges Phänomen aus dem zweiten Jahrtausend, das mit der christlichen Revolution in der Antike wenig zu tun hat? Ist das Kind – sei es das Kind Jesus oder das Kind der Bekehrung – von irgendeiner wesentlichen Bedeutung für die christliche Theologie?

Martin Luther glaubte ganz sicher an einen solchen Zusammenhang. Im kindlichen Jesus sah er die christliche Humanisierung der sonst nicht menschengemäßen Transzendenz Gottes. »Die christliche wahre Theologie [...] fängt nicht an mit Gott in der Majestät, wie Moses und andere lehren«, hieß es in seiner Vorlesung zum Galaterbrief. »Denn nichts ist gefährlicher, wenn wir gegen das Gesetz, die Sünde und den Tod mit Gott im Kampfe stehen, als dass wir dann mit unseren Spekulationen im Himmel umherschweifen und Gott selbst in seiner unerfassbaren Macht, Weisheit und Majestät betrachten [...].« (*Luthers Galaterbrief-Auslegung*, S. 37) Gegen die

Betrachtung Gottes in seiner erhabenen Allgewalt, die den Menschen in Furcht und Schrecken versetzen muss, drängt Luther zu einer Hinwendung zu Jesus in der Krippe:

> Wenn du daher über dein Heil nachdenken und davon handeln willst, dann lass alle Spekulation über die Majestät, lass weg alle Gedanken an die Werke, an die Überlieferung, lass weg alle Philosophie und das göttliche Gesetz und tu dich mit Gewalt zur Krippe und zum Schoß der Mutter und ergreife jenes Kind und den Sohn der Jungfrau und siehe hin, wie er geboren wird, an der Mutter Brust trinkt, wie er wächst, unter den Menschen weilt, wie er lehrt, stirbt, aufersteht; sieh ihn aufgenommen über alle Himmel und sieh ihn im Besitz der Allgewalt, so kannst du alle Schrecken zerschlagen, wie die Wolken von der Sonne vertrieben werden, so kannst du alle Irrtümer vermeiden. (S. 38)

Luther erkennt im Jesuskind Gottes Selbsterniedrigung. Im Unterschied zu den griechischen Göttern, die zuweilen menschliche Gestalt annehmen, ist die Fleischwerdung des christlichen Gottes eine wirkliche Inkarnation – deren Wirklichkeit sich darin zeigt, dass dieses Kind organisch wächst und darin seine natürliche Verwandtschaft mit den Tieren im Stall erweist.

Diese Verknüpfung, die Luther zwischen menschlicher Kindheit und Demut herstellt, wird vom Matthäusevangelium zweifellos bestätigt: »Wer nu sich selbs nidriget / wie das Kind / der ist der grössest im Himelreich.« (Mt 18,4) »Werden wie die Kinder« bedeutet, die Demut Jesu selbst bereitwillig auf sich zu nehmen, der in einem Stall geboren wurde und an einem Kreuz starb. In solcher Erniedrigung liegt letztlich die Erhöhung Christi beschlossen, seine Auferstehung, seine Aufnahme in den Himmel und sein »Besitz der Allgewalt«, wie Luther sagt. Wie Nietzsche uns zu erinnern nicht müde wird, bewirkt das Christentum eine Umwertung der Werte, die das Unterste zuoberst, das Höchste ins Niedrigste kehrt, derart, dass sich nun weise Männer auf den Weg machen, um einem Kind zu huldigen. Der christliche Ausdruck für diese Umwertung lautet »Bekehrung«, buchstäblich eine Umkehrung, eine Umdrehung vom Kopf auf die Füße.

Der heilige Paulus, dessen Episteln vor den Evangelien verfasst wurden, gründete das Christentum auf eine Theologie der Bekehrung. Paulus wusste, dass aus der Sicht irdischer Weisheit nichts absurder sein konnte als der Glaube, dass ein junger Vagabund aus Nazareth namens Jesus der Sohn Gottes sein sollte, dass er für unsere Sünden am Kreuz gestorben und durch seinen Vater von den Toten auferstanden sei. Nie versuchte Paulus, die Torheit des christlichen Glaubens zu verbergen; im Gegenteil, er spielte sie gegen die Weisheit derer aus, die ihn verspotteten:

Denn Christus hat mich nicht gesand zu teuffen / sondern das Euangelium zu predigen / Nicht mit klugen worten / Auff das nicht das Creutz Christi zunicht werde. / Denn das wort vom Creutz ist eine torheit / denen / die verloren werden / Vns aber / die wir selig werden / ists eine Gottes krafft. Denn es stehet geschrieben / Ich wil umbbringen die weisheit der Weisen / und den verstand der Verstendigen / wil ich verwerffen. / Wo sind die Klugen? Wo sind die Schrifftgelerten? Wo sind die Weltweisen? Hat nicht Gott die weisheit dieser Welt zur torheit gemacht?

Denn die weil die welt / durch jre weisheit / Gott in seiner weisheit nicht erkandte / Gefiel es Gott wol / durch törichte Predigte selig zu machen / die / so dar an glauben. Sintemal die Jüden Zeichen foddern / vnd die Griechen nach Weisheit fragen. Wir aber predigen den gecreutzigten Christus / Den Jüden ein Ergernis / Vnd den Griechen eine Torheit. / Denen aber die beruffen sind / beide Jüden und Griechen / predigen wir Christum / göttliche Krafft vnd göttliche Weisheit. / Denn die göttliche Torheit ist weiser denn die Menschen sind / vnd die göttliche Schwacheit ist stercker denn die Menschen sind. (1 Kor 1,17–25)

Diese Apologie einer geheiligten Torheit ist kein törichtes Stück Rhetorik. Man beachte, wie die Struktur der Predigt mit ihren chiasmischen Inversionen die Figur des Kreuzes nachbildet. Alles ist um die Crux der Offenbarung herum so angeordnet, dass der Hochmut der weltlichen Weisheit sich nun als törichte Selbsttäuschung enthüllt, während die Torheit des Glaubens sich als Wahrheit einer anderen Welt offenbart. Darin besteht die Wahrheit der Kreuzigung: Der Niedrigste wird zum Höchsten, der Schwächste zum Stärksten, der Demütigste zum Glorreichsten. Ihre Theologie stellt die Welt auf den Kopf, so dass nur eine Bekehrung, eine buchstäbliche Umkehrung die Dinge wieder geraderücken kann – nein, nicht wieder, sondern zum ersten Mal in der Geschichte der Welt.

Bei Paulus finden wir keinerlei gefühlvolle Darstellung von Kindern oder von Jesus in der Krippe. Sein Christus ist ein Herr, kein Säugling. Seine Episteln enthalten kein *baby talk*, sondern eine energische, reife Herausforderung an das Judentum und die griechische Weisheit. Paulus sah in Christus den (einzigen) Weg zur Erlösung, der in das Reich der Sünde, des Fleisches und Todes hinab- und hindurchführt, um in einem neuen, spirituellen Körper aufzuerstehen. »Neu« bedeutet hier »einer anderen als der alten Weltordnung zugehörig«. Das Neue erscheint im und durch den Tod des Alten, es beruht auf ihm, es wird buchstäblich aus ihm geboren. Nicht die Windeln

Christi sind es, die Paulus obsessiv beschäftigen, sondern die gebärende Kraft seines Todes. Er sah in der Kreuzigung die Geburt jenes »neuen Menschen«, der sich von der alten Erbsünde freimachen kann. Wenn es bei Paulus eine Theologie des Kindes gibt, müssen wir sie in seiner Theologie der Erneuerung, der Neugeburt und der Auferstehung suchen.

Diese Theologie enthält eine völlig neue Vorstellung der Erneuerung und mit ihr ein neues Verständnis der Taufe. Für Paulus ist Taufe nicht die Figur einer Reinigung oder Purifizierung, sondern ein sakramentales Sterben und Auferstehen in Christus: »Wisset jr nicht / Das alle / die wir in Jhesum Christ getaufft sind / die sind in seinen Tod getaufft?« (*Röm* 6,3) Insofern die Kreuzigung uns von der Fessel der Sünde löst, bringt sie den »alten Menschen« zu Tode, der in seiner Sündenknechtschaft bisher die Geschichte beherrschte: »So wir aber sampt jm [Christus] gepflanzet werden zu gleichem Tode / So werden wir auch der Auferstehung gleich sein / Die weil wir wissen / Das vnser alter Mensch sampt jm gecreuziget ist / Auff das der sündliche Leib auffhöre / das wir hinfurt der sunde nicht dienen.« (*Röm* 6,5–6) Bislang haben wir diesem Herrn gedient – dem alten Menschen in uns –, doch durch Christi Tod »sind wir vom Gesetz los / vnd jm abgestorben / das vns gefangen hielt / Also / das wir dienen sollen im newen wesen des Geistes / vnd nicht im alten wesen des Buchstaben.« (*Röm* 7,6)

Paulus versteht die Taufe als sakramentale Teilhabe am Tod Christi, in dem und durch den alles Alte – alles, was von dieser Welt ist, was zu ihrem Alter und zu ihrer irdischen Weisheit gehört, was der Sünde und dem Tod unterworfen ist, was überhaupt dem *Altern* unterliegt – am Kreuz stirbt. Durch diesen Tod treten wir in einen neuen Dienst ein: »So sind wir je mit jm begraben durch die Tauffe in den Tod / Auff das / gleich wie Christus ist aufferweckt von den Todten / durch die Herrligkeit des Vaters / Also sollen auch wir in einem newen Leben wandeln.« (*Röm* 6,4)

Paulus glaubte, es sei die Kreuzigung selbst gewesen, die dieses neue Verständnis der Taufe ermöglicht habe; er glaubte, dass dieses Ereignis die wahre, uns bisher verborgene Bedeutung des Sakraments offenbart habe. Tatsächlich *ist* die Kreuzigung die wahre Bedeutung der Taufe. Sie ist gleichsam die Taufe aller Taufen, durch welche in der neuen Ordnung, die mit der Fleischwerdung begann, die Gläubigen als Kinder Gottes wiedergeboren werden. Die folgende Passage macht klar, was Paulus unter dem Ausdruck »Kinder« im theologischen Sinne versteht:

Jr aber seid nicht fleischlich / sondern geistlich / So anders Gottes Geist in euch wonet. Wer aber Christus geist nicht hat / Der ist nicht sein. So aber Christus in euch ist / So ist der Leib zwar todt vmb der Sünde willen. Der Geist aber ist das Leben / vmb der Gerechtigkeit willen. So nu der Geist / des / der Jhesum von den Todten aufferwecket hat / in euch wonet / So wird auch derselbige der Christum von den Todten auferwecket hat / ewre sterbliche Leibe lebendig machen / vmb des willen / das sein Geist in euch wonet. […]
Denn welche der geist Gottes treibet / die sind Gottes kinder. Denn jr habt nicht einen knechtlichen Geist empfangen / das jr euch aber mal fürchten müstet / Sondern jr habt einen kindlichen Geist empfangen / Durch welchen wir ruffen / Abba lieber vater. Derselbige Geist gibt zeugnis vnserm geist / das wir Gotteskinder sind. Sind wir denn Kinder / so sind wir auch Erben / nemlich / Gottes erben / vnd miterben Christi / So wir anders mit leiden / Auff das wir auch mit zur Herrligkeit erhaben werden. (*Röm* 8,9–11, 14–17)

In *Mt* 18 bezieht sich »Kind« auf Jugend, auf den jugendlichen Status oder das jugendliche Gemüt (seine Offenherzigkeit, seine Sanftmut oder welche Eigenschaften man auch wählen mag, um sie mit dem Ausdruck »wie das Kind« zu assoziieren), während die Bedeutung hier in den Paulusbriefen mehr mit dem rechtlichen Status des Kindes als eines Erben oder Begünstigten zu tun hat. Wenn uns die Bekehrung zu Kindern macht, dann für Paulus in dem Sinne, dass der Glaube an Christus es uns erlaubt, den »kindlichen Geist [zu] empfangen« und dadurch der Gnade Gottes teilhaftig zu werden. Als »Miterben« Christi sind die Gläubigen nunmehr frei, Gottes freigebige Gnade entgegenzunehmen. Während Jesus bei Matthäus die Infantilisierung der Gläubigen zu fordern scheint – wie immer man diese Forderung deuten mag –, ruft Paulus statt dessen zur entschiedenen Abwendung von der Sünde durch die Hinwendung zu Christus auf. Die Entschlossenheit zu einer solchen Umkehr hat wenig oder gar nichts mit Infantilisierung zu tun. Oder doch?

Für Paulus wie für Matthäus ist Glaube die Vorbedingung für Gottes Gnade. Ein solcher Glaube lässt sich nicht mit Argumenten begründen. Er beginnt und endet mit Vertrauen. Wenn Paulus von Glauben spricht, meint er nicht so sehr den Glauben als bedingungsloses Vertrauen – genau die Art von Vertrauen, die ein Kind in seine Eltern setzt. Für Paulus ruft Christi Fleischwerdung und vor allem seine Kreuzigung den Gläubigen auf, nach der Art von Kindern sein Vertrauen in den Vater zu setzen. Doch sollten wir dieses Vertrauen nicht als kindisch auffassen. Es ist nicht das unschuldige, instinktive, blinde Vertrauen naiver unreflektierter Kinder. Im Gegenteil, es ist eine existentielle Verpflichtung, die man im vollen Bewusstsein dessen übernimmt, worum es bei der Entscheidung geht, durch Christus sein Vertrauen entschlossen in Gott zu setzen. In dieser Hinsicht hat die Entscheidung, wie ein Kind zu werden – oder ein Kind Gottes zu werden –, einen völlig erwachsenen Charakter. Indem er in seinem reifen Selbst die angeborene Vertrauensbereitschaft des Kindes wiederfindet, »kehrt« der gläubige Christ die kindliche Vertrauenshaltung in einen erwachsenen Modus »um«. Eine solche Umkehr verändert, bewahrt aber zugleich auch den angeborenen kindlichen Zug, indem sie ihm eine neue Form gibt: die des christlichen Glaubens. In dieser Bewahrung liegt das Wesen der christlichen Neotenie.

Paulus betont hin und wieder, dass durch ein solches »umgekehrtes« Vertrauen das Unglaubliche (das heißt die christliche Offenbarung) nicht nur glaubhaft, sondern gewiss wird. Die transzendente Wahrheit der christlichen Lehre, die dem Scharfsinn des Weisen versperrt ist, verlangt für ihre Offenbarung eine Wendung oder Rückwendung zu dem Kind, das der je eigenen Identität – als »Jude« oder »Grieche« oder Träger irgendeines anderen weltlichen Etiketts dieser Art – vorausgeht. An dieses nicht alternde, präexistente, universelle Kind, das immer darauf wartet, im Erwachsenenmodus wiedergeboren zu werden, richtet sich letztlich die christliche Verkündigung.

Christliche Weisheit

Der Apostelgeschichte zufolge (26,25) sagte Porcius Festus, ein römischer Statthalter in Judäa von 52 bis 60 n. Chr., zum heiligen Paulus: »Paule / du rasest / Die grosse kunst macht dich rasend.« Ganz unrecht hatte er nicht. Der im vorigen Abschnitt zitierte Passage aus dem 1. Korintherbrief bestätigt, dass die paulinische Raserei durchaus einen Zug von Gelehrsamkeit hatte und dass seine Torheit ungewöhnlich gut begründet war. Bei seiner Verurteilung der irdischen Weisheit und seiner Verteidigung der heiligen Torheit eignete sich Paulus nicht nur die Autorität der hebräischen prophetischen Überlieferung an (»Denn es stehet geschrieben / Jch wil vmbbringen die weisheit der Weisen ...«), sondern er machte sich auch die rhetorischen Mittel jener heidnischen »Schrifftgelerten« zu eigen, gegen die er seine Sache so eloquent vertrat. Dieses Phänomen der Subversion-durch-Aneignung, das in unterschiedlicher Gestalt in den ersten Jahrhunderten der Kirchengeschichte wiederkehrt, liefert in weiten Teilen eine Erklärung für den erstaunlichen Erfolg der christlichen Revolution in der gesamten antiken Welt. Um einen der wichtigsten Aspekte dieses Erfolgs zu verstehen, müssen wir von der christlichen Verkündigung zu ihrer Verteidigung, von ihrem Genie zu ihrer Weisheit übergehen. Denn es war die Antwort der frühen Kirche auf die Angriffe und Anklagen, mit denen sie in ihrer Kindheit überhäuft wurde, aus der zu erklären ist, dass es dem Christentum gelang, eine der folgenreichsten und unwahrscheinlichsten Revolutionen in der Kulturgeschichte bis heute zu konsolidieren.

Paulus' Gegenoffensive im 1. Korintherbrief richtet sich mehr an die gelehrten Heiden als an die empörten Juden, denn es waren hauptsächlich jene, die in den christlichen Glaubensüberzeugungen bloß kindischen Unsinn sahen (die Juden, sagt Paulus, betrachteten die Christen als *skandalon*, als »Ergernis«). Hier war Paulus »unzeitig« in einem anderen Sinne als dem seiner Verspätung gegenüber Christus, von der er in *1 Kor* 15 spricht (Paulus ist Jesus niemals begegnet und bekehrte sich erst nach dessen Tod). Ich meine damit, dass er seiner Zeit voraus war, denn die stärksten heidnischen Angriffe auf die Nazarener begannen erst nach Paulus' Tod im zweiten und dritten Jahrhundert, als das Christentum dabei war, sich über das ganze Römische Reich auszubreiten.

In den Polemiken von Heiden wie Lukian, Celsus und Sueton findet man, dass einer der Haupteinwände gegen das Christentum mit seinem fehlenden Alter – mehr als mit seiner fehlenden Glaubwürdigkeit – zu tun hatte. Besser gesagt, seine fehlende Glaubwürdigkeit folgte aus seinem fehlenden Alter. Celsus behauptete zum Beispiel, seine Argumente gegen das Christentum beruhten auf »einer alten Lehre, die seit Anbeginn existierte und die stets von den weisesten Nationen und Städten und ihren klügsten Männern vertreten wurde«, während die Christen ihre Lehre auf einen Mann gründeten, der »erst von gestern« war und von dem die Welt bisher noch nie etwas gehört hatte (Pelikan, *Christian Tradition*, Bd. 1, S. 34). Die Antwort, die die frühe Kirche diesem geläufigen Vorwurf des Neoterismus erteilte, ist in ihrer Bedeutung kaum zu überschätzen. Einem ähnlichen Problem sah sich Platon gegenüber, als es darum ging, die Autorität der Philosophie in einer Gesellschaft zu begründen, in der sich Autorität von Alter und Tradition herleitete. Arnobius, ein christlicher Apologet, fasste den heidnischen Einwand gegen das Christentum mit den Worten zusammen: »Eure religiösen Gebote (oder das, was ihr Heiden dafür haltet) sind gegenüber denen, die wir befolgen, um viele Jahre älter, und aus diesem Grund sind sie (wie ihr annehmt) wahrer, weil durch die Autorität des Alters gestärkt.« (Ebd.) Das Christentum hätte durchaus in Vergessenheit geraten können, hätten nicht die frühen Kirchenväter diesen Angriff zum Vorteil der Kirche umgemünzt.

Ihre Antwort war einfach: Moses ist älter als Homer. Kurz, sie maßen das Alter des Heidentums an dem des Judentums und beanspruchten das Letztere für ihre eigenen christlichen Lehren. Das Wort Christi war sowohl eine Läuterung als auch die Erfüllung dessen, was in den hebräischen Schriften verheißen war. Trotz der Einsetzung einer neuen Wahrheitsordnung brachte die Fleischwerdung eine ältere, mit Moses beginnende Ordnung zur Erfüllung. Selten ließ sich einer der Apologeten die Gelegenheit entgehen, darauf hinzuweisen, dass – in den Worten Tatians – »unsere Lehren älter sind nicht nur als die der Griechen, sondern als die Erfindung der Buchstabenschrift«. Gegen Celsus' Behauptung, die jüdischen Propheten hätten »Platon missverstanden«, rief Origines aus: »Moses und die Propheten [und daher auch die Wahrheit der christlichen Offenbarung] […] sind nicht nur älter als Platon, sondern auch als Homer und die Erfindung der Schrift unter den Griechen.« Ähnlich bekräftigte Tertullian: »Moses und Gott existierten vor all euren Lykurgs und Solons.« (Ebd., S. 35)

Diese Aneignung des alten Judentums war ein Teil der später so genannten christlichen »Typologie«. Dabei handelte es sich um eine »bildliche« Interpretation der hebräischen Bibel, die einige der alttestamentlichen Gestalten und Ereignisse als Vorbilder (»Typen«) verstand, die die Wahrheit der christlichen Offenbarung vorausahnen ließen. Eine gemeinsame Strategie der Schriften *adversus Iudaeos* der frühen Kirchenväter – »Zeugnisse«, wie sie oft genannt wurden – bestand darin, Passagen des Alten Testaments zusammenzutragen, die nach christlicher Deutung das Kommen Christi voraussagten. So präfiguriert (oder »typisiert«) Psalm 110 prophetisch den auferstandenen, zum Himmel aufgefahrenen und zur Rechten Gottes sitzenden Christus. Der geschundene Knecht in Jesaja 53 präfiguriert Christus in seiner Passion. Der Empörung der Völker gegen Jahwe in Psalm 2 präfiguriert Christi Leiden unter Pilatus wie unter den Juden. Und so weiter. Indem sie Ereignisse und Gestalten der hebräischen Bibel als proleptische Antizipationen der christlichen Wahrheit deuteten, schufen die Kirchenväter eine Reihe typologischer Beziehungen zwischen dem Alten und dem Neuen, zwischen Adam und Christus, folglich zwischen dem jüdischen und dem christlichen Testament. Die Kirche gründete sowohl ihre Verkündigung als auch ihre Apologien während der ersten

Jahrhunderte ihrer Expansion auf diesen fundamentalen Anspruch, nämlich dass die christliche Offenbarung ihre jüdische Vorgeschichte sowohl vollendet als auch überwunden habe. Die bildliche Uminterpretation der hebräischen Schriften sah im Alten einen Weg zum Neuen – und im Neuen eine »Läuterung und Erfüllung« des Alten. So wie das Kommen Christi die »spirituelle« Bedeutung des hebräischen Gesetzes offenbarte, so machte Gottes alter Bund mit Israel einem neuen Bund mit dem »wahren Israel« Platz, nämlich der christlichen Kirche.

Historisch gesprochen, trug diese Aneignung der Autorität des Judentums wenig dazu bei, Juden zum Christentum zu bekehren – bis heute hat sich das Judentum gegen den christlichen Anspruch behauptet, sein Vermächtnis geerbt und getilgt zu haben –, doch für die kirchliche Missionierung war diese Aneignung entscheidend, denn sie erlaubte es den frühen Kirchenvätern, ihre Revolution auf eine alte, ältere Tradition zu gründen und damit gegen ihre heidnischen Verleumder zu behaupten, dass das Kommen Christi Dinge offenbart habe, die »seit der Gründung der Welt verborgen« gewesen seien.

Mit der griechischen Weisheit taten die christlichen Apologeten weitgehend das Gleiche wie mit dem Judentum, das heißt, sie eigneten sich seine Autorität an. Dem Beispiel verschiedener jüdischer Gelehrter folgend, behauptete etwa Justin der Märtyrer, dass vieles von dem, was in der griechischen Moralphilosophie wahr und löblich sei, in Wirklichkeit aus den jüdischen Schriften stamme. Er ging so weit zu behaupten, Platon habe Moses gelesen und Christus sei »in Teilen sogar Sokrates bekannt« gewesen (ebd., S. 31). Um den Anachronismus dieser letzteren These aufzulösen, entwickelte er den Begriff des *logos spermatikos*, des keimenden Logos, den Gott vor der Fleischwerdung überall in der Welt ausgesät habe. Es war dieser präexistente, weitverstreute *logos spermatikos*, der die Präsenz jener Wahrheiten in der heidnischen Philosophie erklärte, die mit der christlichen Lehre zusammenstimmten, und der es Sokrates, Platon und anderen nichtchristlichen Weisen erlaubte, jene Wahrheiten zu erahnen, die Christus vollständig offenbaren sollte, in seiner Verkündigung und in seiner Person. Die Heiden »sprachen recht, soweit sie an dem keimenden Logos teilhatten« (ebd., S. 32). So beanspruchte Justin für das Christentum die erhabenen Altertümer der beiden Traditionen, gegen die – aber auch in Verbindung mit denen – die Kirche ihre Revolution konsolidierte: Judentum und heidnische Weisheit.

Justin, Tatian, Clemens von Alexandria, Origines und andere schien es nicht zu stören, dass sie häufig der griechischen Philosophie entlehnten, was – wie sie behaupteten – die Griechen den hebräischen Schriften entlehnt hatten. Clemens von Alexandria zum Beispiel meinte, dass Platons Kosmogonie im *Timaios* den Hebräern verpflichtet sei, während in Wirklichkeit Clemens' Schöpfungslehre, die für die spätere Orthodoxie so wichtig werden sollte, tief in der Schuld des *Timaios* stand. Ähnlich war die christliche Typologie in ihren Methoden eindeutig von der heidnischen allegorischen Tradition angeregt worden, die die griechischen Mythen bereits deanthropomorphisiert und die Bedeutung der homerischen Epen spiritualisiert hatte. Doch dieselben Apologeten, die ihre Allegorik auf das Alte Testament anwandten, verurteilten diese Praxis als »sophistisch«, wenn heidnische Philosophien sie auf heidnische Mythen anwandten. Es gibt einen Grund dafür, warum die frühen griechischen Kirchenväter Sokrates in so hoher Wertschätzung hielten: Er weigerte sich, Homer zu allegorisieren, und verbannte ihn einfach ganz.

Auf diese Weise bekämpften die Apologeten ihre Gegner auf deren eigenem Terrain, übernahmen oder bearbeiteten deren Ideen, Methoden und Vokabular, während sie am revolutionären Kern der christlichen Verkündigung festhielten. So bezogen sie ihre Stärke aus der Erhaltung einer gewissen Kontinuität mit den Traditionen, die sie in Wirklichkeit umstürzten. Dieses Prinzip der Kontinuität-im-Bruch, der Subvention-durch-Aneignung ist fast allen neotenen Revolutionen eigentümlich. Letztlich gab es für das Christentum – das Kind des Judentums – nur eine Möglichkeit, ein Kind zu bleiben: Es musste zum alten Mann werden. Es tat dies, indem es die Weisheit seiner Vorgänger in verwandelter Form weitergab und diese Weisheit seinem Genie einverleibte, um dem kindlichen Vertrauen und der Torheit – die bis heute der primäre Zugang zum inneren Kern des christlichen Kerygmas geblieben sind – eine felsenfeste institutionelle Grundlage zu sichern.

Das Kind der Aufklärung

Bevor wir uns der nächsten wichtigen Fallstudie zuwenden – der Gründung der amerikanischen Republik –, ein Wort über das Phänomen, das zu ihrer Ermöglichung beigetragen hat, nämlich die Aufklärung. Amerika wurde »das Kind der Aufklärung« genannt, doch in mancherlei Hinsicht trägt die Aufklärung selbst, jedenfalls einem ihrer Haupttheoretiker zufolge, die Züge eines Kindes – das darum kämpft, erwachsen zu werden und sich von der elterlichen Autorität zu befreien, ganz ähnlich wie die amerikanischen Kolonien einst darum kämpften, vom »Mutterland« unabhängig zu werden. Man könnte sagen, dass die Aufklärung eine voll verwirklichte menschliche Reife erstrebte, in der Freiheit, Unabhängigkeit und das Vernunftgesetz sich annähern und eins werden. Wie das? In welcher Weise hängen diese Begriffe innerlich zusammen?

Hegel sah in der Reformation ein entscheidendes Stadium bei der Verwirklichung der menschlichen Freiheit. Doch selbst wenn wir einräumen, dass Luther die »äußere« Autorität der Kirche auf die »innere« Freiheit des individuellen Gewissens übertrug, wird Luther dadurch nicht zum Vorläufer der Aufklärung, wie Hegel glaubte. Luther verwarf die Autorität Roms, nur um zur Autorität der Schrift zurückzukehren. Wer sich selbst zum Sklaven der Autorität des geschriebenen Worts macht – anstelle der Autorität einer Institution, die historisch als Vermittler seiner Bedeutung auftritt –, versperrt sich die Perspektive der Freiheit und schiebt ihr Kommen auf unbestimmte Zeit hinaus. Hegel konnte nicht erkennen, dass Galilei tatsächlich viel mehr als Luther dafür geleistet hat, den Weg zur Freiheit von äußerer Autorität zu bahnen. Denn Galilei bewies, dass die Autoritäten und mit ihnen die heiligen Schriften, was die Tatsachen betraf, unrecht hatten. Galilei brütete die moderne Freiheitsidee aus, indem er *jede* Art von Autorität als Wahrheitskriterium in der Wissenschaft ablehnte und die Unabhängigkeit der Vernunft in der wissenschaftlichen Forschung verlangte.

Die Unabhängigkeitserklärung dazu schrieb Descartes mit seinem *Discours de la méthode*. Das Hauptaufgabe des *Discours* bestand darin, die *res cogitans* zum Waisenkind zu machen, das Denken dem Zugriff von Autorität und Tradition zu entziehen und ihm all die Gespenster und Stimmen aus der Vergangenheit auszutreiben, die seine Gedanken zuvor heimgesucht hatten, so dass das autonome »Ich« als vaterloses Subjekt ohne Abstammung oder geschichtliche Herkunft auftreten konnte, kurz, als ein von niemandem gezeugtes, fertiges, reifes Subjekt, das nur selbstgesetzten Regeln für den »richtigen Vernunftgebrauch und [die] wissenschaftliche Forschung« gehorcht – um den Untertitel des *Discours* zu zitieren.

Descartes wusste natürlich, dass die *res cogitans* nicht voll ausgereift geboren werden konnte. Sie musste eine Art Kindheit durchlaufen, weshalb er sich an einer Stelle mit Bedauern fragt, wie es wäre, »wenn wir seit dem Zeitpunkt unserer Geburt im Vollbesitz unserer Vernunft gewesen wären und nur sie uns immer geleitet hätte« (*Von der Methode*, II, 1). Er meint diese Bemerkung ebenso historisch wie existentiell. Wäre es nicht, mit anderen Worten, ein Segen, wenn sich die menschliche Zivilisation ihre mühsame Evolution von der Barbarei zur Aufklärung hätte sparen können? Schön wär's. Nicht nur findet unsere frühe Kindheitsentwicklung ohne Anleitung der Vernunft statt, sondern das Zeitalter der Vernunft wird das Erbe dieser frühen, formenden Geschichtsepochen nie vollkommen überwinden. Da sie im Verlauf der Epochen zu spät kommt, ist die Vernunft dazu verdammt, sich mit den zählebigen Bräuchen, Mentalitäten und Institutionen der prärationalen Vergangenheit der menschlichen Gesellschaft herumzuschlagen – mit einer Vergangenheit, deren Vermächtnisse weiterleben trotz der Versuche der Vernunft, sie ein und für alle Mal loszuwerden.

Niemand wusste besser als Immanuel Kant, welchen Kampf das Zeitalter der Vernunft führen muss, um erwachsen zu werden – oder welche infantilisierende Wirkung die störrische Fortdauer der Vergangenheit in der Gegenwart auf die Vernunft selbst dann noch hat, wenn die Vernunft als kritisches Vermögen bereits ganz zu sich selbst gekommen ist. Kant eröffnet seinen kurzen Essay »Beantwortung der Frage: Was ist Aufklärung?« mit der Definition: »*Aufklärung ist der Ausgang des Menschen aus seiner selbstverschuldeten Unmündigkeit.*« Dieser vielzitierte Satz verweist auf alle Paradoxien und Rätsel des sogenannten Aufklärungszeitalters. Mit »Unmündigkeit« meint Kant, dass wir uns auf andere verlassen, an unserer statt für uns zu denken (»*Unmündigkeit* ist das Unvermögen, sich seines Verstandes ohne Leitung eines anderen zu bedienen«). »*Selbstverschuldet*« ist sie, wenn man das Alter der Vernunft bereits erreicht hat, aber aus Abneigung dagegen, selbst zu denken, sich den Führern der Autorität weiterhin beugt (»Faulheit und Feigheit sind die Ursachen, warum ein so großer Teil der Menschen, nachdem sie die Natur längst von fremder Leitung frei gesprochen [naturaliter maiorennes], dennoch gerne zeitlebens unmündig bleiben«). Aus unserer selbstverschuldeten Unmündigkeit herauszutreten bedeutet, dieser unnötigen Abhängigkeit zu widerstehen: Wage zu wissen! »Sapere aude!« (Kant, »Was ist Aufklärung?«, A 481 f.)

Dieses Heraustreten (»Ausgang«) besteht in einem langen und schwierigen Prozess öffentlicher Erziehung, der die »Freiheit« voraussetzt, »von seiner Vernunft in allen Stücken *öffentlichen Gebrauch* zu machen« (A 484). Eine solche Freiheit ist unter den Nationen eine Ausnahme, da sie alle auf der Autorität ihrer politischen und religiösen Institutionen gegründet sind, die uns überall und immer sagen: »Räsoniert nicht! Gehorcht!« Doch wo das Publikum die Freiheit hat zu räsonieren, wie im preußischen Staat Friedrichs des Großen (der sagt: »räsoniert, soviel ihr wollt und worüber ihr wollt; *aber gehorcht!*«), wird die Vernunft allmählich und *natürlich* zu dem Tribunal, vor das alle öffentlichen Argumente gezogen werden: »Wenn denn die Natur unter dieser harten Hülle den Keim, für den sie am zärtlichsten sorgt, nämlich den Hang und Beruf zum *freien Denken*, ausgewickelt hat: so wirkt dieser allmählich zurück auf die Sinnesart des Volks (wodurch dieses der *Freiheit zu handeln* nach und nach fähiger wird), und endlich auch sogar auf die Grundsätze der *Regierung*, die es ihr selbst zuträglich findet, den Menschen, der nun *mehr als Maschine* ist, seiner Würde gemäß zu behandeln.« (A 493 f.) »Seiner Würde gemäß« heißt in Einklang mit seinem gleichsam erwachsenen Vermögen, selbst zu denken und zu handeln.

Auf die Frage »Leben wir jetzt in einem *aufgeklärten* Zeitalter?« antwortet Kant: »Nein, aber wohl in einem Zeitalter der *Aufklärung*.« (A 491) Das heißt so viel wie: Wir sind reif genug, um auf dem Weg zur Reife zu sein, obwohl wir noch nicht reif geworden sind. Während der »Mensch« reif und sogar überreif dafür ist, aus der Unmündigkeit herauszutreten, ist sein Denkvermögen noch in einem unterentwickelten Zustand. Seine Vernunft wurde von den Vormunden so lange bevormundet und in seiner Furcht vor der Mündigkeit ist er mit ihrer Vormundschaft so sehr einverstanden, dass seine Reifung unnatürlich verzögert ist. Was die Natur angeht, hat sie ihre Aufgabe erfüllt. Sie hat dem Menschen das Vernunftvermögen gegeben und ihn zur Mündigkeit reif gemacht (»naturaliter maiorennes«). Es ist die *Geschichte*, die Trägheit der Vergangenheit, die ihn zögern lässt, erwachsen zu werden. Ein Zeitalter der Aufklärung ist – im Gegensatz zu einem aufgeklärten Zeitalter – eines, das sich inmitten dieser unnatürlichen Verzögerung des historischen Reifungsprozesses befindet.

Doch wer genau ist der »Mensch«, von dem Kant spricht? Ist er der preußische Bürger von 1780? Ist er die geschichtliche Manifestation des Weltgeistes auf einer bestimmten Stufe seiner Entwicklung? Wer immer er ist, die Aussichten auf seine Mündigkeit sinken fortwährend. Eines der vielsagendsten Merkmale von Kants kurzem Essay ist die konsequente Einnahme der Perspektive des Kindes, nie des Erwachsenen, in seinem Text, in dem das Wort »Mensch« sich unveränderlich auf die Betreuten, nicht die Betreuer, auf die Beaufsichtigten, nicht die Aufseher, auf die Mündel, nicht die Vormunde bezieht. Letztere, »die die Oberaufsicht über sie gütigst auf sich genommen haben« und dafür sorgen, »[d]aß der bei weitem größte Teil der Menschen (darunter das ganze schöne Geschlecht) den Schritt zur Mündigkeit, außer dem dass er beschwerlich ist, auch für sehr gefährlich halte« (A 482), gehören vermutlich einem anderen kulturellen Zeitalter an als diejenigen, die sie überwachen und von der Mündigkeit abhalten. Sie sind die Hüter der kulturellen Senilität, von der das Zeitalter der Aufklärung in seinen Bemühungen, erwachsen zu werden, sich zu befreien sucht. Der »Mensch« ist ein potentieller Erwachsener, der vorläufig ein Kind der Aufklärung bleibt.

Aus der Perspektive von Vicos *Neuer Wissenschaft*, die Kants Essay um mehrere Jahrzehnte vorausgeht, ist der von Kant beschriebene Prozess des Heraustretens (»Ausgangs«) nichts anderes als der sprunghafte Übergang von einem Zeitalter der Heroen zu einem Zeitalter der Menschen – oder von einem Zeitalter, das auf der »Gewissheit« der Autorität beruht, zu einem, das auf der »Wahrheit« der Vernunft gründet. Die *Neue Wissenschaft* erinnert uns daran, dass sich solche Übergänge früher schon ereignet haben und dass das Zeitalter des Menschen, auch wenn es rationaler, gerechter und menschlicher sein mag als vorhergegangene Zeitalter, seine eigenen potentiellen Gefahren und Naivitäten enthält. Eine davon ist die Tendenz der Vernunft, sich autark zu wähnen und anzunehmen, erwachsen zu werden bedeute, von den Vermächtnissen der Vergangenheit unabhängig zu sein, statt sie weiterzuvererben. Mit ihrem cartesianischen Elan, nur auf eigenen, selbstgelegten Fundamenten – statt auf den Fundamenten der Geschichte – zu gründen, läuft die Vernunft (nach Vico) Gefahr, die gesammelte Weisheit der Zeitalter, die sie hinter sich lässt, eher zu vernichten als zu erfüllen.

In der Tat sah Vico ein halbes Jahrhundert vor der Französischen Revolution im menschlichen Zeitalter die deutliche Gefahr, dass der Anspruch der Vernunft – nicht auf bestimmten Traditionen von Gewissheit, sondern auf der Universalität der Wahrheit gegründet zu sein – militant ideologisch werden könne und dass diese Ideologie wieder in neue Formen der Tyrannei, wenn nicht in Terror ausarten könne. (Wir, die wir sozusagen dem Ende des Zeitalters der Menschen angehören, haben gesehen, wie sich diese Narration in mehreren Versionen während der letzten Jahrhunderte entfaltet hat.) Eine Konzeption, die Freiheit und Mündigkeit als absolute statt als relative begreift, ist nach Vico ein Zeichen für die angeborene Unreife der Vernunft – für ihren naiven Glauben an die abstrakte Universalität ihres eigenen Gesetzes und für ihre Entschlossenheit, die Vergangenheit mit den endlosen Anklagen ihres selbstgerechten Gerichtshofs zu überziehen.

Vico sah im Zeitalter der Vernunft eine weitere, damit zusammenhängende Gefahr, nämlich die, dass es völlig »einsprachig« werden würde in dem Sinne, dass die fließenden Übergänge zwischen seiner abstrakten, prosaischen Sprache und den Sprachen der Götter und der Heroen verlorengingen. Die »poetische Weisheit«, die er bei den Alten ausgegraben hatte, sollte korrigierend auf ein Zeitalter einwirken, das sich in den Rausch einer cartesianischen Begeisterung für eine Universalsprache der Vernunft (die Mathematik) gestürzt hatte, das heißt, sie sollte es wieder jene anderen Sprachen lehren, damit das Zeitalter der Vernunft angemessen heterochron, heterokosmisch und heterolinguistisch bleiben würde – kurz, dass es geschichtsträchtig bleiben würde, statt sein historisches und kulturelles Gedächtnis völlig abzuschaffen. Darum war Vicos Lebenswerk der Aufgabe geweiht, die Sprachen der Toten sich wieder anzueignen, ihre Schriften wiederzubeleben und die »ideale ewige Geschichte« nachzuzeichnen, die die modernen Nationen aus dem Schoß der poetischen Weisheit hervorgehen ließ.

Die Hauptströmung des Aufklärungsdenkens hingegen rief nach Genialität, um sich von der Autorität der Weisheit zu befreien. Vico trat nicht für die konträre Position ein; ein Kulturkonservativer war er nicht. Er forderte vielmehr die Vermählung von Genie und Weisheit, damit das Zeitalter der

Menschen eher zum Erben als zum Waisen der Geschichte würde. Darin lag die »Neuheit« seiner neuen Wissenschaft – sie versuchte das Älteste zu retten, damit das neue Zeitalter wirklich neu und nicht bloß neoterisch werden könnte. Echte Neuheit ist eher mit der Verjüngung als mit der Verwerfung dessen verbunden, von dem sie frei und unabhängig werden will. Nirgends wird diese Dynamik in ihren Mechanismen deutlicher als bei der Gründung der amerikanischen Republik, der wir nunmehr unsere Aufmerksamkeit widmen wollen.

Die Unabhängigkeit erklären

Die Gründung der amerikanischen Republik stellt eine der großen neotenen Revolutionen in der politischen Geschichte dar. Worin lag ihr Erfolg? Wie kam das amerikanische »Kind der Aufklärung« zur Reife, ohne sozusagen seine Jugend zu verlieren? Die Unabhängigkeitserklärung, die Verfassung und die Gettysburg-Ansprache sind die Schriften, in denen wir nach einer Antwort suchen können. Die Tatsache, dass die Nation auf solchen Schriften gründet, ist bereits Teil der Antwort.

Die Verpflichtung der Republik auf die Vernunft ist in der Unabhängigkeitserklärung niedergelegt, und mit gutem Grund. Man kann einen Anspruch auf Unabhängigkeit nicht auf einen Glauben, ganz sicher aber auf die Vernunft gründen. Vernunft und Unabhängigkeit haben so vieles gemeinsam: Beide berufen sich auf ihre eigene intrinsische Reife; beide gehen davon aus, dass sie nicht auf äußerer Autorität, sondern auf ihrem eigenen, sich selbst tragenden und legitimierenden Fundament ruhen. Wir können daher ermessen, wie kritisch gerade der Begriff der *self-evidence* in den einleitenden Zeilen der Unabhängigkeitserklärung ist.

Folgende Wahrheiten halten wir für selbstevident: dass alle Menschen gleich geschaffen sind; dass sie von ihrem Schöpfer mit gewissen unveräußerlichen Rechten ausgestattet sind; dass dazu Leben, Freiheit und das Streben nach Glück gehören; dass zur Sicherung dieser Rechte Regierungen unter den Menschen eingesetzt werden, die ihre rechtmäßige Macht aus der Zustimmung der Regierten herleiten.

Das Selbstevidente ist aus sich heraus und offensichtlich wahr. Es zeigt seine Wahrheit *a se* und *per se*, ohne sich auf Äußeres berufen zu müssen. Der Begriff der Selbstevidenz enthält den Begriff der Unabhängigkeit bereits in sich.

Wie entscheidend war dann jene kleine Änderung, die Jefferson und seine Kollegen an der Erklärung vornahmen, ehe sie ihren Entwurf dem Kongress vorlegten! Die ältere Fassung lautet: »Folgende Wahrheiten halten wir für *heilig und unleugbar* ...« In dieser kleinen Revision liegt die ganze Modernität der amerikanischen Nation. Eine heilige Wahrheit hat eine transzendente Quelle, die jenseits der Grenzen der Selbstbestätigung liegt. Der springende Punkt ist der Unterschied zwischen einer Glaubensangelegenheit (über die allgemeine Zustimmung wegen der Spaltungen des Protestantismus nicht zu erreichen ist) und den sich selbst rechtfertigenden Ansprüchen der Vernunft (denen *alle* Menschen, da sie *gleichermaßen* vernunftfähig sind, zustimmen können und müssen). Was immer sie sonst erklären mag – die Unabhängigkeitserklärung erklärt die Unabhängigkeit der Vernunft vom Glauben, und auf diesem Fels, dem Fels der Vernunft, erbaute die amerikanische Nation ihren Staat.

Doch was könnte *weniger* selbstevident sein – wenn man einen objektiven Blick auf die Geschichte, die Natur oder die menschliche Gesellschaft im achtzehnten Jahrhundert wirft –

als die Gleichheit der Menschen oder eine Regierung kraft der Zustimmung der Regierten? Wohin man sich auch wendet, man sieht nur Ungleichheit und Unterdrückung, nirgendwo unveräußerliche Rechte und Zustimmung. Für was oder für wen sind dann die »Wahrheiten« der Erklärung selbstevident? Antwort: für das Auge der Vernunft, das über die Evidenz des Besonderen hinaus auf die Selbstevidenz des Allgemeinen blickt, über die Evidenz dessen, was *ist*, hinaus auf die Selbstevidenz dessen, was sein *soll*.

Wir dürfen also den Charakter der Unabhängigkeit der Vernunft vom Glauben in der Unabhängigkeitserklärung nicht missverstehen. Während sie die Trennung der Vernunft vom Glauben vollzieht, führt sie auch zu einer vernunftgemäßen Verjüngung des Glaubens, seiner Sprache und seines Erbes, so dass beide (Vernunft und Glaube) durch Verwandtschaftsbande miteinander verbunden bleiben – so wie Amerika mit England verbunden blieb, auch nachdem jenes seine politische Unabhängigkeit von diesem erlangt hatte. Dies wird alles umso klarer, wenn man sich an die berühmte Definition des Glaubens im Brief an die Hebräer erinnert, die in der Übersetzung der King-James-Bibel lautet: »Nun ist Glaube das Feststehen der Dinge, die man erhofft, und die Evidenz der Dinge, die man nicht sieht.« (*Hebr* 11,1) Die Evidenz ungesehener Dinge ist »selbstevident«, wenn man den Glauben an die Wahrheit der Vernunft hat, wie ihn die meisten Aufklärungsdenker besaßen. Gewiss sind Gleichheit der Menschen, unveräußerliche Rechte, Regierung kraft Zustimmung oder ähnliche Wahrheiten, die aus den »Gesetzen der Natur und ihres Schöpfers« folgen, ungesehene, erhoffte Dinge, von denen nicht bekannt ist, ob sie außer im Denken und Hoffen je auf Erden existiert hätten. Insofern solche Wahrheiten jenseits der Evidenz von Tatsachen und Geschichte liegen, sind sie Glaubenslehren – sozusagen Lehren des Vernunftglaubens. Oder besser, sie sind feierliche Prophezeiungen, die eine vollkommen neue (erhoffte) Legitimationsgrundlage für die Nationen der Welt voraussagen: Regierung kraft Zustimmung der Regierten. Wenn sich also die Unabhängigkeitserklärung auf Selbstevidenz beruft, verwirft sie nicht die »heiligen und unleugbaren« Ursprünge ihrer erklärten Glaubenslehre, sondern erneuert sie auf schöpferische Weise.

In Gettysburg verkündete Lincoln, die Gründerväter hätten auf dem amerikanischen Kontinent »eine neue Nation« hervorgebracht. Er verstand das Wort »neu« in der Weise der Puritaner, wenn sie von einem neuen England sprachen, oder so, wie Paulus es verstand, wenn er von einem »neuen Adam« sprach, der durch das Kommen Christi geboren worden sei. Das heißt, wir müssen das Wort »neu« im Sinne der christlichen Bekehrung als *einer anderen Weltordnung zugehörig als der alten* verstehen. Die Väter brachten eine neue Nation nicht einfach dadurch hervor, dass sie ihre Institutionen auf die Diktate der Vernunft gründeten und dadurch den Weg zu einer säkularen, modernen Republik bahnten, sondern indem sie erfolgreich das angeschlagene Erbe des Glaubens in das natürliche Gesetz einordneten, auf das sie ihre Ansprüche auf Unabhängigkeit, Nationheit und Demokratie gründeten. (Die »Gesetze der Natur«, aus denen die Nationen ihre Legitimität beziehen, sind immer noch die Gesetze des »Schöpfers« der Natur.) Die Gründerväter trennten erfolgreich die Vernunft vom Glauben, aber so, dass sie dem Glauben durch Einbettung, Transformation und strategische Rettung ein Vermächtnis für die Zukunft bewahrten.

Wir stoßen hier auf das gleiche Phänomen, das wir schon bei den früher erörterten neotenen Revolutionen entdeckt haben, nämlich einen Bruch, der die Form einer Kontinuität annimmt, wenngleich einer neuartigen Kontinuität. In diesem Fall ist es das grundlegende Gesetz der amerikanischen Republik, die Trennung von Kirche und Staat, das im Zeichen von Kontinuität-im-Bruch steht. Die Trennung von Kirche und Staat ist nicht ein Gesetz unter anderen in der Verfassung, sie ist das Gesetz, auf dem die Autorität der Verfassung letztlich beruht. Der Staat ist die Basis unserer Einheit – er sichert mit seinen Gesetzen unsere Interaktionssphäre –, während die Kirche unsere Getrenntheit voneinander (oder unser Recht darauf) markiert. Jeder, der in diese Nation hineingeboren wird – ohne Ansehen von Rasse, Ethnizität oder religiösem Glauben –, wird in diese Trennung hineingeboren. Sie ist das, was den amerikanischen Bürger ausmacht. Doch auch hier finden wir das in die Zukunft reichende Fort- oder Nachleben des Glaubens, denn während die Trennung von Kirche und Staat ein Gesetz des amerikanischen Staates ist, hat sie einen eindeutig christlichen Ursprung, der sich auf eine Äußerung Jesu in den synoptischen Evangelien zurückverfolgen lässt: »So gebet dem Keiser / was des Keisers ist / vnd Gotte / was Gottes ist.« (*Mt* 22,21) Dieses christliche Verständnis der Trennung von Kirche und Staat wird bei der Gründung der Republik aufs neue gerettet und politisch realisiert.

Um genauer zu sein, sollte man sagen, dass die Trennung von Kirche und Staat die Proteste des radikalen Protestantismus gegen die römische Kirche aufnimmt oder verwirklicht, der es wegen ihrer weltlichen Ambitionen nie gelungen war, diese Trennung aufrechtzuerhalten. Zweifellos der glühendste Apologet der Trennung von Kirche und Staat in der amerikanischen Geschichte des siebzehnten Jahrhunderts war der eifernde Puritaner Roger Williams, der Gründer der Kolonie von Rhode Island. Williams wollte die Heiligkeit der Kirche vor der Profanierung durch den Staat schützen, während die Väter der Verfassung – die Delegierten der *Constitutional Convention* von 1787 – den Staat vor der Einmischung der Kirche schützen wollten; doch in diesem Unterschied liegt eine fundamentale Kontinuität, die uns verrät, wie viel christliches Erbe in die Grundprinzipien der »neuen Nation« einging.

Wenn Neotenie im Reich der Biologie die Beibehaltung jugendlicher Merkmale in postjuvenilen Entwicklungsstadien bedeutet, so ist das, was wir bei der Gründung der amerikanischen Republik beobachten, die kulturelle Umkehrung dieses Prozesses: Eine neue Nation überträgt erfolgreich eine Reihe älterer Elemente aus dem Erbe der Nationen in ihre Jugend. Dieses umgekehrte Muster, bei dem ein altes Merkmal eine neue oder verjüngte Form annimmt oder in einem gesonderten und unabhängigen Kontext ein neues Leben erhält, ist nicht minder grundlegend für die Mechanismen der kulturellen Neotenie, die ich in diesem Kapitel untersucht habe. Wir werden es im folgenden Abschnitt ein weiteres Mal am Werk sehen.

Die amerikanische Verfassung

Das übliche Bild Amerikas als das einer jungen Nation, die die Jugend fetischisiert und deren Populärkultur eine »trunkene Verherrlichung des Adoleszenten« fördert, wie Norman Podhoretz einmal gesagt hat, verdeckt die Tatsache, dass Amerika in mehr als einer Hinsicht zugleich eine der ältesten der modernen Nationen ist. Seine Verfassung zum Beispiel ist länger in Kraft als jede andere noch bestehende nationale Verfassung. Dies allein würde den Gedanken nahelegen, dass sie »mit der Weisheit der Zeiten verwoben ist«, wie Aaron Hill von New Hampshire in einer 1789 gehaltenen Rede gesagt hat (Wood, *Creation of the American Republic*, S. 594). Nur eine in »Weisheit und Reife« konzipierte Verfassung – wie es ihre Väter damals beanspruchten – konnte so alt werden, wie es die amerikanische Verfassung geworden ist.

Wie ich zu Beginn dieses Kapitels bemerkt habe, korreliert Weisheit nicht unbedingt mit hohem Alter, und Gleiches lässt sich für »Reife« sagen, wenn wir mit diesem Ausdruck etwas anderes meinen als die biologische Entwicklung. Als die Gründerväter von der »Weisheit und Reife« der Verfassung sprachen, dachten sie an einen Entwurf, der weit in eine ungewisse Zukunft hineinreichen sollte, und an die Neigung der Zukunft, wieder den alten Geleisen der Vergangenheit zu folgen. Weisheit und Reife treffen Vorsorge für die Zukunft in einer Weise, wie es jugendliche Begeisterung selten vermag. Jugend blickt nach vorn, gewiss, doch sie neigt dazu, die Zukunft eher im Lichte hoffnungsvoller Erwartungen zu betrachten, statt sie als Etappe zu verstehen, die wahrscheinlich auch zu Missgeschicken und Unheil führt. Für die Zukunft vorzusorgen – lateinisch *providere*, vorausschauen – bedeutet vor allem, ihren Aussichten mit Misstrauen, Furcht und Besorgnis zu begegnen, Vorkehrungen zu treffen für das, was entsetzlich schiefgehen kann. Die geopolitischen Misserfolge des Kommunismus hatten verschiedene nähere Ursachen, doch letzten Endes hatte der Untergang des Kommunismus viel mit seinem blinden ideologischen Zukunftsglauben zu tun, mit seiner Überzeugung, die Geschichte werde unvermeidlich auf ihn zulaufen, und mit seinem Glauben, die Zukunft werde eher von den Sünden der Vergangenheit erlösen als sie wiederholen.

Die amerikanische Verfassung zeigt kein solches Zukunftsvertrauen. Sie vertraut der menschlichen Natur so wenig, wie es die puritanischen Vorfahren der Verfassungsväter taten. Roger Williams, den ich früher erwähnt habe, sprach von einer »verdorbenen Natur, von der (*aus der*, wie unser Herr Jesus uns sagt) alle verdorbenen und höllischen Reden und Handlungen« der Geschichte ihren Ausgang nehmen. Die Verfassung hält an diesem puritanischen Pessimismus gegenüber der menschlichen Natur fest und versucht die neue Nation vor der potentiellen Bösartigkeit dieser Natur zu bewahren. James Madison sprach von einem »Maß an Verdorbenheit des Menschen«, das Regierungen nicht beseitigen, sondern bestenfalls eindämmen oder auf das Gemeinwohl umlenken können. »Wären die Menschen Engel«, schrieb Madison, »so bedürfte es keiner Regierung.« (Hamilton/Madison/Jay, *The Federalist Papers*, Nr. 51, 6. Februar 1788) Doch selbst wenn es solche »besseren Engel von unserer Natur« geben sollte, traut ihnen die amerikanische Verfassung nicht zu, sich durchzusetzen, wenn es am nötigsten ist. Sie vertraut nur ihrem eigenen nüchtern konzipierten Netz von Einschränkungen, Vorkehrungen und Sicherungen, die alle nur ein einziges politisches Ziel haben: eine Regierungsform zu schaffen, die den Text der Erbsünde ergänzt – nicht umschreibt.

Obwohl sie als Erben der Puritaner die menschliche Natur mit deutlichem Pessimismus betrachteten, wiesen die Verfassungsväter die traditionellen Ansprüche christlicher Monarchen zurück, kraft göttlicher Vorsehung hätten sie den Auftrag, die Völker zu hüten und zu bevormunden, weil von den Menschen in ihrer Hinfälligkeit kaum zu erwarten sei, dass sie selbst für ihr Wohl sorgen könnten. Wenn die Väter der Verfassung die geheiligte Annahme verwarfen, die Regierung bleibe über die Verderbtheit der menschlichen Natur erhaben, so deshalb, weil sie die Lektionen radikalerer Theoretiker wie Machiavelli, Hobbes und Locke gelernt hatten, die – entgegen der Annahme der traditionellen herrschenden Klassen – lehrten, dass Regierungen in derselben »verderbten Natur« wurzeln, aus der all die höllischen Worte und Taten der Individuen hervorgehen. Dieses äußerste Misstrauen gegenüber menschlichen Regierungen, das der erhabenen Architektur der Verfassung mit ihren *checks and balances,* den gegenseitigen Kontrollen ihrer Organe und ihrer Gewaltenteilung, zugrunde liegt, leitet sich von dieser Prämisse sowie von der historischen Erinnerung der Verfassungsväter an die tiefverwurzelten Muster des Machtmissbrauchs her.

Bewahre uns vor denen, die uns eine gerechte Regierung geben möchten. Die Verfassung versucht nicht, eine gerechte Regierung zu schaffen, sondern der Regierungsgewalt eine Grenze nach der anderen gegen Eingriffe in die Freiheit und die Rechte der Individuen zu setzen. Kant definierte Aufklärung als den Ausgang aus unserer selbstverschuldeten Unmündigkeit, womit er meinte, dass Aufklärung eben *nicht* ein Bündel von Gesetzen ist, sondern unsere Fähigkeit und unser Mut, von der kritischen Vernunft öffentlichen Gebrauch zu machen. Wenn Vernunft das Vermögen ist, Grenzen zu setzen und Grenzen zu achten, wie Kant glaubte, dann übt die amerikanische Verfassung dieses Vermögen aus, indem sie die Fähigkeit der Regierung begrenzt, ihre Macht in irgendeinem Verfassungsorgan zu verfestigen, und dafür sorgt, dass die Teilung der Gewalten im institutionellen Rahmen selbst verankert bleibt. Das Ergebnis ist ein dynamisches politisches System, das die Einzelstaaten gegen die Zentralregierung in Stellung bringt, das Repräsentantenhaus gegen den Senat, den Präsidenten gegen den Kongress, die Gerichte gegen den Kongress, den Senat gegen den Präsidenten, das Volk gegen seine Repräsentanten, die einzelstaatlichen Legislativen gegen die Senate, das Wahlmännergremium gegen das Volk und so weiter. Indem sie die Macht in möglichst vielen Hinsichten gegen sich selbst kehrt, verfasst die Verfassung im vollsten und konkretesten Sinne des Wortes eine »Kritik« der staatlichen Macht. Die kritische Vernunft, von der ihr Dokument geprägt ist, legt den Grund für ein kritisches Regierungssystem, das sich weigert, der Regierung, die dieses System verkörpert, zu vertrauen.

Die Genialität der Verfassung liegt in der Art und Weise, wie sie die traditionellen Grundlagen der Souveränität umstürzt und sie in das »Wir, das Volk« verlegt. Doch auch hier kommen die Weisheit und Reife ihrer Konzeption ins Spiel, denn die Verfassung vertraut »dem Volk« nicht mehr als dessen traditionellen Vormunden. Tatsächlich hatten die Verfassungsväter eine fast paranoide Furcht vor Demokratie oder vor dem, was sie die »Tyrannei der Mehrheit« nannten, weil sie glaubten, eine ungezügelte Volksherrschaft sei die größte Bedrohung für ihre Republik. »Werden ihm keine Schranken gesetzt, urteilt oder entscheidet das Volk selten richtig«, schrieb Madison und gab damit die Ansicht aller *Federalists* wieder. In seiner *Defense of the Constitution* bemerkte John Adams, zu den elementaren Lehren, die aus der Geschichte zu ziehen seien, gehöre die Warnung, dass das Volk, wenn ihm keine Schranken gesetzt werden, »so ungerecht, tyrannisch, brutal, barbarisch und grausam ist wie jeder König oder Senat im Besitz unkontrollierbarer Macht« (Wood, *Creation of the American Republic*, S. 578). Vielleicht muss eine lebensfähige Demokratie auf einem solchen fundamentalen Misstrauen gegen die Demokratie gegründet sein. Die Furcht der Verfassung vor einer unbeschränkten Demokratie zeigt sich ganz deutlich in ihren Bestimmungen zur indirekten Wahl des Präsidenten durch ein Wahlmännergremium und zur Wahl der Senatoren durch die einzelstaatlichen Gesetzgeber. Diese Besorgnis liegt der unausgesprochenen Annahme der Verfassung zugrunde, dass wir, das Volk, es sind, die »wir, das Volk« am meisten fürchten sollten. In dieser hellsichtigen und in vielen Hinsichten prophetischen Furcht geistern die Schatten einiger düsterer Altertümer herum.

Dieser Mangel an Vertrauen auf die Fähigkeit des Volkes, »richtig zu urteilen oder zu entscheiden«, wenn ihm keine Schranken gesetzt werden, bildet den Kern einer der umstrittensten Fragen, die auf der *Philadelphia Convention* debattiert wurden: die Rolle des Senats. Während fast alle Delegierten sich darin einig waren, dass die nationale Legislative aus zwei Kammern bestehen sollte, war keineswegs klar, welche Rolle ein »Oberhaus« spielen sollte. Sollte es das Äquivalent des englischen House of Lords sein, also eine separate Körperschaft, die die Interessen der Reichen und Vornehmen vertritt? Sollte für die Senatoren ein Minimum an Besitz und Eigentum vorausgesetzt sein? Sollten sie von Repräsentanten, vom Volk oder nach einem anderen Verfahren gewählt werden? Sollten sie ihr Amt auf Lebenszeit ausüben? Auch wenn manche Fragen ungeklärt blieben, bestand ein allgemeiner Konsens darüber, dass für das Repräsentantenhaus – eben weil seine Mitglieder direkt vom Volk gewählt werden – ein Gegengewicht oder eine Aufsicht geschaffen werden müsse in Gestalt einer gesonderten Körperschaft nüchterner, reifer Staatsmänner, die – wie es bei George Mason hieß – »gelassener, systematischer und mit größerer Weisheit handeln würde als das Organ des Volkes« (ebd., S. 553). Die am häufigsten verwendeten Wörter, mit denen der mögliche Beitrag eines Senats zur Regierung beschrieben wurde, waren »Gewicht und Weisheit«, »Beständigkeit«, »Stetigkeit und Weisheit«, »Stabilität und Kraft«, »Wissen«, »breitere Kenntnisse, als sie kurzfristig erworben werden können«, »Wissen und Entschlossenheit« – Eigenschaften, die alle dazu dienen sollten, »die unüberlegten und übereilten Vorgehensweisen des ersten Organs zu kontrollieren« (ebd., S. 556).

Anfangs stellte man sich vor, die Senatoren würden als Persönlichkeiten, dank der Vortrefflichkeit ihres Charakters, für die Weisheit und Reife sorgen, die zur Erhaltung einer stabilen Regierung erforderlich sind. Es zeigte sich jedoch schnell, dass es keine Möglichkeit gab, ein System einzurichten, das die Wahl der weisesten Bürger der Nation gewährleisten konnte. Schließlich wurde die Aufgabe des Senats von den Vätern der Verfassung neu konzipiert und schlicht zu einer weiteren Aufteilung und Trennung der Regierungsmacht umdefiniert, »einer Gewaltenteilung innerhalb der Legislative selbst« (ebd., S. 559). Er sollte seine Rolle einzig aufgrund seiner Stellung in dem System erfüllen. Dieser Transfer, der die individuelle Weisheit, Reife und Erfahrung von den Personen ablöst und direkt auf die formale Funktion des Senats innerhalb des Systems überträgt, ist typisch für die Weigerung der Verfassung, die Regierung den moralischen Charaktereigenschaften sei es der Abgeordneten, der Senatoren, des Präsidenten oder der Wählerschaft selbst anheimzugeben. Die Verfassung vertraut nur ihrem eigenen kritischen System, das dazu erdacht wurde, die profanen Neigungen der menschlichen Natur vorauszusehen und zu vereiteln.

Zu der Zeit, als die Verfassung ratifiziert wurde, waren die politischen Theorien Montesquieus – die einmal die Hauptinspirationsquelle der amerikanischen Revolutionäre waren – für das republikanische Denken der Verfassungsväter weitgehend irrelevant geworden. Montesquieu hatte argumentiert, dass aufgeklärte Republiken auf öffentlicher Tugend gründen, doch »Montesquieu hat nie eine freie Demokratie untersucht«, wie William Vans Murray erklärte. Das Scheitern der antiken Republiken, fügte er hinzu, sei auf ihren Versuch zurückzuführen, »den menschlichen Charakter in verzerrte Formen zu zwängen«, während die amerikanische Republik diesem Charakter einen »fairen Spielraum« biete (ebd., S. 611). Ebendies meinte James Wilson mit seiner Bemerkung, in der amerikanischen Verfassung seien »so eigentümliche Beschränkungen und Kontrollen in die Form der Regierung selbst« eingebaut worden, »dass es selbst für böse Menschen vorteilhafter wird, für das allgemeine Wohl zu handeln«: Die Rolle der öffentlichen Tugend war vom kritischen Zusammenspiel der Elemente des Regierungssystems selbst übernommen worden.

In dem Maße, wie sie dem Volk nicht zutraute, sich tugendhaft oder weise zu verhalten, sorgte die Verfassung aufgrund ihrer eigenen grundsätzlichen Regelungen für jene Tugend und Reife, von der die Stabilität der Nation abhängen sollte. Damit verwandelte, verjüngte und erneuerte sie verschiedene ehrwürdige Überlieferungen: die griechische und römische Tradition des Republikanismus, christliche Lehren und das Denken der Aufklärung, um nur einige der wichtigsten zu nennen. Indem sie »die Weisheit der Zeiten« in ihren Text einfließen ließen, befreiten die Väter der amerikanischen Verfassung die amerikanischen Bürger weitgehend von der Nötigung zum richtigen Denken, Erinnern und Urteilen. Die Verfassung nimmt uns das weitgehend ab. Solange ihre Verfassung gilt, behält die amerikanische Republik die Reife, die sie von Geburt an hatte, und gestattet ihren Bürgern den Luxus, wie Kinder zu werden, ohne wie Platons Griechen jedes Mal nach einer Katastrophe »alles von neuem beginnen« zu müssen.

Ach, wenn es doch so einfach wäre.

Gettysburg

Einer der Gründe, weshalb die amerikanische Verfassung so lange überdauert hat und in Ehren alt geworden ist, liegt darin, dass spätere Generationen stets angenommen haben, dass die Verfassungsväter – oder das von ihnen eingerichtete politische System – es besser wüssten als sie selbst, wie die Republik sich regieren solle. Die Gründerväter sind unsere Nationalgötter. Wir wagen nicht an ihrem Werk herumzupfuschen, denn wir wissen nicht, was wir tun. Unsere Torheit könnte nur verderben, was sie in ihrer Weisheit entwarfen. Irgendwo in unserem Nationalbewusstsein nehmen wir an, dass wir im Vergleich mit ihnen Kinder sind, dass unsere zerbrechliche

Union davon abhängt, dem Buchstaben ihrer Gesetze zu folgen, ihren Absichten zu folgen und ihrem Willen nachzugeben, weil wir sonst verloren sind. So werden wir von den Gründervätern dauerhaft infantilisiert.

Doch die eine Verantwortung, aus der uns die Verfassung nicht entlassen kann, ist die für die Erhaltung ihrer Integrität. Dies ist prinzipiell die Aufgabe des Obersten Gerichtshofs – Amerikas Ältestenrat sozusagen –, von Männern, die sich durch Alter und Erfahrung für die Aufgabe qualifiziert haben, dafür zu sorgen, dass unsere neuerlassenen Gesetze den Absichten der Verfassung treu bleiben und mit ihnen vereinbar sind. Die hermeneutische Herausforderung für diese nachfolgenden Generationen von Ältesten liegt darin, Worte für die Verfassung zu finden dort, wo sie keine enthält – Worte, die mit denen vereinbar sind, die sie enthält.

Doch wie ich zu Beginn meines zweiten Kapitels bemerkt habe: Alter führt nicht immer zu Weisheit. Und auch die Existenz eines gesonderten Regierungsorgans, das dazu bestimmt ist, den Geist und den Buchstaben der Verfassung zu bewahren, garantiert nicht, dass seine Mitglieder, wie alt sie auch sein mögen, in ihren Urteilen Weisheit zeigen. Es gibt Zeiten, in denen uns die Verfassung das Denken nicht abnehmen kann und in denen die Mitglieder des Obersten Gerichtshofs sich wie Narren, Halunken und Schurken benehmen. Ralph Waldo Emerson bemerkte 1854 in einem Vortrag über das *Fugitive Slave Law*, das die Nordstaaten zwang, entlaufene Sklaven aus den Südstaaten wieder ihren Besitzern zuzuführen:

> Ihr habt euch auf die Verfassung verlassen. In ihr kommt das Wort *Sklave* nicht vor; und sehr gute Argumente haben erwiesen, dass sie nicht die Verbrechen rechtfertigt, die in ihrem Namen begangen werden. [...] Ihr habt euch auf den Obersten Gerichtshof verlassen. Das Ge-

setz war rechtmäßig, ein ausgezeichnetes Gesetz für die Lämmer. Doch wie, wenn unglücklicherweise die Richter unter den Wölfen ausgewählt wurden und wenn sie den Gesetzen eine wölfische Deutung geben? [...] Diese Dinge zeigen, dass keine Formen, weder Verfassungen noch Gesetze, weder Verträge noch Kirchen noch Bibeln für sich genommen irgend etwas taugen. Der Teufel macht es sich in ihnen allen gemütlich. Da hilft nichts als der Kopf und das Herz und die Sehnen eines Menschen. Verträge taugen nichts ohne redliche Männer, die sie einhalten; Gesetze nützen nur, wenn loyale Bürger ihnen gehorchen. Um Christus zu deuten, braucht man Christus im Herzen. Und die Lehren des Heiligen Geistes lassen sich nur aus dem nämlichen Geist verstehen, der sie hervorbrachte. (*The Spiritual Emerson*, S. 200 f.)

Solches Denken im Antinomien ist unwiderleglich. Wenn die Grundlagen der Republik selbst in die Krise geraten, wie es in der Frage der Sklaverei geschah, kann uns die Verfassung nicht retten; eher sind es die Bürger der amerikanischen Republik, die die Verfassung retten müssen, indem sie über deren Sinn und Absichten entscheiden: nicht über ihren Wortlaut, sondern über ihren Geist. In solchen kritischen Momenten einer nationalen Krise offenbart der Oberste Gerichtshof seine Unfähigkeit oder, schlimmer noch, seine blinde Parteilichkeit. In solchen Momenten muss die Nation als Ganzes in den Krieg ziehen, um zu entscheiden, was ihre Verfassung bedeutet – was sie künftig bedeuten *wird* und was sie daher von Anfang an bedeutet haben wird.

Es war Abraham Lincoln, der in einem kritischen Moment in der Geschichte der Republik den Anstoß dafür gab, die Verfassung durch eine Entscheidung über das Schicksal ihrer künftigen Autorität zu retten. Er tat es, indem er die Nation in einen Bürgerkrieg stürzte, der »die Probe darauf machen« sollte, ob diese Nation oder irgendeine freiheitlich verfasste Nation Bestand haben kann:

> Vor siebenundachtzig Jahren haben unsere Väter auf diesem Kontinent eine neue Nation gegründet, die freiheitlich verfasst und dem Grundsatz geweiht ist, dass alle Menschen gleich erschaffen sind.
> Mit dem großen Bürgerkrieg, den wir jetzt führen, machen wir die Probe darauf, ob diese Nation oder irgendeine Nation, die so verfasst und solchen Grundsätzen geweiht ist, Bestand haben kann. Wir haben uns auf einem großen Schlachtfeld dieses Krieges versammelt. Wir sind hierhergekommen, um einen Teil dieses Feldes denen als letzte Ruhestätte zu weihen, die hier ihr Leben hingaben, damit die Nation leben kann. Dass wir dies tun, ist nur recht und billig.
> Doch in einem höheren Sinn können wir dieses Stück Erde nicht weihen und nicht heiligen. Die tapferen Männer, die hier kämpften, Lebende wie Tote, haben es geweiht. Es übersteigt weit unsere bescheidenen Kräfte, zu mehren oder zu mindern, was sie getan haben. Die Welt wird kaum bemerken und gewiss nicht lange im Gedächtnis behalten, was wir hier sagen; doch unvergesslich wird für alle Zeiten sein, was jene Männer hier vollbrachten. Eher sollten also wir selber, die Lebenden, uns hier dem großen unvollendeten Werk weihen, das diejenigen, die hier kämpften, so weit und so edelmütig vorangebracht haben. Eher liegt es also an uns, uns selbst der großen Aufgabe zu weihen, die noch vor uns liegt: dass uns diese ehrenvoll Gefallenen mit wachsender Hingabe erfüllen für die Sache, für die sie ihre äußerste Hingabe erwiesen haben; dass wir hier feierlich beschlie-

ßen, dass diese Toten nicht umsonst gestorben sein sollen; dass dieser Nation mit Gottes Hilfe die Freiheit wiedergeboren wird und dass die Regierung des Volkes, durch das Volk und für das Volk nicht von der Erde verschwindet.

Ich habe die *Gettysburg Address* in meinem Buch *Die Herrschaft des Todes* und an anderem Ort ausführlich kommentiert, so dass ich hier nicht wiederholen will, was ich auf jenen Seiten ausgeführt habe. Lassen Sie mich statt dessen eine Frage behandeln, die ich in meinen früheren Kommentaren nicht berührt habe.

Manche haben gesagt, Lincolns *Gettysburg Address* bestimme eigenmächtig über Sinn und Absichten der Verfassung, die nirgendwo davon spricht, die Menschen seien gleich erschaffen oder die amerikanische Nation sei darauf gegründet, sich diesem Grundsatz zu weihen. Das mag vom Wortlaut her richtig sein, doch die Krise ergab sich ja daraus, dass der Wortlaut der Verfassung das Auseinanderfallen der Union nicht verhindern konnte. Bisweilen ist der Buchstabe des Gesetzes einfach tot. In solchen Momenten können nur die lebenden Bürger selbst über seinen Sinn und seine Absichten entscheiden, indem sie ihre Wahl für eine der beiden Seiten treffen, selbst um den Preis, wegen dieser Wahl ihr Leben hingeben zu müssen. Lincoln sagte in seiner Ansprache, das Fundament der Nation sei nicht ein Grundsatz, sondern eine weihevolle Verpflichtung auf diesen Grundsatz. Es ist diese »Weihe«, die den Grundsatz festschreibt und ihm seine fundierende Kraft verleiht. Wir, die Lebenden, müssen an den Gräbern derer, die sich diesem Grundsatz geweiht haben und für ihn gestorben sind, die Verantwortung für den Sinn der Verfassung übernehmen, über ihren Sinn entscheiden und damit diesen Grundsatz historisch werden lassen.

Die Gründerväter gründeten in der Tat »auf diesem Kontinent« die Verfassung, mit der sie der Nation einen Rahmen verliehen. Es war Lincoln, der über dieses feierliche Ereignis hinausging, indem er der »neuen Nation« eine neue Grundlage gab. Er tat es, indem er die archaischen, einheitsstiftenden Kräfte des Opfers, der Aufopferung und des Brudermordes heraufbeschwor oder wiedererweckte. Der römische Ursprungsmythos erzählt uns, wie Remus, von seinem Bruder Romulus erschlagen, mit seinem Blut den Ort der Stadtgründung Roms markierte. Kain, der Mörder seines Bruders Abel, begründete eine Dynastie. Kadmos erschlug einen Drachen und pflanzte dessen Zähne in die Erde; aus dieser Saat wuchs ein Haufen bewaffneter Männer, die Kadmos gegeneinander aufbrachte, so dass sie einander bekämpften, bis nur noch fünf übrig waren, die den thebanischen Adel zeugten. Amerika entstand dank seiner Verfassung als eine wohlgegründete, vollkommen moderne Nation; doch durch seinen Bürgerkrieg – und Lincolns gedächtnisstiftenden Akt in Gettysburg – stellte es seine Nationalstaatlichkeit (wieder) auf das atavistischste aller nur denkbaren Fundamente: das Blut des Bruders. Konnte eine neue Nation ohne eine solche Fundierung Bestand haben?

Die Rolle, die Lincoln in der amerikanischen Geschichte gespielt hat, ist gar nicht hoch genug einzuschätzen. Er festigte die »Wiedergeburt der Freiheit«, indem er ihr eine uralte Grundlage verschaffte: das Opfer. Er tat das nicht nur in seinem politischen Leben als Präsident der Vereinigten Staaten, sondern vor allem in seinem politischen Tod. Mit seinem Märtyrertod verkörperte er oder gab er Zeugnis für all die Opfer eines Bürgerkrieges, der wegen der – und gegen die – Union geführt wurde. In der symbolischen Größe seiner Tragödie wurde sein Tod bis heute zu einer Quelle der Einigkeit in staatlicher Einheit – einer Einigkeit, für die die Verfassung trotz all ihrer Vorkehrungen für die Zukunft der Nation nicht sorgen konnte.

Rom begründete sein Imperium auf den Bürgerkriegen, die auf die Ermordung Caesars folgten. In Shakespeares Version dieser Krise hat Caesars Frau einen unheilverkündenden Traum, in dem sie sein Standbild aus hundert Röhren Blut vergießen sieht. Der Verschwörer Decius, der Caesars Befürchtungen zu zerstreuen und ihn ins Kapitol zu locken versucht, erklärt den Traum: Er bedeute, »saugen werd' aus Euch das große Rom / Belebend Blut […]« (*Julius Cäsar*, II. Akt, 2. Szene, V. 87 f.). Und so sollte es kommen. So haben auch Amerika und seine Verfassung aus Lincolns Tod belebendes Blut gesogen. Caesars Tod ging dem Bürgerkrieg voraus, Lincolns Tod folgte ihm, doch die Wirkung war die gleiche. Warum eine moderne Nation, die sich der Freiheit, der Vernunft und der Zustimmung der Regierten geweiht hat, es nötig haben sollte, aus einer solchen archaischen Quelle Blut zu ziehen, bleibt ein Rätsel, doch es beweist hinreichend, dass Amerika in seiner Neuheit so alt ist wie die ältesten Nationen auf der Erde.

VIERTES KAPITEL
AMOR MUNDI

Klärungen

Hannah Arendt prägt den Ausdruck »Natalität« für die immer vorhandene Fähigkeit, einen neuen Anfang zu machen, ein Potential, das die Menschen von Geburt an in die Welt mitbringen. Auf historische Gestalten bezogen, revitalisiert Natalität den Schatz an kulturellen Vermächtnissen, indem sie es Vergangenheit, Gegenwart und Zukunft erlaubt, im Reich der Korrespondenzen mit seinen »langen Echos« und seiner »dunklen und tiefen Einheit«, wie es bei Baudelaire heißt, sich ineinander zu spiegeln und zu brechen. Wir fanden solche Brechungen in den Fallstudien des vorigen Kapitels, wo ich im einzelnen gezeigt habe, wie neotene Revolutionen, wenn sie erfolgreich sind, ältere Traditionen, Kanons, Institutionen oder Glaubensartikel ebenso abbrechen wie erneuern – oder gerade im Akt des Abbruchs erneuern.

Um für einen Augenblick auf Gettysburg zurückzukommen: Es fällt auf, dass Lincoln in seiner Ansprache die Natalität der amerikanischen Nation als einen Geburtsvorgang beschreibt, der noch nicht abgeschlossen ist. So sagt er – wenn wir seine Worte wörtlicher wiedergeben und uns nicht davon irritieren lassen, dass er aus den Gründervätern Mütter (oder Hebammen) macht: Unsere Väter haben auf diesem Kontinent »eine neue Nation zur Welt gebracht«; das Kind, das sie gebaren, wurde »in Freiheit empfangen«, doch war diese Empfängnis auch nach siebenundachtzig Jahren noch unvollendet. Es war Lincolns geschichtliche Berufung, dieses Ereignis zum Abschluss zu bringen, indem er die Lebenden für die Sache der Nation einnahm und deren »Wiedergeburt in Freiheit« (wie es im weiteren heißt) verwirklichen half. Dies war die Natalität jenes entscheidenden Moments, in dem das historische Schicksal der amerikanischen Republik, in ihrer vergangenen und ihrer künftigen Gestalt, auf Messers Schneide stand.

So wie Natalität Geschichte hervorbringt, sorgt umgekehrt die Geschichte mit ihren Anfängen und Gelegenheiten für Natalität. Ich spreche hier von Geschichte nicht als von Abgeschlossenem, sondern von jenem Brutkasten der Erneuerung, der die Gegenwart mit werdenden Möglichkeiten versorgt, die von der Zukunft her – in ihren untergründigen Korrelationen mit der Vergangenheit – auf sie zukommen. Ich werde später in diesem Kapitel mehr dazu sagen müssen, wie Zukunft aus der Vergangenheit geboren wird und wie dank der mysteriösen Vorgänge der kulturellen Übertragung Vergangenheit von der Zukunft her wiedergeboren wird. Vorläufig sollten wir hier festhalten, was das vorige Kapitel deutlich gemacht hat: nämlich dass das Neue, wenn es sich nicht erneuert – wenn es nicht seine latenten Vermächtnisse verjüngt –, im Handumdrehen altert.

Eine Nation kann für die Zukunft errichtet werden, sie kann auf die Zukunft setzen und sich industrielle, soziale oder technische Projekte für die Zukunft vornehmen; doch wenn sie keine Möglichkeiten findet, ihre Vergangenheit umzugestalten, hat sie keine echten Aussichten auf die Zukunft. Das bedeutet, dass ihre Jugend – kulturell gesprochen – weitgehend senil bleibt. Die Größe der westlichen Zivilisation besteht trotz all der Mängel, die ihre Züge entstellen, in ihrer wiederholt erwiesenen Fähigkeit, sich zu regenerieren, indem sie zu ihren Quellen zurückkehrte oder aus ihnen schöpfte. Die schöpferische Synergie zwischen abendländischer Weisheit und abendländischem Genie hat stets die Form einer vorausweisenden Wiedergewinnung angenommen – der Geburt einer neuen Form aus dem Schoß des Vergangenen. Wiedergewinnung in diesem radikalen Sinne ist daher kein *revival*, sondern Revitalisierung.

Die abendländische Natalität ist überschwenglich. Unsere Einstellung zur Vergangenheit mag eine antiquarische, monumentalische oder kritische sein – wir können uns zu unseren Vorgängern pietätvoll, rebellisch oder blasphemisch verhalten –, doch immer wieder machte das Abendland Geschichte, indem es sein Erbe wiederbelebte. Wie es bei Valéry in den *Cahiers* heißt: *novat reiterando*, Erneuerung durch Wiederholung, wobei Wiederholung genau das Wieder-holen der Quelle bedeutet. »Mach es neu!« (Ezra Pounds berühmte Aufforderung an die Modernen) postuliert nicht, Neues *ex nihilo* zu erfinden, sondern in den Hades hinabzusteigen und toten Sprachen neue Ausdrucksformen zu verschaffen, eine jüngere Version einer älteren Form oder Überlieferung ins Leben zu rufen. Durch die Wiedergewinnung und Umwandlung einer großen Vielfalt literarischer Traditionsstränge haben die Modernen in ihren Innovationen gezeigt, dass das wirklich Neue nicht nach Neuheiten giert. Es findet Möglichkeiten, Altes neu zu machen, jugendlicher, pulsierender.

Novat reiterando. Nach diesem Leitsatz tat Dante mit Vergil, was Vergil mit Homer tat – er *wiederholte* ihn, nicht sklavisch, sondern regenerierend. Indem er das römische Heldengedicht in ein christliches Epos in der Ichform verwandelte, zwang Dante Vergil – und mit ihm all seine anderen paganen Quellen – in einen christlichen Rahmen, bewahrte und überwand dabei ihr Vermächtnis. Ovid, Lukan, Horaz, Aristoteles und eine Menge anderer Vorgänger würden, wenn sie denn könnten, die Tatsache bestätigen, dass Dante sie oftmals haarsträubend ge- und missbrauchte; doch sie würden ebenfalls zugeben müssen, sei's auch widerstrebend, dass er ihnen in einer Epoche, die nicht die ihrige war, damit neues Leben einflößte.

Wenige Jahrzehnte nachdem uns Dante eine voll entfaltete mittelalterlich-christliche Antike schenkte, gab uns Petrarca eine renaissance-humanistische Antike. Petrarca wurde zum ersten wirklich modernen Europäer, nicht indem er sich futuristisch in die Zukunft gestürzt hätte, sondern indem er eifrig die Alten zu Rate zog und ihre Vermächtnisse in eine funkelnde italienische Sprache umarbeitete. Durch seine langen Gespräche mit den Toten eröffnete Petrarca einen neuen kulturellen Humanismus und mit ihm ein ganz anderes Verhältnis zur klassischen Vergangenheit, als Dante es ein halbes Jahrhundert früher hergestellt hatte.

Vor dem zwanzigsten Jahrhundert gab es niemanden, der mehr dafür getan hätte, jugendliche Gefühle freizusetzen, zu rechtfertigen oder auszudrücken, als die Romantiker; doch wie wir bei unserer Erörterung Wordsworths sahen, war ihr werdendes Kind alles andere als kindisch. Die Romantiker sangen ihre Lieder der Unschuld nicht unschuldig. Sie wollten nicht plappernd auf ein neues Idiom hinaus, sondern verwendeten eine bemerkenswert reife Poetik, um die Diktion ihrer Vorgänger einzubürgern. Es bedurfte einer ingeniösen Weisheit, dem Wort »Vogel« einen poetischeren Klang zu verleihen als »gefiederter Sänger« oder in den Überresten der Antike eine Landschaft für die moderne Seele zu finden, oder hinter das Zeitalter der Vernunft auf ein mittelalterliches Erbe zurückzugreifen, wie die Romantiker es taten.

Nietzsche nahm das zwanzigste Jahrhundert vorweg, indem er eine Fähigkeit kultivierte, die ihm wichtiger schien als jede andere – den vom ihm so genannten »historischen Sinn«.

In seinem Fall führte ihn der historische Sinn immer wieder zurück zu den Griechen, nicht zu den Griechen der Weimarer Klassik oder denen der Winckelmann-Schule, sondern zu radikaleren – weil auf radikalere Weise in Anspruch genommenen – Vorfahren. Nietzsches Umwertung aller Werte stellte nicht weniger dar als eine überschwengliche Verklärung der tragischen Weisheit der Griechen, so wie er sie verstand. Am Ende von *Nietzsche contra Wagner* – dem letzten Buch, an dem er arbeitete, bevor sein Geist im Dunkel versank – äußerte sich Nietzsche dazu folgendermaßen:

> Oh diese Griechen! sie verstanden sich darauf, zu *leben*! Dazu thut noth, tapfer bei der Oberfläche, der Falte, der Haut stehn zu bleiben, den Schein anzubeten, an Formen, an Töne, an Worte, an den ganzen *Olymp des Scheins* zu glauben! Diese Griechen waren oberflächlich – *aus Tiefe* … Und kommen wir nicht eben darauf zurück, wir Waghalse des Geistes, die wir die höchste und gefährlichste Spitze des gegenwärtigen Gedankens erklettert und von da aus uns umgesehn haben, die wir von da aus *hinabgesehn* haben? Sind wir nicht eben darin – Griechen? Anbeter der Formen, der Töne, der Worte? Eben darum – *Künstler*?
>
> (*Nietzsche contra Wagner*, Epilog, 3)

Es war seine freie Reprise der griechischen Vergangenheit – seine obsessive Rückkehr zu dieser freigebigen Quelle –, die Nietzsche zu dem werden ließ, was er einen »Zukunftsphilosophen« nannte.

Eine ganze Reihe von Antiken pulsieren im Herzen der abendländischen Kulturgeschichte des letzten Jahrtausends. Es gibt eine mittelalterliche Antike, eine Antike der Renaissance und eine des Barock, eine der Aufklärung, eine der Romantik und eine der Moderne. Doch wo soll man aufhören? Es gibt eine Emersonsche, Wagnersche, Baudelairesche Antike, eine von Yeats, von Joyce, von Heidegger und von Arendt, um nur an ein paar moderne Heroen zu erinnern, die aus derselben Quelle geschöpft haben. Schon diese unbändige Vielfalt von Antiken weckt den Verdacht, dass die abendländische Kultur nur in dem Maße floriert, wie sie ihren Weg zurück in die Zukunft findet.

Diese Überlegungen werfen zusammen mit weiteren Gedanken, auf die ich in diesem Kapitel hinweisen möchte, die Frage nach der Verjüngung auf, die unsere zeitgenössische Gesellschaft durchmacht. Stellt diese Verjüngung wirklich eine neotene Revolution dar – eine Verjüngung des Vermächtnisses, wie sie die abendländische Kultur noch nie erlebt hat, was Intensität und Ausmaß angeht –, oder ist sie vielmehr bloß eine Verjugendlichung? Der Unterschied ist nicht nur ein terminologischer. Verjüngung gibt der Vergangenheit eine Zukunft, in die sie hineinwachsen kann und die dem Neuen eine fundierende Beharrungskraft gibt. Verjugendlichung hingegen kämpft an gegen Historizität und beraubt die Gegenwart der temporalen und phänomenologischen Tiefe. Während kulturelle Neotenie die Jugendlichkeit auf neue Reifeniveaus hebt und der Reife jugendlichere Ausdrucksformen verleiht, tut Verjugendlichung das Gegenteil. Sie gibt der Jugend ein vorzeitiges Alter und dem Alter eine unausgegorene Jugendlichkeit. Historisch gesprochen sind wir nicht in der Lage, die Frage zu beantworten, die ich eben nach unserer Verjüngung gestellt habe. Es kann sich herausstellen, dass wir, die wir uns für so jung halten, in Wirklichkeit an einer senilen Form von Juvenilität leiden; es kann sich aber auch erweisen, dass unser Genie dabei ist, geschichtlich nie dagewesene Formen kultureller Natalität hervorzubringen. Es ist zu früh, darüber zu entscheiden.

Die Welt verändern

Für die *New York Times* war es ein großes Lob, als sie in ihrem Nachruf vom 6. Oktober 2011 Steve Jobs als einen »Visionär« bezeichnete, »der das digitale Zeitalter revolutioniert hat«. Ein heutiger Visionär ist ein Veränderer, der umwälzende Pläne ersinnt und austüftelt, nicht so sehr einer, der bewahrt und fortführt. Es liegt kein Ruhm darin, die Welt zu erhalten, nur darin, sie zu verändern. So erwähnt der Artikel, dass es Jobs 1983 gelang, den damaligen Chef von Pepsi-Cola, John Sculley, mit einem schlagenden Argument zum Wechsel zu Apple zu überreden: »Willst du den Rest deines Lebens damit verbringen, Zuckerwasser zu verkaufen, oder willst du die Chance haben, die Welt zu verändern?«

Für uns ist es heute praktisch ungegreiflich, wie in vergangenen Epochen Leute, die die Welt verändern wollten, mit Furcht und Argwohn betrachtet wurden. Wenn man um die Welt besorgt war, wenn man in ihr heimisch sein wollte, wenn man sich bewusst war, wie viel Anstrengung, Opfer und Voraussicht es unsere Vorfahren gekostet hatte, ihre Institutionen zu errichten, zu stärken und allmählich zu verbessern, wenn man sie als den Ort unseres säkularen Nachlebens betrachtete, dann hatte man allen Grund, all denen dämonische Neigungen zu unterstellen, die in ihre fein abgestimmte Gestaltung eingreifen wollten und damit ihre sorgsam justierte Stabilität gefährdeten. Man braucht viel Liebe – Hannah Arendt sprach in Anlehnung an den heiligen Augustinus von *amor mundi* –, um sich das Wohlergehen der Welt zur Herzenssache zu machen und sich der Erhaltung ihrer Kontinuität über die Generationen hinweg zu widmen. Es ist diese Liebe und nur diese Liebe, der die Zukunft der Welt anheimgegeben ist. Nichts eignet sich besser dazu, die Menschen zu einem Gemeinwesen zu verbinden, als ein geschärftes Bewusstsein ihrer Weltzugehörigkeit. Nur eine gemeinsame Welt bietet den Menschen, was ihr gemeinsames Menschsein am meisten verlangt, nämlich einen Sinn für den Zusammenhalt zwischen den Lebenden, den Toten und den Ungeborenen.

Wird die Veränderung der Welt zur vorrangigen Direktive, könnte ein nietzschescher Psychologe durchaus ein *odium mundi* am Werk vermuten. Wenn Hass als zu starkes Wort erscheint, könnte man stattdessen von einer gewissen Geringschätzung für die unsäglichen Mühen, Anstrengungen und Leiden sprechen, die in die Schöpfung der Welt eingingen. Durch die Jahrtausende hindurch arbeiteten die Menschen bis zur Erschöpfung und bis zum Tod daran, Welten zu errichten, die fortdauern würden, denn sie hatten ein tiefverwurzeltes Bedürfnis, einer institutionellen Ordnung anzugehören, die sie überleben würde. Nur die »Spätgeborenen« – und wir alle sind spät geboren auf dieser Stufe unserer Geschichte – verfügen über den Luxus, die Welt als selbstverständlich zu betrachten.

Im ersten Kapitel habe ich den starken Hang der menschlichen Gattung zur Neophilie erörtert, doch ich habe auch auf die angeborene Neophobie hingewiesen, die wir mit den meisten anderen lebenden Gattungen teilen. Nichts sitzt in welthaften Wesen wie uns – die wir, soweit wir wissen, die einzige Gattung im Universum sind, die eine Welt haben – so tief wie unser Bedürfnis nach einem beständigen Umfeld. Letztlich ist eine Welt genau dies – ein historisch fundiertes beständiges Umfeld für unser vergängliches, sterbliches Leben.

Es gibt mehrere Möglichkeiten dafür, wie diese Beständigkeit zerstört werden kann. Eine besteht in absichtlicher Zerstörung, eine andere in Vernachlässigung, doch eine weitere liegt in der hyperaktiven Entfesselung jener schöpferischen Kräfte, die zunächst einmal Welten errichten. Besonders in diesem letzten Fall verwandelt sich die Welt in einen Ort endloser Empörung statt stiller Beständigkeit, eher des Schocks als des Schutzes, eher der latenten Paranoia als des gesunden Alltagsverstands. Die Anspannung, die mit dieser Art von Erregung verbunden ist, erzeugt leicht Weltüberdruss, wo vorher Weltliebe war. Darin liegt die selbstverzehrende Paradoxie einer hyperaktiven Entfaltung der schöpferischen Kräfte. Je mehr sich die Welt verändert, desto weniger fühlen sich ihre Bewohner in ihr heimisch; je weniger sie sich in ihr heimisch fühlen, desto dringlicher wird der Wunsch, sie zu verändern. An einem bestimmten Punkt wird die Welt unweltlich. Da die herrschende Ordnung der Dinge uns mit Angst erfüllt, gewinnt der Wille zu ihrer Überwindung an Kraft.

Zerstörungswut kann den Anschein von Glanz und Erlösung annehmen. In seinen Überlegungen zum »destruktiven Charakter«, wie er ihn nannte, personifizierte Walter Benjamin einen bestimmten Typus der heroischen Weltzerstörung: »Der destruktive Charakter kennt nur eine Parole: Platz schaffen; nur eine Tätigkeit: räumen.« (*GS* IV.1, S. 396) Benjamins destruktiver Charakter wird nicht von Hass getrieben; er leidet nicht an einem nietzscheschen Ressentiment: »Sein Bedürfnis nach frischer Luft und freiem Raum ist stärker als jeder Hass.« In Wirklichkeit ist er »jung und heiter. Denn zerstören verjüngt, weil es die Spuren unseres eigenen Alters aus dem Weg räumt«. In seiner Sorglosigkeit fragt sich dieser jugendliche Charakter, dem keine Vision, »kein Bild vor[schwebt]«, nicht, was an die Stelle des Zerstörten treten wird. Sein Ziel ist einfach, »überall Wege« durch die verkrusteten Ablagerungen der Weltgeschichte zu finden, die er als ebenso viele Hindernisse für seinen Impuls betrachtet, »Platz [zu] schaffen«.

Es gibt keinen schöpferischen Antrieb in der Zerstörungslust, die Benjamin in diesem Charakter personifiziert (die einzige »Arbeit, [die] er vermeidet«, ist gerade die schöpferische). Doch da er die Unordnung der Welt beseitigt und freien Raum schafft, wo man sich vorher kaum bewegen konnte, mag er der

Sache der schöpferischen Erneuerung dienen, einfach indem er die versteinerten Monumente der Tradition wegräumt und neue Horizonte des Möglichen erschließt. Wo die Traditionalisten »die Dinge [überliefern], indem sie sie unantastbar machen und konservieren«, sieht der destruktive Charakter sein Geschäft darin, sie zu »liquidieren« und so den Weg zu einer neuen Ästhetik, einer neuen Moral oder einer neuen politischen Ordnung frei zu machen, je nachdem. Über eine rückhaltlos visionäre Eigenschaft verfügt dieser destruktive Charakter: »Wo andere auf Mauern oder Gebirge stoßen, auch da sieht er einen Weg.« Aus diesem Grund feiert Benjamin, so wie andere Verfechter einer kommenden Moderne, den destruktiven Charakter als Heros der Verjüngung, dessen Respektlosigkeit gegenüber dem Bestehenden eine bestimmte zersetzende Ästhetik ebenso wie eine bestimmte politische Militanz gegen den Status quo deutlich macht.

Aus unserer heutigen Perspektive, fast ein Jahrhundert nachdem sein Porträt gezeichnet wurde, erscheint uns Benjamins destruktiver Charakter nicht nur als veraltet, sondern mit seinem Gestus respektloser Empörung, der dem späten neunzehnten und frühen zwanzigsten Jahrhundert zugehört, geradezu als altertümlich. Sein jugendlicher Angriff auf die tragenden Systeme der Welt scheint seinen Reiz verloren zu haben. Heute bleibt einem nicht mehr viel übrig, wenn man die Bourgeoisie schockieren oder die Stützen niederreißen will, auf denen die Weltordnung ruhte. Hannah Arendt formulierte das treffend in ihrem Essay »Gedanken zu Lessing: Von der Menschlichkeit in finsteren Zeiten«:

> In den zweihundert Jahren, die uns von Lessings Lebenszeit trennen, hat sich in dieser Hinsicht manches geändert, aber weniges zum Besseren. Die »Stützen der bekanntesten Wahrheiten« (um in der von ihm gepräg-

ten Metapher zu bleiben), die damals erzitterten, liegen heute am Boden, und um sie zu erschüttern, bedarf es keiner Kritik mehr und keines Weltweisen. Wir dürfen unsere Augen nur nicht schließen, um zu erkennen, dass wir uns in einem wahren Trümmerfeld solcher Stützen befinden.
(Arendt, *Menschen in finsteren Zeiten*, S. 25)

Benjamin schrieb über den destruktiven Charakter: »Das Bestehende legt er in Trümmer, nicht um der Trümmer, sondern um des Weges willen, der sich durch sie hindurchzieht.« Es hat sich gezeigt, dass der Weg, der sich durch sie hindurchzieht, nur immer wieder auf die Trümmer zurückführt, die uns heute umgeben, so weit das Auge reicht, trotz all der »neuen Dinge«, die seither in dieser Ruinenlandschaft hinzugekommen sind. Insgesamt tritt das Neue, das der ständige Wandel in die Welt bringt, nicht an die Stelle der Ruinen; es existiert nicht einmal neben den Ruinen; es sind ganz einfach Trümmer, die zu den Trümmern hinzukommen.

Arendt leugnet nicht, dass das Niederreißen der Stützen der Welt »ein Vorteil sein [könnte], nämlich für ein Denken, das sich ohne Stützen und Krücken, gewissermaßen ohne das Geländer der Tradition frei bewegt«. Doch sie erinnert uns an eine entscheidende Wahrheit, die selten von denen bedacht wird, die den destruktiven Charakter feiern, nämlich dass die Welt nicht dasselbe ist wie die in ihr lebenden Menschen. Der Abschnitt fährt fort:

Denn es hat sich längst herausgestellt, dass die Stützen der Wahrheiten auch die Stützen der weltlich politischen Ordnung gewesen sind, und die Welt – im Unterschied zu den sie bewohnenden und in ihr sich frei bewegenden Menschen – bedarf der Stützen, um die

Beständigkeit und Dauerhaftigkeit zu garantieren, ohne welche sie den sterblichen Menschen nicht die relativ gesicherte, relativ unvergängliche Heimat bieten kann, deren sie bedürfen. Man könnte wohl sagen, daß die lebendige Menschlichkeit eines Menschen in dem Maße abnimmt, in dem er auf das Denken verzichtet und sich den Resultaten, den bekannten oder auch unbekannten Wahrheiten anvertraut und sie ausspielt, als seien sie Münzen, mit denen man alle Erfahrungen begleichen kann. Aber mit der Welt steht es gerade umgekehrt. (Ebd.)

Aus dieser Perspektive erscheint die Moderne seitens der Kritiker, Liquidatoren und Revolutionäre als andauernde Konfusion – als Vermengung dessen, was für Menschen wahr ist, und dessen, was für die Welt wahr ist. Ob wir wollen oder nicht, unsere Menschlichkeit ist eher in der Welt zu Hause – an ihren Orten, in ihren Vermächtnissen, Bräuchen und Institutionen – als in unserem psychischen Selbst. Werden sie ihrer Welt beraubt, verlieren die Menschen rasch ihre Geschichtlichkeit und bewohnen eine punktförmige, unvergängliche Gegenwart, statt einem Kontinuum anzugehören, das die Zukunft von der Vergangenheit aus erschafft.

Indem sie die Welt wiederholt politischen, moralischen und sozialen Erschütterungen aussetzte, von den Katastrophen der Umwelt ganz abgesehen, arbeitete die Geschichte des zwanzigsten Jahrhunderts gegen die Forderungen unserer Geschichtlichkeit wie auch unserer Menschlichkeit. Auch hier wieder trifft Arendt den Punkt:

Die Welt wird unmenschlich, ungeeignet für menschliche Bedürfnisse, welche die Bedürfnisse von Sterblichen sind, wenn sie in eine Bewegung gerissen wird, in der es keinerlei Bestand mehr gibt. (S. 25 f.)

Humanität kommt nicht ohne Hospitalität aus – das Anbieten und Annehmen von Gastlichkeit –, und das heißt, dass sie auf eine offene, großzügige, gastliche Welt nicht verzichten kann, die uns allein erst befähigt, uns offen und großzügig zu zeigen. Es liegt deshalb ein gewisser Widersinn in der Tatsache, dass es Menschen waren, zu geschichtlichem Handeln befähigte Wesen, welche die Entweltlichung der Welt gewaltsam herbeigeführt haben.

Dieser Widersinn ist vielleicht kein ausgesprochen moderner – wir fanden ihn bereits in der sophokleischen Klage über den *anthropos*, dessen Missgeschicke ihn *apolis* oder weltlos machen können –, doch scheint die Moderne gleichsam ihren Chor der Ältesten verloren zu haben. Damit meine ich, dass unser Zeitalter die apolitischen Kräfte (im Arendtschen Sinne) so ungehemmt freigesetzt hat, dass Weltlosigkeit durch genau diesen Kurs des beständigen Wandels zu einer allgemeinen historischen Bedingtheit geworden ist. Wie Arendt bemerkt, sorgt diese reißende Bewegung, die bei den Menschen ein unbehagliches Gefühl von Heimatlosigkeit weckt, *de facto* für eine endlose Reihe reaktionärer, jedoch nutzloser Restaurationsversuche:

> So hat man denn auch seit dem großen Fehlschlag der Französischen Revolution die alten Stützen, die damals schon eingestürzt waren, immer wieder neu aufgerichtet, um dann immer wieder zusehen zu müssen, wie sie erst erzitterten und dann von neuem einstürzten. An die Stelle der »bekanntesten Wahrheiten« haben sich die furchtbarsten Irrlehren gesetzt, aber der Irrtum dieser Lehren ist kein Beweis, keine neue Stütze für die alten Wahrheiten. So kann auch im Politischen die Restauration niemals ein Ersatz werden für eine notwendig gewordene Neugründung; sie ist bestenfalls eine Notmaß-

nahme, die allerdings unvermeidlich ist, wenn die Neugründung nicht gelingt. Gleichermaßen unvermeidlich aber ist, dass in einer solchen Konstellation, noch dazu wenn sie sich über so lange Zeiträume erstreckt, das Misstrauen der Menschen gegen Welt und Öffentlichkeit ständig wächst. Denn die Zerbrechlichkeit dieser immer wieder restaurierten Stützen der öffentlichen Ordnung wird naturgemäß nach jedem Einsturz evidenter, so dass schließlich die Öffentlichkeit gerade diejenigen »bekanntesten Wahrheiten« als allen ohne weiteres einleuchtend voraussetzt, an die doch im geheimen kaum noch einer glaubt. (S. 26)

Das ist aus Arendts Sicht das Elend bestimmter Formen des Konservatismus ebenso wie des Radikalismus: Während diese unfähig sind, uns eine neue Welt zu schaffen, sind jene außerstande, die alte zu retten. Auch hier muss man auf dem Unterschied beharren zwischen der Welt und menschlichen Akteuren, die in ihr handeln, denn es bedarf mehr als eines politischen oder kollektiven Willensakts, um eine Welt relativer Beständigkeit zu errichten oder eine zertrümmerte Ordnung zu restaurieren. Um Welten entstehen zu lassen und zu erhalten, reichen Willensakte nicht aus; dazu bedarf es generativer und regenerativer Kräfte, die ich als die Quelle bezeichnet habe. Diese Kräfte sind keine »natürlichen Ressourcen«. Sie können nicht beherrscht, bezwungen, ergriffen oder uns verfügbar gemacht werden. Sie müssen aus den Tiefen der Weltzeit heraufgeholt werden, welche die historischen Dimensionen von Vergangenheit, Zukunft und Gegenwart verbindet und sie in dynamischer Beziehung zueinander hält. Nur durch eine solche Weltzeit können Welten entstehen und ihren Zusammenhalt wahren. In der Tat müssen die »finsteren Zeiten«, von denen Arendt spricht, als ein allgemeiner

Mangel an historischer Kraft der Weltbildung als solcher begriffen werden.

In ihrem Vorwort erläutert Arendt, dass die »finsteren Zeiten«, von denen der Buchtitel spricht, in die erste Hälfte des zwanzigsten Jahrhunderts »mit ihren politischen Katastrophen, moralischen Desastern und einer erstaunlichen Entwicklung von Kunst und Wissenschaft« fielen (S. 13). Diese letztere »erstaunliche Entwicklung« muss ich hier übergehen. Ich will nur festhalten, dass sich seit 1959 – dem Jahr, in dem Arendt den Vortrag hielt, aus dem ich ausführlich zitiert habe – viel verändert hat; doch gerade insofern sich vieles verändert hat, hat sich wenig verändert oder, wie Arendt selbst sagt, »weniges zum Besseren«. Beständig geblieben ist der reißende Strom, in den die Welt ständig gezogen wird. Die einzige Beständigkeit der letzten Jahrzehnte war in der Tat der Wandel selbst, das heißt die beständige Unbeständigkeit. Die Paradoxie dieses Syndroms weckt bei denen, die darunter leiden, die Hoffnung, dass ein Wandel – oder vielmehr ein wirklicher Wandel – dem Schrecken, den er durch seine endlose Umwälzung des Neuen auslöst, schließlich ein Ende setzen wird. Dies ist eine seltsame Hoffnung, doch vielleicht die einzig mögliche in einer Zeit, in der die Entweltlichung der Welt als *fait accompli* erscheint.

Amor mundi und ein Gedicht
über den Lauf der Dinge

Ich habe in abstrakten Begriffen erörtert, wie unaufhörlicher Wandel das Wesen der menschlichen Welt zerstören kann, insbesondere ihre Beständigkeit und Gastlichkeit, doch unsere alltägliche Erfahrung dieser Zerstörung hat nichts Abstraktes, dieser Zerstörung, die Reiche und Arme, Weiße und

Schwarze, Alte und Junge gleichermaßen zutiefst berührt. Die Armen sind für die brutalen Verunstaltungen der wohnlichen Umgebung verwundbarer, während die Reichen sich den Luxus leisten können, sich zu isolieren und in künstliche Paradiese zurückzuziehen. Künstliche Paradiese wecken jedoch den Wunsch nach dem echten Objekt, der mit künstlichen Mitteln nicht zu befriedigen ist, während Isolierung keinen Ersatz für die soziale, gemeinschaftliche und öffentliche Welt bietet, die wir miteinander teilen. Bestenfalls gewährt uns Isolierung eine stillere Verzweiflung als jene, in die man stürzt, wenn man die Auflösung der Welt mit voller Wucht zu spüren bekommt.

Was Junge und Alte betrifft, berührt sie die Zertrümmerung der Welt in unterschiedlicher, jedoch gleichermaßen beunruhigender Weise. Weiter unten in diesem Kapitel werde ich den Weltekel bei den Jungen erörtern. Hier möchte ich eine Analyse der Gefühle derer anbieten, die alt genug sind zu empfinden, dass *ihre* Welt vor ihren Augen verschwindet.

Der Engländer Philip Larkin – einer der am wenigsten sentimentalen Dichter im Kanon der Moderne – hat vor vier Jahrzehnten ein Gedicht geschrieben, das aus einer Ich-Perspektive von der existentiellen Angst spricht, die der verschärfte Wandel in einem Menschen weckt, der ein gewisses Alter erreicht hat. Unter dem Titel »Going, Going« / »Der Lauf der Dinge« lautet es wie folgt:

> I thought it would last my time –
> The sense that, beyond the town,
> There would always be fields and farms,
> Where the village louts could climb
> Such trees as were not cut down;
> I knew there'd be false alarms

In the papers about old streets
And split level shopping, but some
Have always been left so far;
And when the old part retreats
As the bleak high-risers come
We can always escape in the car.

Things are tougher than we are, just
As earth will always respond
However we mess it about;
Chuck filth in the sea, if you must:
The tides will be clean beyond.
– But what do I feel now? Doubt?

Or age, simply? The crowd
Is young in the M1 cafe;
Their kids are screaming for more –
More houses, more parking allowed,
More caravan sites, more pay.
On the Business Page, a score

Of spectacled grins approve
Some takeover bid that entails
Five per cent profit (and ten
Per cent more in the estuaries): move
Your works to the unspoilt dales
(Grey area grants)! And when

You try to get near the sea
In summer … It seems, just now,
To be happening so very fast;
Despite all the land left free
For the first time I feel somehow
That it isn't going to last,

That before I snuff it, the whole
Boiling will be bricked in
Except for tourist parts –
First slum of Europe: a role
It won't be hard to win,
With a cast of crooks and tarts.

And that will be England gone,
The shadows, the meadows, the lanes,
The guildhalls, the carved choirs.
The'll be books; it will linger on
In galleries; but all that remains
For us will be concrete and tyres.

Most things are never meant.
This won't be, most likely; but greeds
And garbage are too thick-strewn
To be swept up now, or invent
Excuses that make them all needs.
I just think it will happen, soon.

In der Nachdichtung von Vera Thrân:

Ich dachte, die Zeit reicht für Träume
Und Gedanken, dass hinter der Stadt
Es noch Felder gibt um eine Farm,
Wo Dorfjungen klettern auf Bäume,
Die nie einer beschnitten hat;
Ich wusste, es gibt falschen Alarm

In der Presse betreffs alter Straßen
Und Kaufhöfe, manche hingegen
Hielten bis jetzt noch aus;

Wenn dann statt der alten Gassen
Nur die Hochhäuser stehen,
Fliehn wir mit dem Auto hinaus.

Die Dinge sind zäher als wir,
Weil die Erde stets reagiert,
Pfuschen wir auch damit nur herum,
Musst Schmutz kippen du ins Meer,
In der Strömung er sich verliert.
– Fühle ich Besorgnis nun?

Oder ist es das Alter? Denn schon
Sitzen im Rasthaus die Jungen;
Die Kinder schreien nach vielerlei –
Mehr genehmigtem Parken, mehr Lohn,
Mehr Campingplätzen und Wohnungen.
Und eine Offerte im Wirtschaftsteil

Von bebrillten Grinsern empfiehlt
Eine Geschäftsübernahme mit
Fünf Prozent Nutzen (und zehn
Prozent mehr in den Buchten): verschiebt
Eure Werke in saubres Gebiet
(Mit Grauzonenzuschuss)! Und wenn

Du versuchst, im Sommer ans Meer
zu gelangen ... Doch jetzt gerade
Scheint es so schnell zu geschehen.
Obwohl viel Land bleibt noch leer,
Fühl ich doch zum ersten Male,
Das wird so nicht weitergehen.

Bevor ich krepier, hat sich viel
Von der Brut schon etabliert,
Außer in Urlaubsgebieten –
Dem ersten Slum Europas: Das Spiel
Zu gewinnen ist nicht kompliziert
Mit einem Schwarm von Dirnen und Banditen.

Dann ist es um England geschehn,
Um die Schatten, die Wiesen und Gassen,
Die Rathäuser, den geschnitzten Schrein.
Bücher bleiben; es wird nur bestehn
In Galerien; und was sie uns lassen,
Werden Beton und Reifen nur sein.

Das meiste beginnt unabsichtlich.
Dies muss nicht geschehn; doch Habsucht
Und Unrat sind zu dicht gesät,
Um gleich beseitigt zu sein. Man erdenkt sich
Den Nutzen der Dinge als Ausflucht.
Ich denk, dass es bald vor sich geht.

Das Gedicht gibt in alltäglicher Sprache die unaufdringlichen, jedoch trostlosen Gedanken von jemandem wieder, dessen Stimmung von einer endzeitlichen Furcht getrübt wird. Alles, was er um sich herum beobachtet, deutet auf die Unvermeidlichkeit eines bevorstehenden Endes hin, nämlich dass es »um England geschehn« sein wird. Das Gravitationszentrum des Gedichts liegt in dem Wort *last* im ersten Vers, »fortdauern«, »ausreichen«. Der Sprecher hatte angenommen, dass wenigstens Englands uralte Landschaft dauerhaft bestehen bliebe, doch selbst traditionell unvergängliche Dinge vergehen unter dem Druck des Mehr – »Mehr genehmigtem Parken, mehr Lohn, / Mehr Campingplätzen und Wohnungen«. Es gibt immer weniger Welt in diesem Zeitalter des Mehr, denn das »Mehr« dieses bestimmten historischen Augenblicks hat eine weltverzehrende Qualität.

Larkin starb 1985, und Englands Landschaften haben, wenigstens zu einem großen Teil, seinen Tod überlebt. Doch Larkins Gedicht erhebt keine empirischen Geltungsansprüche. Das *it* jenes ersten Verses – das, was »fortdauert« – bezieht sich nicht nicht auf Felder und Höfe als solche, sondern auf das innere Empfinden des Sprechers, es werde »Felder [...] um eine Farm« immer geben. Es ist diese innere psychische Sicherheit, die ihrem Ende naht: »Fühl ich doch zum ersten Male, / Das wird so nicht weitergehen.« Dieses »Ich fühle« macht als das eigentliche Subjekt des Gedichts aus, ob es einer nachweisbaren äußeren Realität entspricht oder nicht. Tatsächlich erschafft ein solches »Ich fühle« oftmals die Realität, die es ersehnt oder fürchtet.

Liegt es daran, dass der Sprecher dem Tod näher ist als »im Rasthaus die Jungen«, wenn er eine solche Vorahnung hat? Schließlich neigen die Älteren dazu, ihr eigenes nahendes Ende mit dem Niedergang der Welt zu verwechseln. Oder haben die Veränderungen, Verluste und Schädigungen, die in England stattgefunden haben, den düsteren Todestrieb der zeitgenössischen Geschichte zweifelsfrei erwiesen? Das ist keine Frage, die sich empirisch beantworten ließe. Sollte er existieren, wäre dieser Todestrieb weder bewusst noch intentional (»Das meiste beginnt unabsichtlich«), selbst wenn er einen ganzen »Schwarm von Dirnen und Banditen« an der Entweltlichung der Welt arbeiten lässt. Wir wissen nur, dass der Sprecher seine historische Gegenwart als ein Losstürmen auf die Vernichtung erfährt und dass es vor allem das Tempo dieses Sturms ist, das ihn mit dem Gefühl erfüllt, das Ende sei nahe: »Doch jetzt gerade / Scheint es so schnell zu geschehen.« Das »es« bezieht sich hier auf das Endresultat, ebenso wie im letzten Vers: »Ich denk, dass es bald vor sich geht.«

Wiederum spielt es keine Rolle, ob dieses subjektive Gefühl des Niedergangs der Welt, das Umfang und Tempo des Wandels in der Lebenszeit des Sprechers auslösen, einem objektiven Sachverhalt entspricht oder nicht. In der Welt des Menschen hat das Subjektive eine Tendenz, objektiv zu werden, denn die Geschichte hat mehr als einmal gezeigt, dass das Schicksal der äußeren Welt an das gebunden ist, was ihre Bewohner innerlich »fühlen«, was wiederum davon abhängt, was sich – ihrer Wahrnehmung nach – mitten unter ihnen abspielt. Damit die Welt *als Welt* und nicht bloß als Habitat fortbesteht, müssen ihre Bewohner sie weiter als die ihre betrachten. Sobald sie ihnen fremd geworden ist oder sie das Gefühl haben, dass sie nicht mehr *ihre* Welt ist, entziehen sie ihr ihre Liebe. Dieses Abstoßen des *amor mundi* ist die größte Gefahr, der die Welt heute ausgesetzt ist, denn der *mundus* verschwindet zusammen mit dem *amor*, der für seine Zukunft sorgte. Aus diesem Grund ist das subjektive Gefühl, was die Weltheit der Welt angeht, von der objektiven Realität nicht zu trennen.

Giambattista Vico erkannte die bindende Kraft der Liebe für die Bildung einer Welt. In seinen *Institutiones oratoriae* oder *Kunst der Rhetorik* geht er die verschiedenen Entwicklungsstufen im Leben eines Individuums durch und stellt fest, dass jede von einer spezifischen Art der Liebe geprägt ist, beginnend mit der selbstbezogenen Liebe des Säuglings, die Freud später primären Narzissmus nennen sollte. In den *Prinzipien einer neuen Wissenschaft* nimmt Vico diese Vorstellung wieder auf, wonach »jedes Alter seine Liebe hat« *(omnis aetas amat)*, und fügt sie seiner Theorie der gesellschaftlichen Entwicklung von der Barbarei zur vollendeten Aufklärung ein. Jede Entwicklungsstufe entspricht dem, was wir eine Welt nennen würden, und jede ist mit einer bestimmten Art der Liebe verbunden:

> Daher legen wir fest, dass der Mensch im tierischen Zustand allein seine Wohlfahrt liebt; hat er eine Frau genommen und Kinder gezeugt, so liebt er seine Wohlfahrt zugleich mit der Wohlfahrt der Familien; ist er zu politischem Leben gelangt, so liebt er seine Wohlfahrt zugleich mit der Wohlfahrt der Städte; hat sich seine Herrschaft über mehrere Stämme ausgedehnt, so liebt er seine Wohlfahrt zugleich mit der Wohlfahrt der Völker; sind die Völker durch Kriege, Friedensschlüsse, Bündnisse, Handelsverkehr geeint, so liebt er seine Wohlfahrt zugleich mit der Wohlfahrt des ganzen Menschengeschlechts: der Mensch liebt in all diesen Umständen hauptsächlich den eigenen Vorteil. (§ 341)

Die Selbstliebe, die auf allen Stufen dieses Entwicklungsprozesses erhalten bleibt, macht die Folge von Weltgestaltungen, die Vico hier skizziert – Familie, Stadt, Völker, Menschheit –, zum Objekt ihres Begehrens, ihres Willens und ihrer Interessen. Je ausgedehnter die Konfiguration, desto allgemeiner und umfassender ist die Liebe, die sie zusammenhält. Doch in jedem Moment dieser Sequenz kann die Liebe kollabieren und sich in ihren zutiefst egoistischen Kern zusammenziehen. Nach Vicos Theorie geschieht dies gewöhnlich jeweils am Ende eines historischen Entwicklungszyklus, wenn die aufgeklärten Gemeinwesen der »Barbarei der Reflexion« mit ihren verschärften Form von Ironie, Skepsis und Zynismus erliegen.

Es wäre eitel, darüber zu spekulieren, ob unser gegenwärtiges Zeitalter in irgendeiner programmatischen Weise einem der von Vico postulierten Stadien entspricht, zumal diese Stadien, wie wir gesehen haben, heterochron ineinander verschwimmen. Ich bringe Vico hier nur wieder in die Diskussion, um abermals daran zu erinnern, dass der *amor mundi* die Welt ebenso erfüllt wie erhält und dass sein Rückzug die Welt noch verwundbarer machen würde für die Kräfte, die diesen Rückzug allererst bewirken. Die Frage, vor der wir in unserer gegenwärtigen Epoche stehen – einer Epoche, die älter und zugleich jünger ist, als sie es zu dem Zeitpunkt war, als Larkin sein »Going, Going« / »Der Lauf der Dinge« schrieb –, lautet nicht, ob wir uns dem Ende, das sein Gedicht verkündet, weiter angenähert haben, sondern ob unter den gegenwärtigen Bedingungen eine Regeneration der Liebe zur Welt möglich ist. Dieser Frage müssen wir uns nun zuwenden.

Die Neuen

Was immer historisch entsteht – sei es eine Tradition, eine Institution oder eine Weltanschauung –, beginnt zu verfallen, wenn sie statisch wird, weshalb man die Stabilität einer Welt nicht mit träger Unveränderlichkeit verwechseln sollte. Vielmehr sollte man unter Stabilität eine stetige, selbsterneuernde Transformation verstehen. Leider gibt es keine festen Regeln, um zwischen transformativem und deformativem Wandel zu unterscheiden, und die Moderne hat zumal in ihrem ästhetischen Bereich immer wieder gezeigt, dass Regeneration in ihren anfänglichen Erscheinungsformen vielen Skeptikern als Verfallssymptom erscheint. Da keine objektiven Standards gelten, muss man mit Urteilen über das Neue vorsichtig sein, besonders da in vielen Fällen Zerstörung eine notwendige Komponente echter Erneuerung ist. Doch die Vorsicht muss zweigleisig verfahren. Wir sollten auch im Auge behalten, dass Veränderung nicht immer Transformation bedeutet und dass es viel einfacher ist, die Welt zu zertrümmern, als sie zu regenerieren.

Die selbstverjüngende Natalität der Welt hängt im wesentlichen von den »Neuen« ab (*oi néoi*, wie die Griechen in der Antike die jungen Leute nannten), da sie die Welt mit neuem Leben erfüllen, wenn sie erst einmal bereit sind, sie in ihre Obhut zu nehmen. Ich betone diesen letzteren Vorbehalt, denn wenn es um Transformationen geht, die die Welt durch Erneuerung bewahren sollen, kommt alles auf die kulturell vielgestaltigen Prozesse an, in deren Verlauf die Neuen lernen, was es heißt, erwachsen zu werden und Verantwortung für die Welt zu übernehmen, in die sie hineingeboren wurden. Was so viel heißt wie: Alles hängt von ihrer Erziehung ab.

Die Jungen haben ein ambivalentes Verhältnis zu der Welt, insofern sie in sie hineingeworfen wurden, ohne sie ausgewählt oder errichtet zu haben; von daher betrachten sie sie zunächst einmal nicht als ihren Besitz. Da sie ihre Erbschaft jedoch unweigerlich einmal antreten müssen, haben sie keine andere Wahl, als sich damit zu befassen, was sie für sie bereithält. Diese Ambivalenz wurzelt in den Bedingungen der Kindheit selbst, die von der Welt gleichzeitig abgewandt und ihr zugewandt ist. Kinder verbringen traditionell einen großen Teil ihrer Zeit in der schützenden Privatheit ihres Heims, in sicherer Entfernung von der öffentlichen Welt, die ihre Eltern miteinander teilen; doch sie verbringen auch einen beträchtlichen Teil ihrer Zeit in der Schule, deren Hauptzweck darin besteht, die Neulinge in die Welt jenseits des häuslichen Raumes einzuführen und sie auf ihre Initiation in diesen Raum vorzubereiten. Indem sie sie irgendwo zwischen privater und öffentlicher Sphäre positioniert, lehrt die Schule die Kinder, was es heißt, Verantwortung für die Welt zu übernehmen, in die sie hineingeboren wurden. Das ist der Grund, weshalb Gesellschaften, die die Frauen von der öffentlichen Sphäre auszuschließen und sie ins Haus zu verbannen versuchen, nicht daran interessiert sind, Mädchen zur Schule zu schicken, da Erziehung ihrem eigentlichen Wesen nach eine vermittelnde Institution ist, die die Lektionen von Staatsbürgerschaft und Verantwortung lehrt. Und das ist auch der Grund, weshalb die Schulpflicht für Mädchen ebenso wie der Zugang von Frauen zur Hochschulbildung einen der größten Fortschritte der modernen Zivilisation darstellt. Sie sorgt dafür, dass die Hälfte der Menschheit in der Welt Fuß fassen kann.

Um ihren Platz in der Welt einzunehmen, müssen die *néoi* ein Grundwissen über deren Entstehung erlangen. Wenn die geschichtlichen Kämpfe, Niederlagen und Fortschritte – die konfliktreiche und vielschichtige historische Vergangenheit – zunehmend das Gegenwartsverständnis des Schülers prägen, wandelt sich in einem Reifungsprozess das Verhältnis des Schülers zur Zeit – sein *In-der-Zeit-Sein*. Je mehr sich die Gegenwart selbst als Resultat der Vergangenheit erweist, desto mehr erscheint sie als Vorspiel zur Zukunft. Erziehung erfüllt ihren weltlichen Auftrag nicht dadurch, dass sie jedem Schüler ein elektronisches Gerät in die Hand gibt oder einen kurzsichtigen Blick auf die Gegenwart fördert, sondern indem sie die Schüler in die Tiefen der Geschichte eintauchen und sie in jene unterirdischen Regionen vorstoßen lässt, wo die Toten mit eigener zeitloser Stimme sprechen. Erziehung wird zukunftsoffen, wenn sie die Form einer *katabasis* annimmt, eines Abstiegs in das Schattenreich, dem der reiche Quell an Vermächtnissen entspringt.

Zu dieser Quelle kann Erziehung ihre Zöglinge nicht an der Hand führen, denn sie liegt tief verborgen im Selbst jedes jungen Menschen; sie kann ihm allenfalls den Weg zu diesem goldenen Zweig weisen, der dem einzelnen Zugang zur Unterwelt gibt, in der die Schüler selbst die Quelle finden können, in der ersten Person Singular. Kurz, sie kann ihnen den Weg zu dem stygischen Wald der Geschichte zeigen, aus dem oder in dem die Welt, wie wir sie kennen, entstand. Die schönste, anspruchsvollste Aufgabe der Erziehung bestünde darin, die jungen Leute zu lehren, im Dunkeln zu sehen – im Dunkeln der lebendigen Vergangenheit, aus der die Möglichkeiten der Zukunft über die Zeiten hinweg errettet werden wollen. Nichts ist schwieriger für einen jungen Menschen, als in seinem Selbst Zugang zu den verjüngenden Kräften zu finden, die in den seelischen Tiefen einer Zivilisation schlummern. Diese Tiefen rufen unaufhörlich nach den jungen Menschen – appellieren gleichsam an sie –, auch wenn dieser Ruf zumeist ungehört bleibt oder in dem Maße, in dem die Jugend dem Erwachsensein weicht, zu einem unhörbaren Flüstern erstirbt. Vermutlich entspringt dieser Ruf dem unbedingten Willen der Geschichte, den Lauf der Geschichte in Gang zu halten, indem sie die Jugend für ihre Sache einspannt.

Zu Beginn der *Göttlichen Komödie* versucht Dantes Pilger den Berg der Tugend mit seinem Versprechen künftigen Glücks zu besteigen, indem er einem Pfad folgt, der geradewegs den Hang hinaufführt, doch wird dieser Weg von drei wilden Tieren versperrt, deren allegorische Bedeutung dunkel bleibt. Der dreizehnhundert Jahre alte Geist Vergils tritt auf, um den Pilger zu retten, und verrät ihm, dass der Weg zum Gipfel tatsächlich zunächst abwärts (durch die Hölle) und erst dann aufwärts führt. »Du musst auf einem andern Wege gehen«, sagt ihm Vergil (I. Gesang, V. 91). Das Gleiche gilt für die Zukunft. Wenn die Jungen die Zukunft als Erbschaft übernehmen sollen, müssen sie auf einem andern Wege gehen als dem, der geradlinig ins gleißende Licht zu führen scheint – einem Weg, der einen Umweg in die Vergangenheit nimmt, fort von den Verstrickungen der Gegenwart, bevor er in die *vita nuova* der Zukunft führt.

Deshalb gelingt Erziehung nur, wenn sie den Sirenenklängen der Aktualität widersteht und die Dimension des Unzeitgemäßen offenhält. Da wir die Zukunft immer nur aus dem machen, was uns übergeben wurde, liegt die Hauptaufgabe der Erziehung darin, dafür zu sorgen, dass diese Übergabe stattfindet, eine Aufgabe, die von ihr verlangt, ein lebendiges kulturelles Gedächtnis zu schaffen. In *Materie und Gedächtnis* definierte Bergson dieses lebendige Gedächtnis als »Synthese von Vergangenheit und Gegenwart mit einem Bick auf die Zukunft«. Im Idealfall hilft Erziehung bei der Entstehung dieser Art von Synthese.

Lebendiges Gedächtnis wird im lebendigen Selbst jenes Menschen geweckt, der diese Synthesis vollzieht. Wie man ein Pferd zwar zur Wasserstelle führen, es jedoch nicht zum Saufen nötigen kann, so kann Erziehung den Schüler zwar zur Geschichte hinführen, was ihn jedoch noch nicht zu ihrem Erben macht. Der Vorgang der Weitergabe, der Erben zu Erben macht, bleibt rätselhaft. Irgendwo in den Nischen des Selbst wird etwas übergeben und am Leben gehalten. Weitergabe findet zumeist unsichtbar und stumm statt und zeigt ihre Wirkungen in dem sich entwickelnden Selbst des Initianten, ganz ähnlich wie Dantes Reise in der *Göttlichen Komödie* eine geistige Transformation in der ersten Person Singular des Pilgers bewirkt. Der Ort, an dem sich diese Erziehung vollzieht und den wir mangels eines besseren Ausdrucks als die Seele des jungen Menschen bezeichnen, liegt dort, wo das geschichtliche Potential zu neuem Leben Wurzeln fasst und keimt.

Junge Liebe

Es mag empirisch wahr sein oder auch nicht, dass wir »nur von denen [lernen], die wir lieben«, wie Goethe behauptete, oder dass »nur aus Liebe […] die tiefsten Einsichten [entstehen]«, wie es bei Nietzsche heißt, doch besteht kaum ein

Zweifel daran, dass Liebe die inoffizielle Währung der Erziehung ist. Genauer gesagt, es ist die Aufgabe der Erziehung, eine Liebe zur Welt zu entwickeln – jene Art von Liebe, ohne die es überhaupt keine Welt geben könnte.

Wie entsteht diese Liebe zur Welt? Oder besser, *wo* gelangt man auf den Weg, der zu ihr führt? Antwort: in dem Intervall zwischen Kindheit und Erwachsensein. In diesem Intervall müssen die Samen des *amor mundi* gelegt werden. Das macht die Aufgabe der Erziehung umso beschwerlicher, denn von außen gibt es keinen unmittelbaren Zugang zu dieser inneren Quelle der Liebe in der Seele eines jungen Menschen. Wir erinnern an Edgar Allan Poes Beschwörung dieser Quelle in den Eröffnungsversen seines Gedichts »Alone« / »Allein«, das im ersten Kapitel erörtert wurde:

> Von klein an ging ich eigne Bahn;
> Ich sah nicht so, wie andre sahn;
> Was mich ergriff zu Lust und Pein,
> Das musste ungewöhnlich sein.
> Ich schöpfte Leid aus anderm Quell;
> Und klang mein Herz in Freude hell,
> War's Klang, den nie ein andres gibt;
> Ich liebte, was nur ich geliebt.

Ehe sich erwachsene Liebe nach außen auf die Welt richten kann, die die Bürger gemeinsam miteinander teilen, muss sie sich zunächst in den »anderen«, eben nicht gemeinsamen »Quell« tief im Selbst des reifenden Menschen versenken. Ohne die eigentümlichen Unterschiede, die einen Menschen von einem anderen trennen, hätte die Welt, die nach Arendt zwischen die Menschen tritt, nicht jene »Pluralität«, die zu ihren Grundmerkmalen zählt. Die Welt ist der Ort der Pluralität, weil jeder ihrer Bürger eine Erste-Person-Singular ist.

Liebe hat Bindungskraft nur in dem Maße, in dem sie auch die Kraft besitzt, das jugendliche Individuum zu isolieren, das sie später mit anderen Individuen – persönlich, sozial oder politisch – in Beziehung setzt. Wenn ich Steins Diktum in Joseph Conrads Roman *Lord Jim* hier für meine Zwecke übernehmen darf: »Sich dem zerstörerischen Element überlassen!« In diesem Fall ist die weltscheue Selbstaffektion der jungen Seele das zerstörerische Element, aus dem letztlich der *amor mundi* entspringt. Erwachsen werden – im vollen Sinne des Wortes – heißt erkennen, was ich während meiner prägenden Jahre am allerwenigsten für zutreffend gehalten hätte, nämlich dass alles, was mir am teuersten ist, von der Welt, in die ich hineingeboren wurde, abhängt und mich dank ihrer erreicht.

Ich betone diese idiosynkratische Eigenschaft junger Liebe, weil das erwachsene Selbst, das aus dieser Liebe geboren wird, sogar noch in fortgeschrittenem Alter eine werdende Entität ist, deren Geburt sich an jenem stillen, zurückgezogenen Ort ekstatischer Innerlichkeit fortsetzt, der sich in jedem von uns verbirgt, ob wir seiner gewahr sind oder nicht. D. H. Lawrence beschwört diese ursprüngliche Heimat des Selbst in einer Passage, die unser Thema hier unmittelbar anspricht:

> Im dunkelsten Kontinent des Körpers ist Gott. Und von Ihm gehen die ersten dunklen Strahlen unseres Gefühls aus, wortlos und um so vieles älter als alle Worte: die innersten Strahlen, die ersten Boten, die ehrwürdigen wilden Bestien aus der Urzeit unseres Seins, deren Stimme wortlos und für immer wortlos, doch voller Sprachkraft durch die dunkelsten Bahnen der Seele hallt. Unser eigener innerer Sinn. (*Phoenix*, S. 759)

Der Gott, der in diesem dunkelsten Kontinent des Körpers wohnt, womit Lawrence den lebendigen Keim des Lebens meint, den ich weiter oben als lebendiges Gedächtnis bezeichnet habe, ist keiner der traditionellen Götter. Er ist nicht Jahwe, Zeus oder Jesus. »Gib uns Götter vor diesen«, fordert Lawrence in einem seiner Gedichte. Diese älteren Götter – »um so vieles älter als alle Worte« – sind »die ersten Boten«, die von der Natalität künden. Sie werden lebendig, wenn das Selbst allein genug ist, um seine ganze Aufmerksamkeit auf jene fast unhörbare Stimme zu richten, die gleich einem Kind »wortlos« ist, »doch voller Sprachkraft«. In seinem Gedicht »Thought« / »Denken« beschwört Lawrence diese Art des Denkens, welche die »innersten Strahlen« des Selbst aufleuchten lässt:

> Thought is the welling up of unknown life into
>   consciousness,
> Thought is the testing of statements on the touchstone
>   of the conscience,
> Thought is gazing on the face of life, and reading what
>   can be read,
> Thought is pondering over experience, and coming
>   to a conclusion.
> Thought is not a trick, or an exercise, or as set of dodges,
> Thought is a man in his wholeness wholly attending.

In der Übertragung von Ernst Schönwiese:

> Denken, das heißt: unbekanntes Leben quillt empor ins
>   Bewusstsein,
> Denken heißt: Behauptungen am Prüfstein des Gewissens
>   zu testen,
> Denken heißt: dem Leben tief ins Antlitz schauen und
>   darin zu lesen, was darin gelesen werden kann,
> Denken heißt: Erfahrungen nachsinnen und daraus seine
>   Schlüsse ziehen.

Denken ist kein Taschenspielerkunststück oder eine
Fertigkeit oder eine Kette von Winkelzügen,
Denken, das ist ein Mensch mit seinem ganzen Wesen
völlig hingegeben.

(Lawrence, *Der Atem des Lebens*, S. 101)

Wie weltfern oder zurückgezogen es auch anmuten mag: Ein solches Denken bewahrt die Existenz der Welt, denn nur »ein Mensch mit seinem ganzen Wesen, völlig hingegeben« vermag die Welt unverstellt in den Blick zu nehmen und ihrem »unbekannten Leben« den Aufstieg ins Bewusstsein zu ermöglichen.

Dieses unbekannte Leben strahlt, wie gesagt, von der Liebe aus, und Liebe wiederum strömt aus den Tiefen jenes »dunklen Kontinents«, in denen der »eigene innere Sinn« des Individuums beschlossen liegt. Nichts ist wichtiger beim Übergang zum Erwachsensein – bei der Übergabe des Vermächtnisses –, als dies: Zugang zu finden zu jenem Ort im Selbst, an dem die Liebe in ihrem Drang der Selbstüberschreitung Vergangenheit, Gegenwart und Zukunft zu einem »lebendigen Gedächtnis« verbindet. Diese Quelle ist es, aus der das Individuum seine Historizität gewinnt. Ein solcher Zugang setzt ein tägliches Maß an Zurückgezogenheit, Stille und Einsamkeit voraus, denn die meisten wesentlichen Dinge, die später im Leben zur Reife kommen, werden in den Stunden genährt, die ein junger Mensch allein verbringt – lesend, lernend, staunend, beobachtend, träumend, phantasierend und nachdenkend. Dieses Mit-sich-allein-Sein ist das »zerstörerische Element«, in dem das Selbst seine künftige psychische und kulturelle Reife ausbrütet.

Wir leben in einem Zeitalter, das wissentlich oder unwissentlich diesem dunklen Kontinent den totalen Krieg erklärt hat – dem dunklen Kontinent der Innerlichkeit, der Stille und

Aufmerksamkeit des Menschen, der »mit seinem ganzen Wesen völlig hingegeben« ist. Die Geräte, die uns so fesseln, die die Welt auf Bildschirmformat verkleinern und an denen wir uns gleichsam selbst mit kindischen Wischbewegungen mesmerisieren, faszinieren uns, doch sie hemmen auch den Reifungsprozess, der in den kontinentalen Tiefen stattfindet. Dies ist der wesentlichste aller Reifungsprozesse, denn er verwandelt die Selbstliebe in Weltliebe und macht aus Kindern Erwachsene, nicht nur auf psychischer, sondern auch auf kultureller und historischer Ebene. Doch aus irgendeinem Grund verlangt die Epoche, dass wir zu jeder Zeit mit dem Kollektiv der Borg [einer Spezies aus der *Star Trek*-Serie] vernetzt bleiben, dass wir uns ihrem Bienenstock anschließen und in unseren Köpfen nicht den Ruf zur Welterneuerung hören, sondern das unaufhörliche Summen, das das globalisierte Netz erfüllt.

Denken beginnt Platon zufolge mit dem stillen Dialog, den ich im eigenen Kopf mit mir selbst führe. Erst später beginnt der interpersonale Dialog mit den Bürgern der Polis. Ohne den ersten ist die Polis gedankenlos, und das Gespräch, das wir miteinander führen, ist bloßes Geschwätz, dem die Kraft fehlt, Pluralität und den *amor mundi* zu fördern. Am Schluss seines Essays »Experience« schreibt Ralph Waldo Emerson über die beiden Arten des Dialogs:

> Ich weiß, dass die Welt, mit der ich in der Stadt und auf dem Lande rede, nicht die Welt ist, die ich *denke*. Ich beobachte diese Differenz, und ich werde sie beobachten. Eines Tages werde ich den Wert und das Gesetz dieser Diskrepanz kennen. Doch ich habe nicht den Eindruck, dass mit manipulativen Versuchen, die Welt des Denkens zu verwirklichen, viel gewonnen wäre.
> (Emerson, *The Essential Writings*, S. 326)

Solange Denken im einsamen Dialog des Selbst mit sich selbst stattfindet, wird es immer einen wesentlichen Unterschied zwischen der Welt des Denkens und der Welt der Stadt geben. Manche halten diese »Diskrepanz« für anstößig. Sie muss beseitigt werden. Doch für Emerson ist sie ein Gesetz, dessen Wert nicht sofort einleuchten mag, ohne das es jedoch überhaupt kein Denken gibt, also auch keine Welt, mit der ich in der Stadt Gespräche führen könnte.

Das zwanzigste Jahrhundert gab nichts auf Emersons Rat, die beiden Welten in Bezug zueinander, jedoch voneinander getrennt zu halten. Ein großer Teil seiner politischen Geschichte bestand gerade in »manipulativen Versuchen«, mit totalitären Mitteln »die Welt des Denkens zu verwirklichen«. Die Ironie solcher Versuche lag darin, dass sie in ihrem Elan, die Welt des Denkens durch Revolution, Völkermord, Sozialtechnik, ideologische Umerziehung oder andere Mittel zu verwirklichen, gerade an ihrer Zerstörung arbeiteten. Auch hier musste erst wieder Hannah Arendt zeigen, dass das primäre Ziel des Totalitarismus darin besteht, an unserer Stelle zu denken und es uns unmöglich zu machen, selbständig zu denken, indem er die Stille in unseren Köpfen mit dem gleichmäßigen Rauschen der Propaganda erfüllt. Ihrer eigentlichen Natur nach führt Propaganda Krieg gegen beide Welten – die Welt, die ich denke, und die Welt, mit der ich in der Stadt Gespräche führe. Dies ist an sich schon Beweis genug, dass Einsamkeit zutiefst »politisch« ist und entscheidend für den Reifungsprozess bleibt, der es einem Individuum schließlich erlaubt, mit einer Vielzahl von Individuen, die wie es selbst selbständig denken, zu interagieren und Meinungen auszutauschen.

Die klassische Spielart des Totalitarismus des zwanzigsten Jahrhunderts mag auf dem Rückzug sein, doch von der Bedrohung des einsamen Dialogs des Selbst mit sich selbst lässt sich das nicht sagen. Die Ruhe des Denkens hat heutzutage andere

Feinde als aufdringliche Propaganda. Ein globalisiertes Netz kakophoner Stimmen macht uns alle zu Drohnen, und jeder, der etwa versuchen würde, sich von ihm abzukoppeln, hört aus jeder Ecke die gleiche Leier: »Widerstand ist zwecklos.« Das mag schon sein, aber es ändert nichts daran, dass, wenn die Welt, die ich denke, verschwindet, die Welt der Stadt ihr Gegenüber verliert und wesentlich gedankenlos wird. Und es ändert auch nichts daran, dass eine gedankenlose Welt überhaupt keine Welt ist, sondern ein Bienenstock. Man kann einen Bienenstock lieben, gewiss, doch hat eine solche Liebe wenig mit dem *amor mundi* gemein, der die Welt der Menschen am Leben hält.

Wenn der *amor mundi* seinen Anker verliert, liegt der Fehler nicht immer bei Eltern oder Lehrern und auch nicht in der tauben Gleichgültigkeit der jungen Leute; manchmal liegt der Fehler in der Welt selbst, die bei den Jungen nicht die Art von Hingabe zu wecken versteht, die sie zu ihren Hütern machen würde. Ein Grund dafür, dass die heutige Welt in dieser Hinsicht möglicherweise versagt, liegt darin, dass sie ihre Leidenschaften den Jungen zu beharrlich, zu chaotisch und zu lärmend aufdrängt. Wenn die Jungen sich nicht ins Denken zurückziehen können, kann der *amor mundi* unter ihnen keinen festen Halt finden. Wenn Denken »unbekanntes Leben« ist, das ins Bewusstsein emporquillt, wie Lawrence sagt, muss die Welt besondere Sorge dafür tragen, die Prozesse der Weitergabe nicht zu stören, wenn denn ihre Zukunft daran hängt.

Nach langem Schweigen

In seinem Gedicht »The Leaders of the Crowd« / »Die Anführer der Menge« von 1921 klagt W. B. Yeats einen bestimmten Typus von Aktivisten an, der die Masse aufzureizen versucht und täglich auf der Suche nach Erregungen, Neuerungen und neuen Liebesaffären ist. Gegen Ende des Gedichts sagt Yeats über diese »Anführer«:

> How can they know
> Truth flourishes where the student's lamp has shone,
> And there alone, that have no solitude?
> So the crowd come, they care not what may come.
> They have loud music, hope every day renewed
> And heartier loves: that lamp is from the tomb.

In deutscher Übertragung:

> Wie soll man wissen,
> Wahrheit blüht, wo die Studentenlampe stand,
> Und nur dort, wenn man das Alleinsein scheut?
> Die Menge kümmert nicht, was kommen mag.
> Sie hat laute Musik, hofft täglich neu,
> Liebt inniger – die Lampe brennt im Grab.
> (Yeats, *Gedichte*, S. 209)

Die Studentenlampe zerstreut die Leidenschaften und den Lärm des Tages. Sie scheint auf das, was an sorgfältigsten Überlegungen, abgeklärtesten Ideen und eigenständigsten Gedanken in Büchern enthalten ist, deren Worte die Vergessenheit des Grabes überwinden. Solche Bücher bringen keine »zeitlosen Wahrheiten« zum Ausdruck. Zeitlose Wahrheiten gibt es nicht. Allenfalls gibt es Bücher, die sich mit neuem Leben erfüllen, wenn Leser in ihnen die unabgeschlossene Transzendenz der Wahrheit entdecken – Bücher, die so bedeutungsschwer sind, dass sie niemals zu Ende gesagt haben werden, was sie zu sagen haben.

Yeats' Gedicht sagt: »Wahrheit blüht, wo die Studentenlampe stand, / Und nur dort« – mit anderen Worten, sie blüht nicht in den Büchern selbst, sondern in dem Licht, das auf sie scheint, das heißt in der Konzentration des Lesers auf sie. Das Licht der Lampe kommt aus dem Inneren des Studenten, es kommt aus dem Menschen, der »mit seinem ganzen Wesen völlig hingegeben« ist, um an Lawrence' Formulierung zu erinnern. Oder um es noch einmal anders zu formulieren, Wahrheit entsteht in der befruchtenden Wechselwirkung zwischen Worten und Aufmerksamkeit. Der Student braucht nicht jung und auch gar nicht in einer Schule zu sein; er muss nur eifrig oder begierig lesen (*studium*, Eifer, von *studere*, ernstlich auf etwas bedacht sein). Die Blüte der Wahrheit kommt als die Frucht der Einsamkeit: »Wie soll man wissen«, dass »Wahrheit blüht, wo die Studentenlampe stand, / Und nur dort, wenn man das Alleinsein scheut?« So wie Einsamkeit ein Denken ermöglicht, das die Form eines Dialogs des Selbst mit sich selbst annimmt, so ist auch das Mit-sich-selbst-allein-Sein in Gegenwart eines Buches die Vorbedingung dafür, in einen von der Lampe erleuchteten Dialog mit den Worten der Toten zu treten.

Das aktive Gespräch mit der Vergangenheit, das im Akt des Studierens stattfindet, wird von Niccolò Machiavelli in einem berühmten Brief beschrieben, den er an seinen Freund und Gönner Francesco Vettori richtete. Nach einer Darstellung seiner Lebensweise auf dem kleinen Landgut, auf das er sich 1512 nach seiner Verbannung aus der Florentiner Politik zurückgezogen hatte, schreibt er, wie er seine Abende verbringt:

> Ist es Abend geworden, gehe ich nach Hause und kehre in mein Arbeitszimmer ein. An der Schwelle werfe ich das schmutzige, schmierige Alltagsgewand ab, ziehe mir eine königliche Hoftracht an und betrete passend gekleidet die Hallen der Großen des Altertums. Ich werde von ihnen liebevoll aufgenommen, und hier nehme ich die

Nahrung zu mir, die allein mir angemessen ist und für die ich geboren bin. Hier darf ich ohne Scheu mit ihnen reden, sie nach den Beweggründen ihres Handelns fragen, und menschenwürdig antworten sie mir. Vier Stunden lang werde ich dessen nicht müde, vergesse allen Kummer, fürchte die Armut nicht mehr und fürchte mich nicht vor dem Tod, so ganz fühle ich mich unter sie versetzt. Und weil Dante sagt, es gibt keine Wissenschaft ohne Bewahrung des Durchdachten, habe ich die Essenz von dem, was ich durch die Gespräche mit ihnen gelernt habe, niedergeschrieben und ein kleines Werk »De principatibus« verfasst, in dem ich so tiefgründig, wie es mir möglich ist, dieses Thema auslote und darlege, was Fürstentümer sind, in welchen Formen es sie gibt, wie man sie erwirbt, wie man sie erhält, warum man sie verlieren kann.

(Brief vom 10. Dezember 1513; Hausmann, *Zwischen Landgut und Piazza*, S. 84 f.)

Die Passage bestätigt, was ich weiter oben behauptet habe, nämlich dass die kühnsten Zeugnisse oder Bewegungen der Moderne durch lernbegierige Gespräche mit den Toten zustande kommen, vor allem mit den Autoren der Antike. Im Falle Machiavellis war das Resultat seiner beharrlichen Fragen *Der Fürst*, eine Abhandlung, die die Politik in so beispielloser Weise aus ihrer traditionellen Allianz mit der Ethik herauslöste, dass sie zum Fundament der modernen Disziplin der Politikwissenschaft wurde.

Machiavellis anekdotischer Bericht von seiner zeremoniellen Umkleidung, ohne die er sich nicht an den Tisch mit der Studentenlampe (in seinem Fall eine Kerze) gesetzt hätte, erinnert uns daran, dass lernbegieriges Lesen in der *realen*, wenn auch nicht physischen Gegenwart von Gesprächspartnern aus der Vergangenheit stattfindet, was abermals bestätigt, dass Alleinsein viel eher relational und dialogisch ist als monologisch oder solipsistisch. Und noch eine weitere Lehre können wir aus Machiavellis Anekdote ziehen: »Wahrheit blüht« dort, wo der Student dem Akt der Lesens eine achtungsvolle und ehrerbietige Haltung entgegenbringt. Man muss sich für diesen Anlass nicht eigens elegant kleiden, wie Machiavelli es tat. Der bloße Akt, ein Buch in einer bestimmten Positur in der Hand zu halten, genügt – nicht in der Art einer narkotischen Mesmerisierung, wie sie für den Bildschirmleser typisch ist, sondern in gesammelter Konzentration, wie sie für die Tiefenlektüre charakteristisch ist, wenn die Lampe aus dem Geist des Studenten heraus leuchtet und nicht aus dem grellen Schein eines Computerbildschirms.

Neben dem inneren Zwiegespräch mit sich selbst und mit den Gesprächspartnern aus der Vergangenheit macht Einsamkeit eine gehaltvolle Unterhaltung mit den eigenen Mitmenschen möglich, seien es Freunde, Geliebte oder Mitbürger. In der Tat setzt ein gehaltvoller Dialog mit anderen den Dialog mit sich selbst und mit den Toten voraus. An dieser Stelle wird lernbegieriges Lesen existentiell relevant, insbesondere mit Bezug auf den Prozess des Alterns.

Betrachten wir das folgende Gedicht von W. B. Yeats, »After Long Silence« / »Nach langem Schweigen«:

Speech after long silence: it is right,
All other lovers being estranged or dead,
Unfriendly lamplight hid under its shade,
The curtains drawn upon unfriendly night,
That we descant and yet again descant
Upon the supreme theme of Art and Song:
Bodily decrepitude is wisdom; young
We loved each other and were ignorant.

In deutscher Übertragung:

> Reden nach langem Schweigen; nun mag es ja gehn,
> Nachdem die andern, die wir liebten, fern sind oder tot,
> Die grellen Lampen unterm Schirm verborgen stehn
> Und die Vorhänge zu gegen nächtliche Not,
> Dass wir uns immer und immer wieder auslassen
> Über die großen Themen von Kunst und Gesang:
> Hinfälligkeit ist die Weisheit des Körpers; denn als wir
>   jung und bang,
> Da liebten wir einander wohl, nur konnten wir's nicht
>   fassen.
>
> (Yeats, *Gedichte*, S. 299)

Eingefaltet in einen einzigen langen Satz beschwören diese verschränkten Satzteile semantisch wie syntaktisch die zeitliche Tiefe und die gewundene persönliche Geschichte, an deren Last die Liebenden bei ihrer erneuten Begegnung spät im Leben tragen. Beide sind alt genug, um das grelle Lampenlicht ungnädig *(unfriendly)* erscheinen zu lassen, denn wäre es nicht »unterm Schirm verborgen«, zeigte es ihre körperliche »Hinfälligkeit«. Ihre Beziehung reicht weit zurück und ist wohl von Unterbrechungen oder Trennungen gekennzeichnet, denn nun reden sie »nach langem Schweigen« zu einer Zeit, da »die andern, die wir liebten, fern sind oder tot«. Wie das Lampenlicht ist die Nacht ungnädig, entweder weil sie ein Vorbote des nahenden Todes ist oder weil die Außenwelt für die beiden jetzt wenig Belang hat.

Die beiden Schlussverse des Gedichts stellen eine Wechselwirkung und vielleicht sogar eine wechselseitige Abhängigkeit zwischen der Unwissenheit *(ignorance)* der jugendlichen Liebe und der »Weisheit« her, die es den wiedervereinten Liebenden erlaubt, sich »über die großen Themen von Kunst und

Gesang« zu unterhalten. Nur wer sich, als er jung war, den großen Themen gestellt hatte – nur wer in seiner Jugend Bücher gelesen hatte, auch wenn seine Lektüre unbedarft war –, wird später im Leben zum Dialog darüber imstande sein. Das ist die Bedeutung des Satzteils »Dass wir uns immer und immer wieder [darüber] auslassen«. Als sie jung waren, liebten sie einander und führten ahnungslose Gespräche über Kunst und Gesang, das heißt, ohne eine wirkliche Ahnung davon, wie viel Kunst und Gesang mit Verlust zu tun haben – mit dem Verlust von Liebe, Jugend und geliebten Wesen. Hätten die beiden Liebenden nicht schon in ihrer Jugend Vertrautheit mit den großen Themen gewonnen, hätten sie nicht schon in ihrer Vergangenheit die elementare Grammatik von Kunst und Gesang erlernt – kurz, hätten sie nicht, als sie jung waren, bereits eine solche kulturelle Erziehung genossen –, könnten sie sich jetzt nicht im höheren Alter über diese Themen »immer wieder auslassen«. Mit anderen Worten, das gealterte Paar hätte wenig oder nichts, worüber es sich nach langem Schweigen unterhalten könnte.

Das Gedicht enthält eine entscheidende Lehre. Hat jemand nicht als Kind gelernt, die Sprache zu gebrauchen, wird er im Alter nicht beredsam werden. Hat jemand in seiner Jugend nichts über Gesang, Kunst, Ideen, Geschichte oder Kulturgeschichte gelernt, wird er später im Leben zu ihrer »Weisheit« keinen Zugang finden. Hat jemand die Möglichkeiten des Lernens in seiner Jugend nicht erlernt, so wird er im fortgeschrittenen Alter nicht wissen, wie man zu einer anderen Seinsweise übergeht. Darin liegt die befruchtende Neotenie der Bildung. Es ist die Studentenlampe, die uns später im Leben einander etwas zu sagen gibt, wenn das Lampenlicht einmal ungnädig geworden ist. Wenn Weisheit ihre Quelle in jugendlicher Ahnungslosigkeit hat, so deshalb, weil der Reifungsprozess zu einem tieferen Verständnis der menschlichen Bedeutung dessen führt, was man studiert hat, doch nicht angemessen begriffen hat, als man jung war – vor allem, dass man nicht Weisheit braucht, um zu lieben, doch dass Liebe Weisheit braucht, um sie zu erhalten, wenn die Nacht sich herabsenkt.

Vieles von dem, was im Bildungsprozess schweigend oder unwissentlich vermittelt wird, keimt unauffällig, langsam und häufig unvorhersehbar, besonders im Reich des Geistes (das bei Yeats »Kunst und Gesang« heißt). Wenn der Hauptzweck der Bildung darin besteht, junge Leute darauf vorzubereiten, dass sie die Welt eines Tages erben werden, liegt der sekundäre Zweck in der Vorbereitung darauf, später im Leben füreinander Gesprächspartner zu werden, das heißt in der Vermittlung jener Grundlagen, auf denen sie einander vielleicht etwas Bedeutungsvolles zu sagen haben in der Leere, die entfremdete Liebende, erloschene Hoffnungen und tote Gefährten hinterlassen. Altern und nahender Tod ermöglichen das Aufblühen eines neuen *logos*, doch nur bei denen, die endlose Stunden »langen Schweigens« unter der Studentenlampe verbracht haben.

Die Weisheit von Yeats' älter gewordenen Liebenden – was sie von denen unterscheidet, die auf ihrer Lebensstufe einander nichts zu sagen haben – ist das vitale Nachleben ihrer Jugend, ein Nachleben, das die Liebe, die sie in ihrer Ahnungslosigkeit füreinander hatten, verwandelt und dadurch festhält. Körperliche Hinfälligkeit mit Weisheit behält diese Vitalität. Körperliche Hinfälligkeit ohne Weisheit ist bloß körperliche Hinfälligkeit in verstörtem Schweigen.

Lebenslange Bildung

Wenn Bildung ein Ziel hat, dann liegt es darin, das Alter junger Leute exponentiell zu vergrößern – sie Hunderte, wenn nicht Tausende von Jahren älter zu machen, als sie es waren, als sie das Klassenzimmer betraten oder sich mit ihrer Studentenlampe an den Tisch setzten, um ihren Geist zu erweitern. Denn eine Kultur übermittelt den innersten Kern ihres historischen Alters durch Bücher oder andere Schriftformen.

Kulturelle Verjüngung findet nur dann statt, wenn eine Kultur ihr sich ihrem Alter entsprechend benimmt. Doch eine Kultur kann sich nur dann ihrem Alter gemäß verhalten, wenn ihre gegenwärtigen Mitglieder erfahren, wie alt sie wirklich sind. Indem sie uns unser wirkliches Alter enthüllt, macht uns Bildung zu potentiellen Erneuerern der Geschichte. Dies gilt vor allem dann, wenn die biologisch Jungen durch ihre Eltern, ihre Schulbildung, ihre Lektüre oder verschiedene andere Mittel ein hohes kulturelles Alter erreichen. Es gibt keinen zuverlässigeren Weg, Jugend zu stärken, als sie gleichsam zu veraltern, und es gibt kein zuverlässigeres Mittel, eine Kultur zu verjüngen, als ihre historischen Vermächtnisse zu bewahren.

Darin liegt die Paradoxie des menschlichen Alters im kulturellen Bereich: Wir werden jünger, indem wir älter werden. Eine der Segnungen der menschlichen Existenz, die ansonsten tragisch und mit aller Art Nöten beladen ist, liegt darin, dass der Lernprozess, einmal in Gang gekommen, nie an ein Ende gelangt oder jedenfalls an keines gelangen muss. Die Fortdauer dieser jugendlichen Haltung durch das ganze Erwachsenenleben hindurch tut der Neotenie gut.

Es gibt kein bezwingenderes Bild der menschlichen Neotenie als das eines Erwachsenen, der ein Buch liest, aus dem er etwas zu lernen hat. Gelegentlich lehre ich im Rahmen der »Universität des lebenslangen Lernens«, eines Unterrichtsprogramms, das eine Reihe von geisteswissenschaftlichen Vorlesungen dem allgemeinen Publikum zu mäßigem Hörergeld zugänglich macht. Dieses Programm richtet sich an lebenserfahrene Individuen, von denen viele bereits in Pension sind, und die Glückseligkeit des Studierens unter diesen weiterlernenden Studenten ist so fühlbar, dass man sich fragt, ob es einer gewissen Reife bedarf, die heutzutage immer später im Leben eintritt, um zu lernen, was uns die Geisteswissenschaften zu sagen haben. Ein großer Teil der klassischen Bildung, die früher innerhalb einer bestimmten Altersgruppe stattfand, kann heute, wenn überhaupt, erst auf einer späteren Stufe des Lebens gelingen.

Das Dilemma besteht darin, dass eine bestimmte Art des Lernens beim Lernenden einen Reifegrad voraussetzt, der weitgehend durch Bildung erlangt wird; doch da eine solche Reife immer später einsetzt, verliert Bildung zunehmend den Kontakt mit denen, die für die Verjüngung der Kultur entscheidend sind. Um zu lernen, was es heißt, ein Erwachsener zu sein, muss man bereits einer geworden sein.

Ich will nicht über die Konsequenzen dieser Paradoxie spekulieren, sondern eher ihre hellere Seite hervorheben, nämlich dass das menschliche Glück – wie ich jedenfalls glaube – künftig in wachsendem Maße an Institutionen der Erwachsenenbildung gebunden sein wird, die institutionelle Formen annehmen wird, die wir uns gegenwärtig kaum vorstellen können. Mit ein bisschen Glück wird das Erwachsenenalter, besonders in seinen späteren Stadien, zur neuen Arena für klassische Bildung, das heißt für Selbsterkenntnis.

Doch wozu sollte es dienen, diese älteren »wiedererwachenden Schüler«, wie ich sie nennen möchte, zu bilden? Es würde überhaupt keinem Zweck dienen außer dem einer Verbesserung des Lebens. Darum lag in der letzten pädagogischen Handlung des Sokrates eine außerordentliche Lebensbejahung. Nach Emil Ciorans Bericht aus der Gefängniszelle, in der sich Sokrates im Kreis seiner ergebensten Schüler befand, lernte Sokrates eine neue Melodie auf der Flöte spielen, während seine Henker schon den Schierlingsbecher bereiteten. »›Zu was nutzt dir das?‹, wurde er gefragt.« Das ist die falscheste Frage, die man an Sokrates richten kann. »›Dazu, dieses Lied zu können, bevor ich sterbe.‹« Seine letzte Geste zeigte seinen Schülern, dass ihr Lehrer zunächst und vor allem ein Lernender war, dass Lernen seinen Zweck in sich selbst trägt, dass der Weg des Lernens kein Ende hat. Denn im vollen Sinne Mensch zu sein heißt, den Prozess des Lernens fortzusetzen, bis der Tod selbst seinem Weg ein Ende setzt.

EPILOG

Als ich im einleitenden Absatz meines Vorworts schrieb, das Zeitalter der Verjüngung habe im Amerika der Nachkriegszeit begonnen und sich von dort aus ostwärts ausgebreitet, entgegen der traditionellen Westdrift der Zivilisation, bezog ich mich auf das weltweite Phänomen der sogenannten Amerikanisierung, das weder die Ursache noch die Wirkung unserer Verjüngung ist, doch aus unbekannten Gründen ihre gegenwärtig dominierende kulturelle Form. Wir neigen zu dem Glauben, wir wüssten, was Amerikanisierung ist, wie sie entstand und wofür sie steht, doch bleibt sie unter kulturellem wie unter philosophischem Gesichtspunkt ein wundersames Rätsel. Keine Geschichtsphilosophie hätte ihren planetarischen Triumph voraussehen können, und nichts in der Geschichte des Abendlandes, geschweige denn der nicht abendländischen Gesellschaften, ließ es absehbar werden, dass Amerikanisierung gleichsam zu einem Weltschicksal werden würde. Amerika mag bald seine geopolitische Vorherrschaft verlieren, doch die Amerikanisierung wird noch in geraumer Zukunft unsere geschichtliche Existenz bestimmen. Auf einer bestimmten Ebene ist das eine Ironie, denn der Amerikanismus hat eine Art, die Geschichte zu schwächen und sogar zu vernichten, auch wenn er sie nach seinem eigenen Bilde umformt. Ich habe nicht die Absicht, mich in die soziologischen Aspekte des Amerikanismus zu vertiefen, sondern werde meine Schlussbemerkungen auf ein paar Worte darüber beschränken, in welchem Verhältnis er zu dem Phänomen der Verjüngung steht und und in welche Schwierigkeiten man gerät, wenn man an diesem Verhältnis ablesen will, wie alt wir nun eigentlich in dieser unseren merkwürdigen Geschichtsepoche sind.

Eine Erklärung dafür, warum der Amerikanismus so leicht und so vollkommen über die Welt triumphiert hat, beruht auf dem Argument, dass er sich das kollektive Unterbewusste aller anderen Kulturen zunutze macht oder aus ihm hervorbricht. Befreit man dieses Unterbewusste von seinen traditionellen Hemmungen, so hat das, was sich dann zeigt, die Gestalt des Amerikanismus. Vielleicht ist es der eine gemeinsame Zug aller traditionalen Kulturen, dass sie ein latentes Ressentiment gegen die Tradition selbst hegen – gegen ihre Rituale, Diktate, Verbote, ihre fade und zähe Sichselbstgleichheit und ihren Konformitätsdruck. Das würde erklären, warum sich kaum jemand darum bemüht (oder bemühen muss), Amerikaner zu werden, aber fast jeder die Freiheit beansprucht, für die Amerika in der populären Vorstellung einsteht. Dies wiederum würde erklären, warum man Amerika als Nation oder als geopolitische Macht von ganzem Herzen verabscheuen kann, ohne dass dadurch die souveräne Herrschaft des Amerikanismus im mindesten beeinträchtigt würde.

In einem Gespräch mit meinem Freund und Stanforder Kollegen Michel Serres habe ich einmal Vermutungen über die globale Reichweite der amerikanischen Populärkultur nach 1945 angestellt, und Serres – ein französischer Philosoph und Wissenschaftshistoriker – antwortete mit einer eleganten Formulierung. Während Amerika aus der Perspektive aller anderen Kulturen verständlich ist, ist es selbst die Perspektive, der alle anderen Kulturen unverständlich sind. Ich nehme an, dass diese Formulierung aus der projektiven Geometrie stammt. Wirft man Licht auf einen Würfel und projiziert den Schatten auf eine Wand, so reduziert man ein dreidimensionales Objekt auf ein zweidimensionales Quadrat. Während das Quadrat aus der Sicht des Würfels »verständlich« ist, gilt nicht das Umgekehrte, denn dem Quadrat fehlt die dritte Dimension des Würfels.

Liegt hier das Geheimnis des Amerikanismus? Ist Amerika die phantasmatische Wand, auf der alle anderen Kulturen sich selbst in zweidimensionaler Form erscheinen? Wenn ja, was macht seine Faszination aus? Warum und wie setzt sich das Quadrat gegen den Würfel durch? Liegt es daran, dass die Menschheit nicht viel Realität ertragen kann, wie T. S. Eliot meinte, oder sind andere Faktoren am Werk?

Wie gesagt, dies ist nur eine Analogie – doch wer könnte leugnen, dass Amerika die Welt ursprünglich nicht mit seinen Armeen oder Geheimagenten, sondern mit der exzessiven Verbreitung seiner bewegten Bilder erobert hat? Diese Eroberung setzt sich heute vor allem dank der Magie des Bildschirms fort, sei es die Kinoleinwand, der Fernsehbildschirm, das Videospiel-Display, der Computermonitor oder das Display des Mobiltelefons. In diesem Sinne ist Amerika mehr als eine bestimmte Kultur, Nation oder Weltmacht; es ist das große Theater der geometrischen Projektion, in dem die ganze Welt nun sich selbst in reduzierter Form erscheint. Ist eine Kultur einmal in diesen Projektionsraum eingetreten, gibt es keinen Weg zurück vom Quadrat zum Würfel. Letztlich wird diese Kultur *sich selbst unverständlich*. Oder besser, sie wird sich selbst nur aus einer »amerikanisierten« Sichtweise verständlich, und die Amerikaphantasie steht ein für die verlorene Dimension. Genau das ist der Grund, warum in einer Welt, die sich zunehmend durch das Medium des Bildschirms versteht, die amerikanische Populärkultur nach 1945 schließlich als die einzige erscheint, die irgendwie Sinn ergibt.

Ich bin versucht, an dieser Stelle die Analogie fallenzulassen und die Behauptung aufzustellen, dass die Jugend das Geheimnis des Universalismus der amerikanischen Kultur in der Hand hält. Keine Gesellschaft auf der Erde erreicht annähernd die phantasmatische Jugendlichkeit Amerikas, seine Freisetzung jugendlicher Energien, Farben, Formen, Produkte und Narrative, die alle unmittelbar dasjenige ansprechen, was in unserer Natur am stärksten neoten oder am kindlichsten ist. Dass Amerika aus der Sicht aller anderen Kulturen verständlich ist, während es selbst die Perspektive verkörpert, der keine andere Kultur verständlich ist, wäre aus der Tatsache erklärbar, dass die Jugend zwar für Erwachsene verständlich ist, jedoch das Erwachsensein nicht versteht.

Jeder Versuch einer solchen Erklärung schafft jedoch neue Rätsel. Amerikanismus mag zwar die menschliche Gesellschaft nach ihrem jugendlichen Bild ummodeln, doch es wird nicht hinreichend sein zu sagen, Lolita könne aus ihrer juvenilen Perspektive Humbert Humbert nicht verstehen, während er sie aus der seinigen verstehen könne. Aus der Sicht derer, die älter sind als sie – die einem älteren kulturellen Genom angehören als sie –, bleibt Lolita als ein neuer Jugendtypus unbegreiflich. Ob nun die Faszination, die sie auf Humbert Humbert ausübt, die Anziehungskraft des jungen Amerika auf das alte Europa symbolisiert oder nicht – Lolita ist nicht nur ein heranwachsendes Mädchen auf dem Weg zur Frau. Sie ist ein heranwachsendes Mädchen, das auch dann, wenn sie die volle Weiblichkeit erreicht hat, immer noch eine historisch beispiellose Art der Jugendlichkeit verkörpert. Wie alt sie auch werden mag, sie wird ihrer Mentalität, ihrem Aussehen und ihrer Lebensweise nach immer »jünger« bleiben als ihre phylogenetischen Vorfahren. Ihr »Alter«, das auch *unser* Alter ist, hat in der Weltgeschichte kein vergleichbares Muster, und wo etwas beispiellos ist, wird das Verständnis schwierig oder unmöglich.

Darum glaube ich, dass unser verjüngtes Alter nicht bloß eine Folge der Amerikanisierung ist, sondern dass der Amerikanismus aus Gründen, die soziologische Analysen nie ganz begreifen werden, Möglichkeiten findet, zu den tiefsten Schichten des neotenen Substrats der menschlichen Kollektivseele Zugang zu finden. Nicht in der Art von Vicos animistischen Religionen, sondern auf ausgesprochen moderne Weisen, die tief von den späteren Stadien des Vicoschen Zeitalters der Menschen geprägt sind. Während die Substanz die gleiche ist, ist das Idiom ein anderes. Unter »Substanz« verstehe ich die angeborene Jugendlichkeit der Gattung, zu der wir im Verlauf unserer Entwicklung geworden sind.

Darum glaube ich auch, dass unser verjüngtes Alter nicht bloß eine weitere Stufe der kulturellen Entwicklung der modernen Zivilisation ist, sondern ein folgenschweres, chaotisches Ereignis in der Evolution der Menschheit selbst. Was dieses Ereignis in Zukunft für uns bedeutet, bleibt aus der Perspektive der bisherigen Kulturgeschichte unvorhersehbar. Vielleicht steht uns diese Zukunft bereits unmittelbar bevor, denn mit jedem vergehenden Tag stürzt unsere Gegenwart das historische Verständnis in größere Verwirrung. Wenn Weisheit dazu dient, ein lebendiges Gedächtnis zu schaffen, indem sie Vergangenheit und Gegenwart mit Blick auf die Zukunft synthetisiert, ist Weisheit in unserem Zeitalter in Bedrängnis geraten.

1826 bemerkte der italienische Dichter und Denker Giacomo Leopardi über die moderne Kultur:

Man darf die moderne Kultur nicht einfach als Fortsetzung der antiken auffassen, als eine Weiterentwicklung derselben. [...] Doch wie man sich auch, historisch gesprochen, die Abkunft der modernen von der antiken Kultur und den Einfluss vorstelle, den diese auf jene ausgeübt – namentlich bei der Entstehung und ersten Entwicklung derselben –, logisch gesprochen sind diese Kulturen mit ihren wesentlichen Unterschieden zwei getrennte Kulturen, und als solche muss man sie ansehen, besser noch als zwei getrennte, verschiedene Arten von Kultur, die beide in sich vollendet sind.

(Bologna, 21. März 1826; *Das Gedankenbuch*, S. 536 f.)

Gleiches könnte man über den Unterschied zwischen der modernen Kultur, die bereits »vollendet« ist, und der nachfolgenden Kultur sagen, die sich vor unseren Augen abzeichnet. Letztere ist noch embryonal, unbestimmt und unvollendet, doch wie immer ihre historische Filiation beschaffen sein mag, müssen beide als verschiedene Arten von Kultur betrachtet werden. Unterstellt ist dabei natürlich, dass die Zukunft tatsächlich die Form einer neuen Kultur annehmen wird, doch für diese Annahme gibt es keinen zwingenden Grund. Vielleicht wird sich zeigen, dass die Evolution der Menschheit eine neue Lebensform hervorbringt – eine, die ganz ohne Kultur, wie wir sie kennen, auskommt. Ich würde nicht darauf wetten, doch gegenwärtig kann niemand sagen, wie die Zukunft – wenn wir denn eine haben – aussehen wird. Was wir mit relativer Sicherheit sagen können, ist dies: Welche Form sie auch annehmen mag, sie wird aus der Sicht der Vergangenheit weitgehend unverständlich erscheinen.

Ich hatte mir vorgenommen, in diesem Buch eine einfache Frage zu beantworten: Wie alt sind wir in diesem Moment unserer Kulturgeschichte, in dem das Zeitalter der Verjüngung noch nicht zu der Zukunft geworden ist, der es als Vorspiel dient? Mit Gewissheit wissen wir nur, dass wir wegen der extremen Heterochronie unseres Zeitalters, in dem der *puer* neben dem *senex* existiert, zugleich merkwürdig jung und ungeheuer alt sind. Während man jünger wird, wird man älter. Nie zuvor sind wir so jung und nie so alt gewesen. Um mit den Mitteln einer Parabel zu sprechen, würde ich sagen, dass wir heute die Alter zweier literarischer Figuren in uns tragen, die in dem Jahrzehnt entstanden, in dem es mit dem Prozess der Amerikanisierung ernst wurde, nämlich in den fünfziger Jahren. 1955 veröffentlichte Nabokov *Lolita* in Frankreich, und von Samuel Beckett erschien die englische Fassung seines Romans *Molloy*. Zusammen liefern diese beiden Gestalten so etwas wie eine Antwort auf unsere Ausgangsfrage.

Ich habe schon oben bemerkt, dass Lolita einen anderen kulturellen Typus darstellt als ihre Vorfahren. Sie ist nicht nur ein heranwachsendes Mädchen auf dem Weg zur Frau, sondern ein neuartiges Exemplar der Gattung Mensch, dessen Nachkommen eine in der Geschichte nie dagewesene Art von Jugendlichkeit verkörpern werden, selbst in ihrem Alter. Insofern sind wir alle so alt wie Lolita. Was *Molloy* angeht, liefert uns die folgende Passage einen gleichnishaften Hinweis darauf, wie alt er, kulturell gesprochen, ist:

> Nun aber konnte mein krankes Bein, ich weiß nicht mehr, welches es war, das ist hier auch nicht wichtig, weder auf den Spaten treten, da es steif war, noch ganz allein mir als Halt dienen, denn es wäre umgeknickt. Ich hatte sozusagen nur ein Bein zur Verfügung, ich war, moralisch betrachtet, ein Einbeiniger, und ich wäre glücklicher und weniger belastet gewesen, wenn das Bein mir von der Hüfte an amputiert worden wäre. Und wenn sie mir bei dieser Gelegenheit noch meine Hoden weggenommen hätten, hätte ich auch nichts gesagt. Denn aus meinen Hoden, die zwischen meinen Oberschenkeln an einem dünnen Strang hin- und herbaumelten, ließ sich nichts mehr herausbekommen, was bewirkte, dass ich keine Lust mehr hatte, etwas aus ihnen

herauszubekommen, vielmehr hätte ich sie lieber verschwinden sehen, diese Be- und Entlastungszeugen während meines lebenslänglichen Anklagezustandes. Denn auf der einen Seite beschuldigten sie mich, sie infam behandelt zu haben, anderseits aber gratulierten sie mir aus der Tiefe ihres erschlafften Beutels, der rechte niedriger hängend als der linke, oder umgekehrt, ich weiß es nicht mehr, diese beiden Zirkusartisten.

(Beckett, *Molloy*, S. 48)

Molloy verkörpert das letzte Stück [*the last leg*] der langen Reise seiner verfallenden Kultur, von deren ungeheurem Alter seine Testikel zeugen – aus ihrem alten Zeugen-Stand [*their »old stand«*]. Wir, die wir uns am Ende dieser Kultur und am Beginn einer neuen befinden, sind so alt wie Molloy und zugleich so jung wie Lolitas juveniler Nachwuchs. Es wäre irreführend zu sagen, unser Alter liege irgendwo zwischen den beiden, denn Tatsache ist, dass in den letzten fünfzig Jahren Lolita jünger und Molloy älter geworden ist. Wir, die wir dem Übergangszeitalter der Verjüngung angehören, werden mit ihnen älter *und* jünger. Wenn Molloy seinen wirklichen Endpunkt erreicht – ich meine, wenn er schließlich die Paradoxie seiner Schlussworte auflöst: »ich kann nicht weitermachen, [...] ich werde weitermachen« (Beckett, *Der Namenlose*, S. 566) –, wird die senile Gegenströmung gegen unsere zeitgenössische Verjüngung vielleicht endlich aufhören, die Strömungen aufzupeitschen, die unser Zeitalter in mehrere verschiedene Richtungen zugleich reißen.

Ich habe in meinem Vorwort versprochen, keine Prophezeiungen zu machen. Niemand kann heute glaubhaft behaupten, er wisse, wie sich die Dinge in Zukunft entwickeln werden. Mir wurde gesagt, dass zwar alle Frösche ihr Leben als Kaulquappen beginnen, dass aber nicht alle Kaulquappen zu Fröschen werden. Es scheint, dass in bestimmten artifiziell kontrollierten Umwelten – und wer wird leugnen, dass unsere Umwelten zunehmend artifiziell sind – manche ihr ganzes Leben lang Kaulquappen bleiben. An diesem Punkt unserer Kulturgeschichte werden wir gleichsam zu Kaulquappen einer neuartigen Menschheit. Bleibt abzuwarten, ob wir eines Tages zu Fröschen werden.

DANKSAGUNG

Ich möchte Epikur für seine Philosophie der Dankbarkeit danken, denn Dankbarkeit für das Gewesene impft uns dagegen, an der Zukunft zu verzweifeln. Eine Liebe zu Epikur gehört zu den Gemeinsamkeiten, die ich mit meiner Freundin und Kollegin Andrea Nightingale teile, der dieses Buch gewidmet ist und die über die Jahre hin mehr Entwürfe zu seinen Kapiteln gelesen hat, als wir beide zusammenzählen können. Ich danke meiner Freundin Antonia für ihre Großzügigkeit (die andere höchste epikureische Tugend) und dafür, dass sie fast ebenso viele Kapitelentwürfe gelesen hat wie Andrea. Mein Dank geht auch an folgende Freunde, die frühere Fassungen von einigen dieser Kapitel gelesen oder besondere Anregungen dazu geliefert haben: Weixing Su, Samia Kassab, Florence Naugrette, Inga Pierson, Hans Ulrich Gumbrecht, Laura Wittman, Heather Webb, Susan Stewart, Dan Edelstein, Pierre Saint-Amand, Rachel Falconer, Rachel Jacoff, Florian Klinger, Christy Wampole, Elizabeth Coggeshall, Niklas Damiris, Helga Wilde, Gabriele Pedullà, Dylan Montanari und Kelly in Rom. Besonderen Dank auch an Yves Bonnefoy für die Einladung, eine Reihe von Vorlesungen am Collège de France im Mai 2010 zu halten. Diese vier Vorlesungen über »Le phénomène de l'âge« erlaubten es mir, das Thema des Buches wieder viel klarer in den Blick zu bekommen. Dankbar bin ich auch meinen Verlegern Alan Thomas (University of Chicago Press), Sophie Bancquart (Le Pommier) und Michael Krüger (Hanser Verlag) für ihre ermutigenden Worte und ihre Begeisterung für dieses Buch.

AN DEN LESER

Eine meiner außercurricularen Tätigkeiten besteht darin, auf dem Radiosender der Universität Stanford (KZSU 90,1) eine Radioshow unter dem Titel *Entitled Opinons (about Life and Literature)* – »Berechtigte Meinungen (zu Leben und Literatur)« – zu moderieren. Zu dieser Sendung wurden fast ein Jahrzehnt lang Hunderte von Gästen zu Gesprächen über sehr unterschiedliche intellektuelle Themen und Autoren eingeladen. Weil die in diesem Buch verhandelten Themen und Autoren auch Gegenstand einiger meiner Radiosendungen waren, möchte ich einige davon hier als Audio-Ergänzung meiner Erörterungen auf den vorangegangenen Seiten anführen. Alle sind auf der Website http://www.stanford. edu/dept/frenital/opinions/ erhältlich sowie als iTunes-Podcasts kostenlos herunterladbar: Karen Feldman, »On Hannah Arendt« (15. Mai 2007); Thomas Harrison, »On the Emancipation of Dissonance« (7. März 2006); Martin Lewis, »On the Discipline of Geography« (9. November 2011); Andrew Mitchell, »On Martin Heidegger« (18. Oktober 2005) und »On Friedrich Nietzsche« (26. Mai 2009); Andrea Nightingale, »On Plato« (25. November 2009); Marjorie Perloff, »On the Poetry and Politics of Ezra Pound« (15. November 2005) und »On W. B. Yeats« (18. März 2008); Rush Rehm, »On Greek Tragedy« (15. März 2011); Richard Saller, »On the Social Institutions of Ancient Rome« (26. Oktober 2011); Thomas Sheehan, »On the Historical Jesus« (21. Januar 2006); Kathleen Sullivan, »On the Founding Scriptures of America« (2. Mai 2006) und Caroline Winterer, »On Classicism in America« (18. Januar 2011). Viele andere Sendungen ließen sich dieser Liste noch hinzufügen, doch gehören diese zu den relevantesten im *Entitled Opinions*-Archiv.

ANMERKUNGEN

Zur Zitierweise

Dieses Buch enthält keine numerierten Fuß- oder Endnoten. Anmerkungen und Literaturverweise wurden unter den Überschriften »Anmerkungen« und »Literatur« in den Anhang verschoben.

Da die Themen und kulturellen Bezüge dieses Buches breitgefächert sind, geben die hier zitierten Sekundärwerke nur einen kleinen Teil der relevanten Literatur wieder. Meistens führe ich Aufsätze und Bücher an, die ich im Verlauf meiner Forschungsarbeit unmittelbar für wichtig, sachdienlich oder anregend hielt, sowie solche, von denen ich meinte, sie könnten dem Leser nützlich sein. Für Zitate aus der Sekundärliteratur wurden nach Möglichkeit vorliegende deutsche Ausgaben herangezogen; die übrigen Zitate wurden vom deutschen Übersetzer übertragen.

Erstes Kapitel
Anthropos

Das faszinierende Phänomen des Alters

In die Philosophie und Theologie eingeführt wurde der Ausdruck *flatus vocis* erstmals von dem Nominalisten Roscelin de Compiègne (ca. 1050 bis ca. 1125), der die Meinung vertrat, dass »Universalien« bloße Geräusche seien, denen keine substantielle Wirklichkeit zugeschrieben werden könne mit Ausnahme des Lufthauches, der bei ihrer Artikulation von der Stimme erzeugt wird. Um es klar zu sagen: Ich behaupte nicht, dass Zeit eine Universalie oder ein abstrakter Gegenstand sei; vielmehr, dass die

»Wirklichkeit« der Zeit an das Alter der Phänomene gebunden ist. Außerdem möchte ich klarstellen: Wenn ich vom Alter des Universums oder vom Alter der Zivilisation rede, wende ich keineswegs eine biologische Metapher auf anorganische Phänomene an. Altern ist nicht allein Organismen vorbehalten. Es ist die Verkörperung der Zeit selbst. Deshalb – und das ist wesentlich für die Kulturgeschichte, die ich mit diesem Buch verfolge – teile ich nicht die Bedenken derer, die den Ausdruck »historisches Alter« für eine irreführende Redewendung halten. Wenn man davon überzeugt ist, und ich bin es, dass selbst die Biologie des Alterns von der Geschichte beeinflusst ist, dann sind Geschichte und Alter stärker miteinander verbunden als durch eine bloße Analogie. Wir altern heute anders als unsere Vorfahren in der Vergangenheit, denn wir gehören einem anderen Zeitalter an; das aber heißt: Wir *sind in einem anderen Alter*, als sie es waren, als sie so alt waren wie wir, dank historischer und kultureller Faktoren, die unsere Welt von der ihren unterscheidet.

Henri Bergsons Theorie der *durée* hätte zu einer überzeugenden Philosophie des Alters werden können; allein die fünf Seiten, die er zu Beginn von *L'Évolution creatice* (*Schöpferische Evolution*, S. 27 ff.) dem Prozess des Alterns widmet, sind kaum dazu angetan, dieses Potential auszuschöpfen. Auf diesen Seiten begreift Bergson das Alter als Erstreckung der Vergangenheit in die Gegenwart – gewiss ein wichtiger Aspekt des Alters. Allerdings beschränkt er sich darauf, das »organische Gedächtnis« zu betrachten, das den Prozess des Alterns prägt. In erster Linie kommt es ihm darauf an, die Vitalität lebendiger Organismen von »künstlichen Systemen« (die er auch als »nichtorganisch-strukturierte Materie« bezeichnet) zu unterscheiden. Anders als die Letzteren tragen Organismen »Zeit« in ihrem Körper. Mit seinen Worten: »Die Evolution des Lebewesens wie die des Embryos impliziert eine kontinuierliche Aufnahme der Dauer, Fortbestehen der Vergangenheit in der Gegenwart und folglich zumindest einen Anschein von organischem Gedächtnis.« (S. 31) Aus der Perspektive, die ich in diesem Buch einnehme, finde ich es insgesamt enttäuschend, dass Bergson sich mit so wenig zufriedengibt, dass es ihm genügt zu betonen, die »wahre Dauer« komme einem »Bindeglied« gleich oder, wie er ebenfalls sagt, einer »Kontinuität der Veränderung« (S. 35). Mit einem Wort: Ich kann Bergsons Theorie der Dauer nicht als veritable Philosophie des Alters bezeichnen. Bestenfalls – und selbst das ist zweifelhaft – enthält sie Keime zu einer solchen.

Zu Bergsons Reflexion über Dauer und organische Form siehe das erste Kapitel seiner *Schöpferischen Evolution*, »Von der Evolution des Lebens. Mechanismus und Finalität« (S. 11–117). Siehe auch *Dauer und Gleichzeitigkeit*, insbesondere das dritte Kapitel.

Eine neuere Darstellung von Bergsons Philosophie der Zeit bietet Keith Ansell-Pearson, *Philosophy and the Adventure of the Virtual. Bergson and the Time of Life* (besonders S. 9–43). Siehe auch Suzanne Guerlacs ausgezeichneten Band *Thinking in Time. An Introduction to Henri Bergson*. Frédéric Worms, wohl der führende französischsprachige Bergson-Spezialist, hat zahlreiche Studien über den französischen Philosophen und sein Werk verfasst. Besonders nützlich fand ich sein Buch *Bergson ou les deux sens de la vie*.

Heidegger spricht an vielen Stellen über geschichtliche Zeiten, zum Beispiel in seinem klassischen Aufsatz »Die Zeit des Weltbildes«, doch über das Alter als solches hat er fast nichts zu sagen. Seine explizitesten Kommentare zu diesem Thema – meistens anlässlich eines sechzigsten Geburtstags, seines eigenen oder des Geburtstags einiger seiner Freunde – beließen es gewöhnlich bei Andeutungen. So schrieb Heidegger 1949, als er sechzig wurde, in einem Brief: »Jetzt wird es ernst. Oder ist die 60 doch nur eine Zahl, das Zeichen dafür, dass wir rechnen? Aber ungebunden an die Zahl bleibt doch der Übergang in das Alter.« (*Gesamtausgabe*, Bd. 16, S. 440) Und in einem anderen Brief aus demselben Jahr schrieb er: »Das Alter, das mit dem sechzigsten Geburtstag beginnt, ist der *Herbst* des Lebens. Der Herbst ist die erfüllte, die ausgeglichene und darum ausgleichende Zeit.« (S. 436) Heideggers Kommentator Andrew Mitchell, dem ich den Hinweis auf diese Zitate verdanke, ist viel interessanter als Heidegger selbst, wenn er in der Einleitung zu seinem demnächst erscheinenden Buch *The Fourfold. Reading the Late Heidegger* schreibt: »Von der Lebensmitte an entsteht eine Empfindlichkeit. ›Im Alter‹ spürt man, was nicht offenkundig präsent ist.« Mitchell fährt fort: »Der eigene Körper spürt das heraklitische Zusammensein der Dinge. Das Alter ist folglich ein Sich-klar-Werden über das Zusammengehören des Seienden, dessen, was immer zusammen geschieht. Das Alter ist ein Bewusstsein davon, und als solches ist es eine Art des Neubeginns.«

Zu Heideggers Gedanken zu »Platz« und »Raum« siehe Edward S. Casey, *The Fate of Place. A Philosophical History*. Siehe auch die ausgezeichneten beiden Bücher von Jeff Malpas: *Heidegger and the Thinking of Place* (besonders S. 1–69) und *Heidegger's Topology. Being, Place, World* (besonders S. 39–64). Andere neuere Bücher, die zu dieser Frage relevant sind: Alejandro A. Vallega, *Heidegger and the Issue of Space. Thinking on Exilic Grounds*, und Andrew Mitchell, *Heidegger among the Sculptors. Body, Space, and the Art of Dwelling*. Ich beschäftige mich mit diesem Thema einigermaßen gründlich in meinem Buch *Die Herrschaft des Todes* (S. 39–65).

Die beiden Denker, die das Phänomen des Alters in ihren jeweiligen

Geschichtsphilosophien eingehend erwogen haben, sind Giambattista Vico und Hegel. Beide erörtere ich ausführlich im zweiten Kapitel.

Eine neuere, theoretisch ambitionierte Arbeit über die Dichtung von Gerard Manley Hopkins ist Dennis Sobolev zu verdanken: *The Split World of Gerard Manley Hopkins. An Essay in Semiotic Phenomenology*. In seinem Kommentar zu Hopkins' »Spring and Fall« (S. 130–139) vergleicht Sobolev dieses Gedicht mit dem früheren »Spring and Death«. Er beschreibt »Spring and Fall« als einen »seltsamen« Text »bar jeder Hoffnung« und identifiziert als sein Hauptthema »die existentielle (eher noch als metaphysische) *conditio humana*, die in dem unwillkürlichen *memento mori* des Mädchens Ausdruck findet«. (Sobolevs Unterscheidung zwischen metaphysisch und existentiell entspricht ungefähr meiner Unterscheidung zwischen Zeit und Alter.)

Mehrere philosophische Leopardi-Lektüren italienischer Gelehrter haben die Themen »Enttäuschung« und »Illusion« sowie überhaupt seinen Pessimismus in den Mittelpunkt gestellt. Ich möchte die Aufmerksamkeit hier auf das Buch *Il nulla e la poesia. Alla fine dell'età tecnica: Leopardi* des italienischen Philosophen Emanuele Severino lenken; weiter auf die Werke *Il pensiero poetante* und *Finitudine e infinito. Su Leopardi* von Antonio Prete; schließlich auf den Band *Speculating on the Moment. The Poetics of Time and Recurrence in Goethe, Leopardi, and Nietzsche* von Nicholas Rennie. Siehe auch meine eigenen Kommentare in *Wälder. Ursprung und Spiegel der Kultur* (S. 222–232) und meinen Artikel »The Magic of Leopardi«.

Anthropos

Die Literatur zur Evolutionsgeschichte des menschlichen Erkenntnisvermögens ist praktisch endlos. Das Buch, von dem ich in diesem Zusammenhang am meisten profitiert habe, ist *Origins of Intelligence. The Evolution of Cognitive Development in Monkeys, Apes, and Humans* von Sue Taylor Parker und Michael L. McKinney. Diese eindrucksvolle Studie (die ich im nächsten Abschnitt genauer erörtern werde) enthält eine umfangreiche Bibliographie von Büchern und Artikeln über die Ursprünge des menschlichen Verstandes, auf die ich den interessierten Leser verweisen möchte.

Über das Staunen siehe den Artikel meiner Kollegin Andrea Nightingale, der dieses Buch gewidmet ist, »On Wandering and Wondering. ›Theōria‹ in Greek Philosophy and Culture«, sowie ihr Buch *Spectacles of Truth in Classic Greece*. Siehe auch Mary-Jane Rubenstein, *Strange Wonder. The Closure of Metaphysics and the Opening of Awe*.

Zur Rolle der Neophilie in der Psychohistorie der menschlichen Spezies siehe Winifred Gallagher, *New. Understanding Our Need for Novelty and Change*. Siehe auch Michael North, *Novelty. A History of the New*, eine begriffsgeschichtliche Analyse des Neuen und seiner Verwendungsweisen in Kunst, Philosophie, Religion und Wissenschaft.

Die Zitate aus dem zweiten Chorlied, der »Ode an den Menschen«, in der *Antigone* des Sophokles folgen der klassischen Übersetzung von Friedrich Hölderlin. Eine ausführliche Erörterung der Antigone und ihrer Rezeption im Laufe der Jahrhunderte findet sich in George Steiners Meisterwerk *Die Antigonen. Geschichte und Gegenwart eines Mythos*.

Zum Mythos der Sphinx siehe die umfangreiche Studie von Almut-Barbara Renger, *Oedipus and the Sphinx. The Threshold Myth from Sophocles through Freud to Cocteau*. Siehe auch das Nachwort zu Alex Wolochs *The One vs. the Many* (S. 319–336) sowie Freddie Rokem, »One Voice and Many Legs. Oedipus and the Riddle of the Sphinx«. Lowell Edmunds' *Oedipus* in der Routledge-Reihe »Gods and Heroes of the Ancient World« bietet ein ausführliches Verzeichnis nützlicher Literatur zum Thema.

Neotenie

Ich möchte betonen, dass ich der möglichen Rolle der Neotenie in der Evolution des Menschen zwar besondere Bedeutung beilege, dass aber meine Globalthese einer »kulturellen Neotenie« weder von der Richtigkeit der Argumente abhängt, die verschiedene Evolutionsbiologen zugunsten einer Neotenie beim Menschen vorgebracht haben, noch deren Richtigkeit voraussetzt. Ich habe diese Argumente ebenso wie die Einwände dagegen im einzelnen untersucht. Bei meiner Erörterung evolutionstheoretischer Fragen stütze ich mich weitgehend auf das Werk von Stephen Jay Gould, vor allem auf sein Buch *Ontogeny and Phylogeny*, sowie auf einige Aufsätze in seiner Sammlung *Darwin nach Darwin. Naturgeschichtliche Reflexionen* (siehe »Das Kind als wahrer Vater des Mannes«, S. 51–57; »Menschliche Säuglinge als Embryos«, S. 57–63; »Größe und Gestalt«, S. 144–150, und »Taxierung der menschlichen Intelligenz«, S. 150–156).

Mir ist klar, dass Goulds entschiedenes Eintreten für die Neotenie beim Menschen keineswegs unstrittig oder unproblematisch ist. Einen Frontalangriff auf Gould, vielleicht den massivsten, unternimmt der bereits im vorigen Abschnitt zitierte, von Parker und McKinney herausgegebene Sammelband *Origins of Intelligence*. Die Autoren dieses Buches beschreiben ihren Ansatz als »vergleichende Studien zur Entwicklung der Evolution«. Dieser Ansatz versucht Einsichten aus Entwicklungspsychologie, biologischer Anthropologie, vergleichender Psychologie und Evolutionsbiologie zusammenzuführen. Ein so umfassender Rahmen erlaubt es ihnen, die kognitive Entwicklung des Menschen im Vergleich mit der von Affen und Menschenaffen zu verfolgen. Dabei kommen sie zu dem Schluss, dass »die Entwicklungsstufen der menschlichen Kognition im großen und ganzen die Stufen ihrer Evolution rekapitulieren« (S. xii). *Origins of Intelligence* bildet eine Synthese aus einer gewaltigen Menge von Forschungen und präsentiert neue Gedanken, ist aber einem bedeutenden Fundus früherer Arbeiten zur Intelligenz von Menschen und Primaten verpflichtet. Für meine eigene Kulturgeschichte ist das Buch von besonderem Interesse wegen der Einwände, die es gegen das »Verjüngungsmodell« erhebt, das von Gould und anderen so wirkungsvoll befürwortet wurde (zur Juvenilisierungsthese und zu den Debatten um Unter- vs. Überentwicklung siehe das zwölfte Kapitel, »The Evolution and Development of the Brain«, besonders S. 336–345). Gegen Gould argumentieren sie zugunsten eines Fortschritts in der Evolution und verteidigen den Gedanken, dass der Mensch »das Ergebnis eines allgemeinen Trends zu wachsender Komplexität in Morphologie und Verhalten« sei, eines Trends, »der für die Geschichte des Lebens kennzeichnend war« (S. 346).

Wenn Parker und McKinney recht haben, ist die von ihnen so genannte »Adultifizierung« für die menschliche Evolution mindestens ebenso wichtig wie die Juvenilisierung. Ich bin nicht berechtigt, die wissenschaftliche Solidität ihrer Behauptungen zu beurteilen, doch ich finde es beruhigend, dass meine eigene Theorie der kulturellen Neotenie auch einer Theorie einer gewissen Adultifizierung dienlich ist. Genauer gesagt behaupte ich, dass Juvenilisierung eine Adultifizierung praktisch voraussetzt – entsprechend meiner Formulierung im Schlussabsatz des ersten Kapitels: »Wenn es zutrifft, dass das Kind des Mannes Vater ist, so deshalb, weil es den Mann zwingt, Vater zu werden, das heißt einen Grad an sozialer, politischer und moralischer Reife zu entwickeln, der im Tierreich kein Vorbild hat.«

Zu Goulds Behandlung Haeckels siehe *Ontogeny and Phylogeny*, S. 76–85 und S. 167–206, wo Gould »die erfolglosen Versuche empirischer Katalogisierer« erörtert, »die Haeckelsche Rekapitulationstheorie zu widerlegen«. Goulds Behauptung lautet folgendermaßen: »Das biogenetische Gesetz wurde erst hinfällig, als es *methodisch aus der Mode* kam (wegen des Aufstiegs der experimentellen Embryologie) und schließlich *theoretisch unhaltbar* wurde (als die Durchsetzung der Mendelschen Genetik bisherige Ausnahmen in neue Erwartungen verwandelte).« Daher, so Gould, »wurde das biogenetische Gesetz nicht durch eine direkte Überprüfung der von ihm behaupteten Wirkungsweise widerlegt; es fiel, weil die Forschung in Nachbargebieten seinen notwendigen Mechanismus ablehnte« (S. 168).

Siehe auch Robert J. Richards, *The Tragic Sense of Life. Ernst Haeckel and the Struggle over Evolutionary Thought*, besonders das fünfte Kapitel, »Evolutionary Morphology in the Darwinian Mode« (S. 113–170). Richards kritisiert frühere Haeckel-Leser, darunter und vor allem Gould (sowie Peter Bowler), sie hätten die Beziehung zwischen Darwin und Haeckel aus ideologischen Gründen verzerrt, die Unterschiede zwischen beiden übertrieben und ihre Ähnlichkeiten unangemessen heruntergespielt. Ebenso kritisiert Richards an Gould und anderen, sie hätten die Bedeutung von Haeckels Einsichten herabgemindert und den gefährlichen ideologischen Einfluss auf sein Werk übertrieben.

Gould befasst sich mit der Rekapitulationstheorie im ersten Teil von *Ontogeny and Phylogeny* und mit Neotenie vor allem im neunten (»Progenesis and Neoteny«) und zehnten Kapitel (»Retardation and Neoteny in Human Evolution«) des zweiten Teils. Zu seiner Einschätzung Bolks siehe S. 356–363.

Ausführlich erörtert Richards die Rekapitulationstheorie zudem in seinem Werk *The Meaning of Evolution. The Morphological Construction und Ideological Reconstruction of Darwin's Theory*, besonders Kapitel vier bis sechs. Auch hier nimmt er Gould und andere ins Gebet, weil sie ihre eigenen ideologischen Empfindlichkeiten *ex post* in Darwins Werk hineingelesen und alle Ähnlichkeiten zwischen Darwin und Haeckel unterdrückt hätten, indem sie zum Beispiel die Bedeutung der Rekapitulation in Darwins Werk herunterspielten. Gegen Gould und die anderen sogenannten Antiprogressivisten tritt Richards für eine (eingeschränkt) progressivistische Lesart von Darwins Evolutionstheorie ein. Zu einer umfassenden Behandlung der moralischen und sozialen Konsequenzen seiner Deutung und zu einer Kritik an der Lesart Goulds und anderer Revisionisten siehe auch Richards, *Darwin and the Emergence of Evolutionary Theories of Mind and Behavior*.

Zu Fetalisierung und Neotenie siehe neben Gould: Ashley Montagu, *Zum Kind reifen*; Clive Bromhall, *The Eternal Child. How Evolution Has Made Children of Us All*, und Melvin Konner, *The Evolution of Childhood. Relationships, Emotion, Mind*. Zu einer Diskussion über Verjüngung in der Natur siehe das fünfte Kapitel von Andreas Suchantke, *Eco-Geography. What We See When We Look at Landscapes*. Einen soziologischen Blick auf das Phänomen der Juvenilisierung wirft Marcel Danesi in *Forever Young. The Teen-aging of Modern Culture*; eine vorwiegend philosophische Perspektive nimmt Bernard Stiegler in *Die Logik der Sorge. Verlust der Aufklärung durch Technik und Medien* ein.

Zur kindlichen Entwicklung siehe Juan Carlos Gómez, *Apes, Monkeys, Children, and the Growth of Mind*; Ze'ev Hochberg, *Evo-Devo of Child Growth. A Treatise on Child Growth and Human Evolution*, und Barry Bogin, *Patterns of Human Growth* sowie *The Growth of Humanity*. Zur Rolle des Spiels in der Entwicklung des Kindes siehe den ausgezeichneten Sammelband *Play and Development*, herausgegeben von Artin Göncü und Suzanne Gaskins (besonders die Einführung der Herausgeber, S. 3–18, sowie den Beitrag von Peter K. Smith, »Evolutionary Foundations and Functions of Play. An Overview«, S. 21–50). Siehe auch *Developing Theories of Mind*, herausgegeben von Harris J. Astington, Paul L. Harris und David R. Olson (besonders den ersten Teil, »Development Origins of Children's Knowledge of the Mind«).

Dass unsere Fähigkeit zu lernen ebensowohl kulturelle wie neurologische Grundlagen hat, ist heute wohlbekannt. Wenn Primaten älter werden, nehmen ihre Fähigkeiten, neue neuronale Verbindungen herzustellen und bestehende zu modifizieren – Vorgänge, die beide am Lernen beteiligt sind –, erheblich ab; siehe Marcus Jacobson, »Development of Specific Neuronal Connections« (1969; zitiert bei Gould, *Ontogeny and Phylogeny*, S. 547). Menschen hingegen behalten diese Fähigkeiten, wenn sie älter werden, in viel größerem Umfang. Man könnte sagen, dass das Kind in uns (das heißt: in einigen von uns) auch im Alter immer noch staunt, studiert und lernt. In Goulds Worten: »Die menschliche Entwicklung ist so stark verzögert, dass selbst reife Erwachsene genügend Flexibilität für unseren adaptativen Status als lernendes Tier bewahren« (*Ontogeny and Phylogeny*, S. 401).

Es gibt viele Biographien über Einstein, namentlich die von Ronald Clark, Albrecht Fölsing, Walter Isaacson und Jürgen Neffe. Neffe zitiert Einstein mit den Worten: »Wenn ich mich frage, wie es kommt, dass gerade ich die Relativitätstheorie gefunden habe, so scheint es an folgendem Umstand zu liegen. Der Erwachsene denkt nicht über die Raum-Zeit-Probleme nach. Alles, was darüber nachzudenken ist, hat er nach seiner Meinung bereits in seiner frühen Kindheit getan. Ich dagegen habe mich so langsam entwickelt, dass ich erst anfing, mich über Raum und Zeit zu wundern, als ich bereits erwachsen war. Naturgemäß bin ich dann tiefer in die Problematik eingedrungen als ein gewöhnliches Kind.« (Neffe, *Einstein. Eine Biographie*, S. 32 f.) Siehe auch das Kapitel »Albert Einstein: The Perennial Child« in Howard Gardner, *Creative Minds* (S. 87–136).

Zur Plastizität siehe Mary-Jane West-Eberhard, *Developmetal Plasticity and Evolution*, Peter R. Huttenlocher, *Neural Plasticity. The Effects of*

Environment on the Development of the Cerebral Cortex, und die ausgezeichnete Aufsatzsammlung *La sinuosité du vivant*, herausgegeben von Patrizia d'Alessio (besonders d'Alessios Essay über das Phänomen der Elastizität, »Transmission des émotions de Fuller à Vygotsky«, S. 15–30). Einen kritischen Blick auf »transhumanistische« Unsterblichkeitsträume wirft Francis Fukuyama, *Das Ende des Menschen*. Andere neuere Bücher zum Thema verlängerte Lebenserwartungen und Aussicht auf biologische Unsterblichkeit: Stephen Hall, *Merchants of Immortality. Chasing the Dream of Human Life Extension*, Elaine Dewar, *The Second Tree. Of Clones, Chimeras, and Quests of Immortality*, und Guy Brown, *The Living End. The New Sciences of Death, Ageing, and Immortality*.

Der Albino-Gorilla

Einige neuere Studien bieten darwinistisch-evolutionistische Erklärungen für die Entstehung des Geschichtenerzählens und dessen Rolle im menschlichen Leben. Wer an den aktuellen Debatten interessiert ist, sollte zwei Ausgaben der Zeitschrift *Critical Inquiry* lesen. In Heft 2 des 37. Bandes (Winter 2011) liefert Jonathan Kramnicks Artikel »Against Literary Darwinism« eine ausführliche, energische Kritik an neuerer Literatur von Geistes- und Naturwissenschaftlern zu diesem Thema. Heft 2 des 38. Bandes (Winter 2012) bringt Antworten auf Kramnick von Paul Bloom, Brian Boyd, Joseph Carroll, Vanessa L. Ryan, G. Gabrielle Starr und Blakey Vermeule samt einer Antwort Kramnicks auf seine Kritiker.

Der Band *Image, Eye, and Art in Calvino. Writing Visibility*, herausgegeben von Birgitte Grundtvig, Martin McLaughlin und Lene Waage Petersen, enthält eine wichtige Sammlung von Essays über Calvino, die sein Werk unter dem Blickwinkel von »Sehen« und »Sichtbarkeit« betrachten. Zu Calvino und speziell zu Copito de Nieve siehe meinen Essay »Toward a Philosophy of Nature« in *Uncommon Ground. Rethinking the Human Place in Nature*, herausgegeben von William Cronon (S. 447–460). Siehe auch Carrie Rohmans »On Singularity and the Symbolic. The Threshold of the Human in Calvino's *Mr. Palomar*«, Stefano Franchis überragenden Essay »Palomar, the Triviality of Modernity, and the Doctrine of the Void«, Brian Fitzgerald, »Animals, Evolution, Language. Aspects of Whitehead in Italo Calvino's Palomar«, Isaac Rosier, »The Body, Eros, and the Limits of Objectivity in Calvino's Palomar« und schließlich Sharon Wood, »The Reflections of Mr. Palomar and Mr. Cogito. Italo Calvino and Zbigniew Herbert«.

Eine Dokumentation über den »wirklichen« Gorilla Copito de Nieve unter dem Titel *Snowflake. The White Gorilla* wurde zuerst im Februar

2005 auf Public Broadcasting Service (PBS) gesendet [nicht zu verwechseln mit dem gleichnamigen spanischen Animationsfilm von 2011].

Zu Heideggers Gegenüberstellung von Tierheit und Menschheit siehe *Die Grundbegriffe der Metaphysik* (besonders S. 274–396). Heidegger beschäftigt sich in seinem Buch (das auf einer 1929/30 gehaltenen Vorlesung beruht) ausführlich mit dem zoologischen Werk des theoretischen Biologen Jacob von Uexküll (S. 311–388). Eine knappere Diskussion Uexkülls, die Heideggers Analyse weitgehend folgt, bietet Giorgio Agambens in *Das Offene. Der Mensch und das Tier* (S. 49–56).

Uexkülls *Streifzüge durch die Umwelten von Tieren und Menschen* wurden kürzlich auch ins Englische übersetzt. Einen Überblick über die Biosemiotik – ein Fach, das von Uexküll mitbegründet hat – gibt Marcello Barbierei (Hg.), *Introduction to Biosemiotics. The New Biological Synthesis*. Zur Einführung eignet sich der Artikel von Kalevi Kull, »Jakob von Uexküll. An Introduction«.

Zum Begriff der »Benommenheit« [französisch *capitivité*, englisch *captivation*] siehe Agambens (in hohem Maße Heidegger verpflichtete) Analyse in *Das Offene* (besonders S. 57–71). Siehe auch Donald Turner, »Humanity as Shepherd of Being. Heidegger's Philosophy and the Animal Other«.

Auch Jacques Derrida erörtert den Begriff der Benommenheit im zweiten Band seines posthum erschienenen Seminars *La bête et le souverain*. David Farrell Krell analysiert dieses Seminar in *Derrida and Our Animal Others*. Krell ist auch der Verfasser eines älteren Buches, *Daimon Life. Heidegger and Life-Philosophy*, das sich mit den gleichen Fragen von Tierheit und Menschheit befasst.

Zum Anthropozentrismus siehe Gary Steiners Bücher *Anthropocentrism and Its Discontents. The Moral Status of Animals in the History of Western Philosophy*, sodann *Animals and the Moral Community. Mental Life, Moral Status, and Kinship* und schließlich *Animals and the Limits of Postmodernism*. Siehe auch Martha Nussbaum, »Humans and Other Animals«, sowie die von Rob Boddice herausgegebene Essaysammlung *Anthropocentrism. Humans, Animals, Environments*.

Zum Zusammenhang zwischen Sprache und Kindheit siehe Giorgio Agamben, *Kindheit und Geschichte*, insbesondere den titelgebenden Aufsatz (S. 21–95), und den zweiten Essay »Im Land der Spielzeuge. Reflexionen zur Geschichte und zum Spiel« (S. 97–127).

Aus einem gemeinsamen Quell

Freuds Diktum »Die Anatomie ist das Schicksal« ist in seinem Aufsatz »Über die allgemeinste Erniedrigung des Liebeslebens« von 1912 enthalten. In Freuds Kontext bezieht er sich mehr auf die anatomische Lage der menschlichen Genitalien als auf ihr *gender*. Ich interpretiere den Satz mehr im Lichte von Freuds allgemeinen Theorien zum Geschlechtsunterschied als im Lichte der Erniedrigung der erotischen Liebe, mit der sich der Essay befasst.

Als allgemeine Einführung in die feministische Kritik an Freud empfiehlt sich Danielle Ramsey, »Feminism and Psychoanalysis«, in: Sarah Gamble (Hg.), *The Routledge Companion to Feminism and Postfeminism* (S. 133–140). Siehe auch die Essays in Teresa Brennan (Hg.), *Between Feminism and Psychoanalysis*, Mary Jo Buhle, *Feminism and Its Discontents. A Century of Struggle with Psychoanalysis*, sowie Juliet Mitchell, *Psychoanalyse und Feminismus*.

Zu Ezra Pounds Verhältnis zur chinesischen Poesie siehe Ming Xie, *Ezra Pound and the Appropriation of Chinese Poetry*. Siehe auch die kritische Edition von *The Chinese Written Character as a Medium for Poetry* von Ernest Fenollosa (posthum herausgegeben von Pound).

In einer persönlichen Mitteilung schrieb mir meine Freundin und frühere Stanford-Kollegin Weixing Su, die an der Universität Peking Literaturwissenschaft lehrt, Folgendes über Li T'ai Pos Gedicht »Die Frau des Flusshändlers«. Mit ihrer Erlaubnis zitiere ich aus ihrem Brief:

> Dieses Gedicht, »Lied von Ch'ang-kan«, hat seinen Titel von dem Dorf Ch'ang-kan, dem Geburtsort des Mannes und seiner Frau, in dem sie offenbar auch nach ihrer Heirat wohnten. Zu Li T'ai Pos Zeiten lag dieser Ort genau südlich von Nanjing (damals Jinlin genannt), ist nun aber in der stark expandierenden Stadt aufgegangen. Als die Frau ihrem Mann »schreibt«, ist es Frühherbst – »der achte Monat« des Mondkalenders, also eher September als August, wie in Pounds Wiedergabe. Den Yangzi hinauf, vom Hafen Nanjings stromaufwärts bis zu dem sinnträchtigen Ziel seiner Reise – »zum fernen Ch'ü-t'ang, am Fluss der quirlenden Wirbel« (oder »Yanyudui in der Qutang-Schlucht«) –, sind es mehr als tausend Meilen, die ihr Mann auf seiner Reise nach Westen zurücklegen musste. In der Version von Li T'ai Pos Gedicht, die ich zur Hand habe, lauten einige Zeilen etwas abweichend von Pounds englischer Ausgabe: »Mit sechzehn gingst du weit fort / nach Yanyudui in der Qutang-Schlucht. / Sie sollte im fünften Monat nicht berührt werden / schrien die Affen

sorgenvoll hoch in den Bäumen.« Die Qutang-Schlucht ist die erste, das heißt westlichste der berühmten drei Schluchten des Yangzi (»die drei Flussengen« weiter unten im Gedicht) in der heutigen Provinz Sichuan, und zwar die erhabenste und gefährlichste der drei. Bis Mitte des zwanzigsten Jahrhunderts markierte ein riesiger Felsen namens Yanyudui den Eingang zu dieser Schlucht. Jedes Jahr kam es »im fünften Monat«, also im Juni, zu schweren Überschwemmungen; der reißende Strom überflutete den Felsen und schuf tückische Untiefen, die »nicht berührt werden« sollten. Solche sprichwörtlichen Gefahren, denen ihr Mann auf seiner Reise ausgesetzt war, müssen bei dem Mädchen das Gefühl der Sterblichkeit verschärft haben, und stellvertretend hört sie Todesklagen in dem Geschrei der Affen, die, wie sie wusste, die Berghänge der Drei-Schluchten-Region bevölkerten. Und in der Tat sehnt sie sich danach, ihm bei seiner Rückkehr weit entgegenzueilen, denn Cho-Fu-Sa, ein historischer Ort am Yangzi, der ebenfalls für seine gefährlichen Untiefen bekannt ist, liegt mehr als hundert Meilen westlich ihres Heimatortes. Der Name dieses Ortes, heute Ch'ang-feng-sha transkribiert, bedeutet wörtlich »lange Züge von sandigem Wind«. (Der Felsen Yanyudui und die Sandbänke bei Ch'ang-feng-sha sind inzwischen, wie ich erfahren habe, gesprengt worden, um eine sichere Passage zu ermöglichen. So entschärfen wir eine nach der anderen die Schwellen unserer Sterblichkeit.)

Den Anmerkungen zufolge, die ich zur Hand habe, wurde das »Lied von Ch'ang-kan« sehr wahrscheinlich während des ersten Aufenthalts des Dichters in Nanjing verfasst, im Jahr 726, als er fünfundzwanzig war. Li T'ai Po könnte wenigstens einen Teil der Reise des Flusshändlers selbst erfahren haben. In dem Jahr, bevor er das Lied dichtete, war der Dichter zu einer großen Reise von der gebirgsumschlossenen Provinz Sichuan aufgebrochen, seiner Heimat seit seinem fünften Lebensjahr. Durch die drei Schluchten zügig den Yangzi hinabtreibend, »inmitten der endlosen Schreie der Affen an den Flussufern« – wie er in einem Gedicht schrieb, das hier jedes Schulkind auswendig hersagen kann –, begann er eine Reise, die ihn weit nach Osten, nach Nanjing und noch darüber hinaus führen sollte.

Ich danke Weixing Su für ihre Lektüre einer Rohfassung dieses Buches vor seiner Veröffentlichung. Ihre Kommentare waren mir sehr nützlich.

Zu den kulturgeschichtlichen Veränderungen des Zeitverlaufs psychischer Reifungsprozesse und zu den neuen Zwischenstadien zwischen Kindheit und Erwachsenenalter in unserer Epoche sind vielleicht folgende Kommentare für einige Leser von Interesse. 1904 veröffentlichte G. Stanley Hall sein bahnbrechendes Buch *Adolescence*, in dem er ein Übergangsstadium zwischen Jugend und Erwachsensein »entdeckte«. Hall verstand unter Adoleszenz nicht nur eine physiologische Phase hormonaler Umstellung. Adoleszenz entstehe vielmehr als Ergebnis spezifischer institutioneller Veränderungen, die um die Wende zum zwanzigsten Jahrhundert stattfanden. Er nannte vor allem das Verbot der Kinderarbeit, das ein Mindestalter von sechzehn Jahren für den Eintritt in die Arbeitswelt festschrieb, und den Ausbau des Bildungswesens, das die Teenager länger in weiterführenden Schulen hielt. Diese Entwicklungen in den industrialisierten Gesellschaften verlängerten die Kindheitsperiode und verzögerten durch institutionelle Reformen den Übergang zum Erwachsenenalter.

Ein Jahrhundert später definierte ein Artikel von Jeffrey Arnett eine weitere Übergangsstufe zwischen Jugend und Erwachsensein. Arnett verwandte den Ausdruck *emerging adulthood*, sich entwickelndes Erwachsensein, für den zunehmenden Anteil von jungen Erwachsenen in den Ländern der Ersten Welt, die noch in der Ausbildung sind und keine eigene Familie haben. Diese sich entwickelnden Erwachsenen verbringen den größten Teil ihrer Zeit damit, berufliche, amouröse und weltanschauliche Optionen auszuloten, ohne sich auf eine davon festzulegen. Wie Arnett sagt, haben sie ihre »Abhängigkeit als Kind und Jugendlicher verlassen, [aber] noch nicht die dauerhaften Verantwortlichkeiten übernommen, die im Erwachsenenalter Norm sind« (Arnett, »Emerging Adulthood. A Theory of Development from the Late Teens through the Twenties«, S. 469). *Emerging adulthood* ist ein erst jüngst aufgetretenes Luxusphänomen, das sich wiederum verschiedenen sozialen, ökonomischen und technischen Entwicklungen verdankt, die es überall auf der Welt einer bestimmten Klasse von Personen erlaubt, den Eintritt ins Erwachsenenalter immer weiter hinauszuschieben. Womit erneut bestätigt wäre, dass eine historische Epoche durch ihre institutionelle Dynamik oftmals direkten Einfluss auf den Prozess des Alterns nimmt.

Das Kind als Vorfahr

Zu dem Brief von Wordsworth siehe die *Fenwick Notes*. – Zu Dichtung und Kindheit in der Romantik siehe Anna Wierda Rowland, *Romanticism and Childhood. The Infantilization of British Literature Culture*, Roni Natov, *The Poetics of Childhood*, Judith Plotz, *Romanticism and the Vocation of Childhood*, und G. Kim Blank, *Wordsworth and Feeling. The Poetry of an Adult Child*. Zu der Ode »Intimations of Immortality« / »Ahnungen der

Unsterblichkeit« siehe Geoffrey Durant, *Wordsworth and the Great System. A Study of Wordsworth's Poetic Universe*, S. 99–112. Ein klassischer, immer noch aufregender Kommentar zu der Ode ist enthalten in Lionel Trillings *The Liberal Imagination. Essays on Literature and Society*, S. 125 bis 154.

Nützlich für meine Wordsworth-Lektüre insgesamt waren *The Cambridge Companion to Wordsworth*, herausgegeben von Stephen Gill, dann Douglas B. Wilson, *The Romantic Dream. Wordsworth and the Poet of the Unconscious*, und schließlich Geoffrey H. Hartman, *The Unremarkable Wordsworth*. Ebenso eine neuere Studie von Paul H. Fry, *Wordsworth and the Poetry of What We Are*.

Meine Lesart der Schattierungen von Bonnefoys Gedicht »Une voix« / »Eine Stimme« konnte von den aufschlussreichen Kommentaren profitieren, die meine Freundin Samia Kassab zu einer früheren Fassung dieser knappen Analyse gab. Neben anderen Werken hat Kassab ein Buch über *La métaphore dans la poésie de Baudelaire* verfasst. Zu den wichtigen literaturwissenschaftlichen Arbeiten über Bonnefoy in englischer Sprache gehören: Mary Ann Caws, *Yves Bonnefoy*, John Naughton, *The Poetics of Bonnefoy*, Robert Greene, *Searching for Presence. Yves Bonnefoy's Writings on Art*, und Michael G. Kelly, *Strands of Utopia. Spaces of Poetic Work in Twentieth-Century France*, Kapitel 5, 10 und 15. Siehe auch das Vorwort meines verstorbenen Kollegen Joseph Frank zu einem Band ausgewählter Essays von Yves Bonnefoy ins Englische: *The Act and the Place of Poetry*, sowie seinen Aufsatz »Yves Bonnefoy. Notes of an Admirer«, in: Frank, *Responses to Modernity. Essays in the Politics of Culture*.

Ich halte Bonnefoy für den größten französischen Dichter seit Apollinaire. Ein großer Teil seiner Dichtungen ist auf Englisch zugänglich. Viele deutsche Übersetzungen sind in zweisprachigen Ausgaben erschienen. Siehe *Rue Traversière* (1980); *Im Trug der Schwelle* (1984); *Berichte im Traum* (1990); *Was noch im Dunkel blieb / Anfang und Ende des Schnees* (1994); *Das Unwahrscheinliche oder die Kunst* (1994); *Der noch Blinde* (1999); *Die gebogenen Planken* (2004); *Beschriebener Stein und andere Gedichte* (2004); *Streichend schreiben* (2012); *Die lange Ankerkette* (2014).

Zweites Kapitel
Weisheit und Genie

Sapientia

Nur wenige Wissenschaftler benutzen heute das Etikett *Homo sapiens sapiens* angesichts der Tatsache, dass die andere wichtige Unterart des *Homo sapiens* – nämlich *Homo sapiens idaltu* – seit langem ausgestorben ist. Manche nehmen an, dass auch die Denisova-Menschen – ebenso wie der *Homo rhodesiensis* –, von denen jüngst verschiedene Fossilien entdeckt wurden, als Unterart des *Homo sapiens* betrachtet werden sollten. Der Status der Neandertaler bleibt uneindeutig. Viele halten ihn ebenfalls für eine Unterart (daher der Name *Homo sapiens neanderthaliensis*). In meinem Buch *Die Herrschaft des Todes* (S. 62) behaupte ich, dass der Mensch nicht eine Spezies, sondern eine Art und Weise der Sterblichkeit ist. Deshalb sollten die Neandertaler, die offenbar ein Todesbewusstsein hatten (ihren Bestattungsritualen nach zu schließen), als Menschen in dem wesentlich kulturellen Sinne des Begriffs angesehen werden, selbst wenn sie nicht zu unserer biologischen Spezies gehören. Wenn man zeigen könnte, dass sie langfristige Beziehungen mit den Toten unterhielten, würde das meiner Ansicht nach hinreichend rechtfertigen, sie als *sapiens* in den beiden hier diskutierten Bedeutungen (nämlich erfinderisch und weise) zu betrachten.

Meine Verwendung des Ausdrucks »Weisheit« in diesem Buch hat eine Familienähnlichkeit mit den gebräuchlichen Konzeptionen und Konnotationen, weicht jedoch auch signifikant von ihnen ab. Eine ausgezeichnete Geschichte der Weisheitstraditionen der Welt bietet Robert Steinberg, *Wisdom. Its Nature, Origins, and Development.*

Abbot Payson Ushers zuerst 1929 veröffentlichte *History of Mechanical Inventions* bleibt eine klassische historische Darstellung technischer Neuerungen im Laufe der Jahrhunderte. Siehe auch Lewis Mumfords Serie »Renewal of Life«, in der 1934 als erster Band *Technics and Civilization* erschien. Ausgezeichnet ist auch das zweibändige Werk *Technology in Western Civilization*, herausgegeben von Melvin Kranzberg und Carroll W. Pursell. Unter den neueren Veröffentlichungen siehe Arnold Paceys Untersuchungen *Technology in World Civilization. A Thousand-Year History* und *The Maze of Ingenuity* sowie *An Encyclopedia of the History of Technology*, herausgegeben von Ian McNeil. McNeil gab später zusammen mit Lance Day das *Biographical Dictionary of the History of Technology* heraus, das nähere biographische Angaben zu einigen der berühmtesten Gestalten der älteren Enzyklopädie enthält. Zu den eher populären

Werken gehört *Viewegs Geschichte der Technik* von Donald Cardwell. Als neuere einführende Werke sind zu empfehlen: James E. McClellan III und Harold Dorn, *Science and Technology in World History. An Introduction*, und Daniel Headrick, *Technology. A World History*; siehe auch T. K. Derry und Trevor I. Williams, *A Short History of Technology*. Besonders angetan bin ich von Friedrich Kittlers eher theoretisch orientierten Arbeiten über Technik, Medien und Informationssysteme: *Die Wahrheit der technischen Welt* und *Grammophon Film Typewriter* (weitere ausgezeichnete Arbeiten sind: *Optische Medien* und *Aufschreibsysteme 1800/1900*). Zu einer soziologischen Untersuchung der Entwicklung der Netzwerkkultur siehe Fred Turners Buch *From Counterculture to Cyberculture*; als Darstellungen neuerer digitaler Innovationen: Johnny Ryan, *A History of the Internet and the Digital Future*, sowie Katie Hafner und Matthew Lyon, *Where Wizards Stay Up Late. The Origins of the Internet*. Eine anspruchsvolle Theorie des Medienwandels bietet Marshall T. Poe, *A History of Communications. Media and Society from the Evolution of Speech to the Internet*.

Eine Bemerkung über Alter und Weisheit

Das Zitat von H. L. Mencken entnehme ich dem Werk von Wayne Booth, *The Art of Growing Older. Writers on Living and Aging* (S. 186). Dieses wohldurchdachte Buch enthält Textpassagen von Schriftstellern verschiedener Epochen zum Thema des Alterns mit eingestreuten Reflexionen und Kommentaren von Booth. Auch den Hinweis auf die Montaigne-Zitate in diesem Abschnitt verdanke ich dieser Quelle (S. 232 f.). – Zu den verschiedenen Auffassungen und Einstellungen zum (hohen) »Alter« in der abendländischen Kultur liegen zahlreiche Studien vor; besonders auf Georges Minois' *Histoire de la vieillesse* möchte ich hier aufmerksam machen. Zum Altern bei Montaigne siehe Hugo Friedrich, *Montaigne* (S. 220–226).

Die Wahrnehmung der Niedergangs, wenn nicht des Untergangs der Zivilisation ist ein vorherrschendes Gefühl in beinahe allen Weltkulturen (siehe unten die Bemerkungen im Abschnitt »Generationskonflikte«). Zu den klassischen Werken zum Thema des Zivilisationsverfalls, die über bloß verstreute Gefühlseindrücke hinausgehen, zählen Oswald Spengler, *Der Untergang des Abendlandes*, Edward Gibbon, *Verfall und Untergang des Römischen Reiches*, und Arnold Toynbee, *Der Gang der Weltgeschichte* (vor allem die Bände IV–VI über den »Zusammenbruch« und den »Zerfall« von Zivilisationen). Siehe auch E. A. Thompson, *Romans and Barbarians. The Decline of the Western Empire*, und J. G. A. Pocock, *Barbarism and Religion*, Bd. III, *The First Decline and Fall*. Zu einer ökologischen Darstellung dramatischer gesellschaftlicher Verfallsprozesse und Zusammenbrüche anhand ausgewählter Beispiele siehe Jared Diamond, *Kollaps. Warum Gesellschaften überleben oder untergehen.*

Der Fluss und der Vulkan

[Platons *Timaos* wird nach der zweisprachigen Ausgabe der *Sämtlichen Werke*, herausgegeben von Karlheinz Hülser, Bd. 8, in der Übersetzung von Franz Susemihl zitiert.] Zu Platons Atlantis-Mythos siehe Phyllis Young Forsyth, *Atlantis. The Making of a Myth*. Eine neuere Behandlung des Themas findet sich in dem leserfreundlichen Band des hochgeschätzten französischen Historikers und Altphilologen Pierre Vidal-Naquet, *Atlantis. Geschichte eines Traums*.
In der englischsprachigen Welt wurde die Disziplin der Kulturgeographie weitgehend von dem Werk Carl Sauers geprägt. Wer daran interessiert ist, welche entscheidende Rolle er auf diesem Gebiet gespielt hat, sollte die Essays lesen, die in dem Band *Carl Sauer on Culture and Landscape. Readings and Commentaries*, herausgegeben von William M. Denevan und Kent Mathewson, seinem Leben und Werk gewidmet sind. Zur historischen Geographie im allgemeinen siehe *Geography and History. Bridging the Divide*, herausgegeben von Alan R. H. Baker, sowie Bakers früheren, zusammen mit Mark Billinge herausgegebenen Band *Period and Place. Research Methods in Historical Geography*. Weitere bedeutende Titel: *Human Geography. Society, Space, and Social Science*, herausgegeben von Derek Gregory, Ron Martin und Graham Smith; *Historical Geography. Progress and Prospect*, herausgegeben von Michael Pacione; und Robert A. Dodgshon, *Society in Time and Space. A Geographical Perspective on Change*. Siehe auch die kritische Erörterung bei Leonard Guelke, *Historical Understanding in Geography. An Idealist Approach*, besonders das erste Kapitel; *The Cultural Geography Reader*, herausgegeben von Timothy S. Oakes und Patricia L. Price; und *People, Land and Time. A Historical Introduction to the Relations between Landscape, Culture, and Environment*, herausgegeben von Peter Atkins, Ian Gordon Simmons und Brian K. Roberts. Meinem Kollegen in Stanford, Martin W. Lewis – einem historischen Geographen und Autor (neben anderen Werken) des Bandes *The Myth of Continents. A Critique of Metageography* (zusammen mit Karen E. Wigen, 1997) –, danke ich für die Erweiterung meines Verständnisses der Disziplin Geographie; ich erörtere dieses Thema mit ihm in meiner Podcast-Radioshow *Entitled Opinions* vom 9. November 2011.
Eine nützliche vergleichende Studie über die Beziehungen und die Un-

terschiede zwischen ägyptischer, griechischer und römischer Zivilisation stammt von Charles Freeman, *Egypt, Greece, and Rome. Civilizations of the Ancient Mediterranean*. Profitiert habe ich auch von Nicolas Grimal, *A History of Ancient Egypt*, und Ian Shaw, *The Oxford History of Ancient Egypt*.

Trotz bemerkenswerter Vorläufer (Ibn Chaldun zum Beispiel) ist Giambattista Vico der wichtigste und überzeugendste moderne Vertreter einer zyklischen Geschichtstheorie. (Zu weiterer Literatur über Vico siehe unten die Anmerkungen in dem Abschnitt »Heterochronie«.) Eine neuere, soziologisch orientierte Version einer zyklischen Geschichte ist das Werk von Arthur Meier Schlesinger, vor allem *The Cycles of American History*, ein Buch, das unter dem Einfluss seines Vaters Arthur M. Schlesinger sen. steht, des Autors von *Paths to the Present*. Als einflussreichen Vorläufer ihres Denkens kann man Wilhelm Roscher betrachten, einen politischen Ökonomen des neunzehnten Jahrhunderts, der seine Ideen in dem fünfbändigen *System der Volkswirthschaft* und seinen *Ansichten der Volkswirthschaft aus dem geschichtlichen Standpunkte* entwickelte.

Zur Bedeutung der klassisch-philologischen Überlieferung für die amerikanischen Gründergestalten und generell für das amerikanische Bildungswesen im achtzehnten und neunzehnten Jahrhundert siehe *The Culture of Classicism. Ancient Greece and Rome in American Intellectual Life 1780–1910* von meiner Stanforder Kollegin Caroline Winterer. Ich diskutiere dieses Thema mit ihr in meiner Podcast-Radioshow *Entitled Opinions* vom 18. Januar 2011.

Kinder der Wissenschaft

Nützliche Einführungen in die Geschichte der wissenschaftlichen Methode liefern Barry Gower, *Scientific Method. A Historical and Philosophical Introduction* sowie die Essays in dem Band *Histories of Scientific Observation*, herausgegeben von Lorraine Daston und Elizabeth Lunbeck. Siehe auch Peter J. Bowler und Iwan Rhys Morus, *Making Modern Science. A Historical Survey*, und Jan Golinski, *Making Natural Knowledge*. Paul K. Feyerabends *Wider den Methodenzwang* bleibt ein Klassiker in seinem Genre, ebenso wie Thomas S. Kuhns *Struktur wissenschaftlicher Revolutionen*, zwei Werke, denen ich in diesem Buch zutiefst verpflichtet bin.

Walter Benjamins bedeutenden Thesen »Über den Begriff der Geschichte« widmet sich ein ganzer Band der *Kritischen Gesamtausgabe* seiner Schriften. Zu Benjamins »Engel der Geschichte« siehe Stéphane Mosès, *Der Engel der Geschichte. Franz Rosenzweig, Walter Benjamin, Gershom Scholem*, und Otto Karl Werckmeister, »Benjamins Engel der

Geschichte oder die Läuterung des Revolutionärs zum Historiker«. Siehe auch Giorgio Agamben, »Walter Benjamin und das Dämonische«.

Die Zitate von Saint-Exupéry stammen aus dem Essay »Das Flugzeug« in dem Band *Wind, Sand und Sterne*. Diese Sammlung erschien ursprünglich auf Französisch unter dem Titel *Terre des hommes*. Jean-Paul Sartre erörtert diesen Text aus einer verwandten, aber anderen Perspektive in der *Kritik der dialektischen Vernunft* (S. 480 f.).

Der Begriff der »Tiefenzeit« wurde von dem schottischen Geologen James Hutton entwickelt (siehe seine vierbändige *Theory of the Earth*). Stephen Jay Gould liefert eine ausgezeichnete Diskussion von Huttons Entdeckung in *Die Entdeckung der Tiefenzeit* (S. 13–38, 93–145). Siehe auch Stephen Baxter, *Ages in Chaos. James Hutton and the Discovery of Deep Time*, Henry Gee, *In Search of Deep Time. Beyond the Fossil Record to a New History of Life*, Dennis R. Dean, *James Hutton and the History of Geology*, und M. J. S. Rudwicks eindrucksvolles Buch *Bursting the Limits of Time. The Reconstruction of Geohistory in the Age of Revolution*. Wai Chee Dimock hat kürzlich den Begriff der Tiefenzeit auf die Untersuchung der amerikanischen Literatur angewandt (siehe *Through Other Continents. American Literature across Deep Time*), Sabrina Ferri hat das Gleiche mit der französischen und italienischen Literatur des achtzehnten und neunzehnten Jahrhunderts getan. In ihrem jüngst fertiggestellten Buchmanuskript *The Past in Ruins. History and Nature in Eighteenth- and Early-Nineteenth-Century Italy* behandelt Ferri unter anderem die Wirkungen der Entdeckung des Erdalters auf die poetische und historiographische Einbildungskraft in der Periode zwischen Giambattista Vico und Giacomo Leopardi. Siehe auch ihre Artikel über Geologie und Ruinenpoetik: »Lazzaro Spallanzani's Hybrid Ruins. A Scientist at Serapis and Troy« sowie »Time in Ruins. Melancholy and Modernity in the Pre-Romantic Natural Picturesque«.

Heterochronie

Näheres über das evolutionäre Konzept und die Rolle der Heterochronie findet sich bei Michael L. McKinney und Ken McNamara, *Heterochrony. The Evolution of Ontogeny*; Michael McKinney (Hg.), *Heterochrony in Evolution. A Multidisciplinary Approach*, und Ken McNamara (Hg.), *Evolutionary Change and Heterochrony*. Als neuere Arbeit vgl. Miriam Zelditch, *Beyond Heterochrony. The Evolution of Development*.

Ausgezeichnete, umfassende Darstellungen des Hegelschen Denkens liefern Charles Taylor, *Hegel*, und Terry Pinkard, *Hegel. A Biography*. Siehe auch *The Cambridge Companion to Hegel*, herausgegeben von Frederick

Beiser. Rebecca Comay konzentriert sich bei ihrem Ansatz auf die Rolle des Gedächtnisses in Hegels System: *Memory in Hegel und Heidegger*. Im zweiten Teil von *Hegel und Haiti* erörtert Susan Buck-Morss auf beeindruckende Weise Hegels Geschichtsphilosophie mit vielen treffenden Analysen zur Universalgeschichte (S. 109–207).

Vico hat eine Reihe ausgezeichneter englischsprachiger Kommentatoren gefunden, darunter R. G. Collingwood, Isaiah Berlin, Samuel Beckett, Donald Verene, Hayden White, Giorgio Tagliacozzo, Giuseppe Mazzotta, Mark Lilla, Peter Burke und Sandra Luft (siehe die Titelangaben im Literaturverzeichnis). Ich selbst habe Vico recht ausführlich in zweien meiner früheren Bücher behandelt, in *Wälder* (besonders S. 15–79) und in *Die Herrschaft des Todes* (siehe Register dort).

Zum Thema Entzauberung siehe die klassische Studie von Charles Edward Montague, *Disenchantment*, sowie Max Webers *Gesammelte Aufsätze zur Religionssoziologie*. Siehe auch das ausgezeichnete Buch von Marcel Gauchet, *Le désenchantement du monde*. Zum Thema der »Wiederverzauberung« siehe *The Re-Enchantment of the World. Secular Magic in a Rational Age*, herausgegeben von Joshua Landy und Michel Saler, ein Band, der eine erschöpfende Bibliographie zur Entzauberung enthält. Über Entzauberung und Säkularisierung siehe Charles Taylors maßgebende Studie *Ein säkulares Zeitalter*.

Einen Überblick über die religiösen Grundlagen der römischen Pietät gibt W. Warde Fowler in seinen ausgezeichneten Gifford Lectures, gesammelt und veröffentlicht unter dem Titel *The Religious Experience of the Roman People*. Siehe auch Valerie M. Warriors nützliche Einführung *Roman Religion* (besonders S. 25–70). Zum Verhältnis von Patriarchat und Pietät siehe Peter Garnsey und Richard Saller, *The Roman Empire. Economy, Society, and Culture*. Eine spezielle Analyse der Pietät des Aeneas gibt Eve Adler, *Vergil's Empire. Political Thought in the Aeneid* (S. 167–192, 219–300).

Die griechische Theogonie Hesiods, die ich in diesem Abschnitt heranziehe, wurde von Glenn Most in der Reihe Loeb Classical Library kritisch ediert [eine griechisch-deutsche Textausgabe ist in der Sammlung Tusculum erschienen]. *Greek Mythology and Poetics* von Gregory Nagy bleibt eine klassische Studie. Siehe auch das von Yves Bonnefoy herausgegebene *Dictionnaire des mythologies et des religions des sociétés traditionelles et du monde antique* und *The Cambridge Companion to Greek Mythology*, herausgegeben von Roger D. Woodard.

Zum Generationskonflikt in Griechenland und Rom siehe die ausgezeichnete Sammlung *The Conflict of Generations in Ancient Greece and Rome*, herausgegeben von Stephen Bertman. Eine interessante Studie über den ödipalen Konflikt zwischen den Generationen griechischer Götter liefert Richard S. Caldwell, *The Origins of the Cods. A Psychoanalytic Study of Greek Theogonic Myth*. Siehe auch Elizabeth S. Belfiore, *Murder among Friends. A Violation of Philia in Greek Tragedy*.

Generationskonflikte

Zum Thema der sozialen Einbettung und der Generativität siehe Gunhild O. Hagestad und Peter Uhlenberg, »The Social Separation of Old and Young. A Root of Ageism«. Eine viel breitere Behandlung findet die familiäre Dynamik von Alter und Generationen bei Ingrid A. Connidis, *Family Ties and Aging*.

Der *locus classicus* für die Soziologie der Generationskonflikte ist die sogenannte Strauss-Howe-Generationentheorie. William Strauss' und Neil Howes Untersuchung *Generations. The History of America's Future, 1584–2069* konzentriert sich auf die amerikanische Geschichte im Verlauf der Jahrhunderte; seither sind verschiedene weitere Werke von Autorengruppen erschienen. Ein wichtiger Vorläufer ist Karl Mannheim; siehe seinen Essay »Das Problem der Generationen«. Neuere soziologische Kommentare zu diesen und verwandten Themen finden sich auch bei Karen Foster, *Generation, Discourse, and Social Change*, und Jennifer Cole und Deborah L. Durham, *Generations and Globalization. Youth, Age, and Family in the New World Economy*. Zum Generationskonflikt der sechziger Jahre und zu seinen politischen Folgen siehe Rebecca E. Klatch, *A Generation Divided. The New Left, the New Right, and the 1960s*.

Ich vertrete in diesem Kapitel die These, dass eine tiefe Generationenkluft besonders in solchen Gesellschaften herrscht, die eher von »rebellischen« als »respektvollen« Formen der Heterochronie geprägt sind. Doch das Gefühl der Entfremdung zwischen der älteren und der jüngeren Generation ist ein wiederkehrendes Motiv in vielen Weltkulturen. So enthält *Lob der Schatten*, ein 1933 von dem japanischen Schriftsteller Jun'ichirō Tanizaki verfasster Essay, eine Passage, die es wert ist, an dieser Stelle zitiert zu werden, weil darin einige der zentralen Themen meines zweiten Kapitels widerhallen:

> Mit Betroffenheit stellte ich fest, dass sich die Alten, wie es scheint, überall auf der Welt in ähnlicher Weise äußern, je älter der Mensch wird, desto mehr kommt er auch ohne besonderen Anlass zur Überzeugung, früher sei alles besser gewesen als in der Gegenwart. [...] Zu keiner Zeit waren sie je mit der eigenen Gegenwart zufrieden. Dies gilt gerade auch für die jüngste Zeit: Nicht nur schreitet die

Kultur sehr rasch voran; unser Land [Japan] befindet sich überdies in einer ganz speziellen Situation, und deshalb entsprechen die Veränderungen, die seit der Meiji-Restauration [1867] stattgefunden haben, einer Entwicklung von vielleicht dreihundert oder gar fünfhundert Jahren. Wie ich das so hinschreibe, komme ich mir selber komisch vor; ich bin also auch in die Jahre gelangt, wo man derartige Altersweisheiten nachzubeten beginnt. Und doch ist sicher, dass die gegenwärtigen zivilisatorischen Einrichtungen ausschließlich der Jugend schmeicheln und sich ein Zeitalter anbahnt, das den alten Menschen nicht freundlich gesinnt ist. (S. 68 f.)

Gewiss, Tanazaki übertreibt, da eine Reihe von Annehmlichkeiten der modernen Kultur auf die Bedürfnisse der Alten ebenso wie auf die der Jungen zugeschnitten ist, doch fraglos verändert die Einführung neuer Annehmlichkeiten die Lebenswelten einer jeweiligen Gesellschaft oder Kultur. Es liegt fast schon in der Definition des Wortes, dass Weltveränderung Ältere mehr beunruhigt als Jüngere, gleichviel ob die neuen Annehmlichkeiten sich spezifisch an die Jungen richten oder nicht. Siehe zur Erörterung dieser Dynamik im vierten Kapitel die Abschnitte »*Amor mundi* und ein Gedicht über den Lauf der Dinge« und »Die Neuen«.

Tragische Weisheit

Einen Zugang zur griechischen Tragödie, der die meiner Auffassung nach entscheidenden Elemente hervorhebt, eröffnen die beiden bemerkenswerten Werke von Rush Rehm, *Greek Tragic Theater* und *The Play of Space. Spatial Transformation in Greek Tragedy*. Ein weiteres Buch, das ich besonders aufschlussreich fand, ist Daniel Mendelsohns *Gender and the City in Euripides' Political Plays*. H.D.F. Kittos *Greek Tragedy* bleibt eine unschätzbare Einführung in die Gattung des Tragischen bei den Griechen. Zum Auftauchen dieses Genres siehe Glenn Mosts »Generating Genres. The Idea of the Tragic«. Als nützliche Werke (unter sehr vielen) wären weiterhin zu nennen: David Wiles, *Mask and Performance in Greek Tragedy. From Ancient Festival to Modern Experimentation*, R.B. Rutherford, *Greek Tragic Style. Form, Language, and Interpretation*, und James Barrett, *Staged Narrative. Poetics and the Messenger in Greek Tragedy*. Eine anregende, die Grenzen der Zeitalter und Genres beherzt überschreitende Reflexion unternimmt Terry Eagleton, *Sweet Violence. The Idea of the Tragic*. Siehe auch J.M. Bernsteins Eintrag »Tragedy«, das dritte Kapitel in *The Oxford Handbook of Philosophy and Literature*, herausgegeben von Richard Eldridge, der seinerseits die Tragödie im achten

Kapitel seines Buches *The Persistence of Romanticism*, »What Can Tragedy Matter for Us?«, erörtert.

Anregungen zu *König Lear* verdanke ich insbesondere Stanley Cavells »The Avoidance of Love. A Reading of King Lear« sowie William Eltons maßgebendem Werk *King Lear and the Gods*. Eine Analyse des Shakespeareschen Gesamtwerks unter dem Gesichtspunkt von Lebens- und Zeitaltern unternimmt David Bevington in seinen Werken *The Seven Ages of Human Experience* und *Shakespeare's Ideas. More Things in Heaven and Earth*.

Drittes Kapitel

Neotene Revolutionen

Präambel

Eine neotene Revolution nach meinem Verständnis besitzt eine Dynamik ganz eigener Art. Die Fallstudien, mit denen ich mich in diesem Kapitel beschäftige, machen deutlich, worin genau diese Dynamik besteht. Ich habe verschiedene andere Theorien der Revolution betrachtet, und sei es nur, um abzuschätzen, inwiefern sie in Kontrast zu meinem eigenen stehen. Unter diesem Gesichtspunkt half mir ein Essay meines Kollegen Dan Edelstein weiter, »Do We Want a Revolution without a Revolution? Reflections on Political Authority«, der die Probleme erörtert, die sich bei der Aufstellung von Theorien über Revolutionen ergeben, und der eine wertvolle Bibliographie einiger der berühmtesten Theorien enthält. Beachtenswert ist Reinhart Kosellecks Essay »Historische Kriterien des neuzeitlichen Revolutionsbegriffs« sowie Alain Reys *Révolution. Histoire d'un mot*. Eine Darstellung der Entstehung dessen, was wir heute unter einer »Revolution« verstehen, gibt Keith Bakers *Inventing the French Revolution*, besonders S. 203–223. Siehe auch die Aufsätze in dem Band *The Age of Cultural Revolutions. Britain and France 1750–1820*, herausgegeben von Colin Jones und Dror Wahrman. Schließlich fand ich zwei von John Foran herausgegebene Bücher nützlich, *Theorizing Revolutions* und *The Future of Revolutions*, sowie den von John Foran, David Lane und Andreja Zivkovic edierten Band *Revolution in the Making of the Modern World*.

Sokratische Genialität

Zu Sokrates siehe Gregory Vlastos, *Socrates, Ironist and Moral Philosopher*. Siehe auch *The Cambridge Companion to Socrates*, herausgegeben von Daniel Morrison, und *A Companion to Socrates*, herausgegeben von Sara Ahbel-Rappe und Rachana Kamtekar. Diese Bände enthalten gründliche Bibliographien der zahllosen ausgezeichneten Bücher und Aufsätze, die der Gestalt des Sokrates gewidmet sind. Unter den Studien über die sokratische Philosophie und ihre Aktualität in unserer Zeit möchte ich zwei Aufsatzsammlungen von Alexander Nehamas nennen, die besondere Aufmerksamkeit verdienen: *The Art of Living. Socratic Reflections from Plato to Foucault* und *Virtues of Authenticity. Essays on Plato and Socrates*. Eine klassische Studie zu dem angeblich verderblichen Einfluss des Sokrates auf die athenische Jugend ist C. D. C. Reeve, *Socrates in the Apology*. Zur Politik des Sokrates siehe Richard Kraut, *Socrates and the State*.

In *De senectute* (Über das Alter) benutzt Cicero den Ausdruck *adulescentia* in seiner Erörterung der vier Hauptstufen des Lebens. *Adulescentia* kommt nach der Jugend (*pueritia*, siebzehn oder jünger) und vor dem mittleren Alter (*aetas media*, vierzig oder älter). Der römische Begriff der *adulescentia* ist also keineswegs identisch mit dem modernen Begriff der Adoleszenz, die wir als ein psychisches, hormonelles und institutionelles Übergangsstadium von der Pubertät zum Erwachsensein betrachten. Die klassische Studie zur Adoleszenz in dem letzteren, modernen Sinne ist Stanley Halls grundlegendes Buch *Adolescence*, das seit seiner Veröffentlichung vor mehr als neunzig Jahren wenig von seiner Bedeutung verloren hat. Zu diesem Unterschied zwischen dem römischen und dem modernen Adoleszenzbegriff siehe Marc Kleijwegt, *Ancient Youth. The Ambiguity of Youth and the Absence of Adolescence in Greco-Roman Society*, und Christian Laes, *Children in the Roman Empire. Outsiders Within*. Zur Entstehung der modernen Sicht auf die Adoleszenz siehe auch (unter vielen anderen Studien) Sarah E. Chinn, *Inventing Modern Adolescence. The Children of Immigrants in Turn of the Century America*, Joseph F. Kett, *Rites of Passage. Adolescence in America, 1790 to the Present*, Marcel Danesi, *Cool. The Signs and Meanings of Adolescence*, und Louise J. Kaplans persönliche Erinnerung *Abschied von der Kindheit*.

Platons *Politeia* wird nach der Übersetzung Friedrich Schleiermachers zitiert. Zu einem anderen Blick auf die Gestalt des Kephalos siehe Terence Irwin, *Plato's Ethics*, S. 179 f., Nickolas Pappas, *The Routledge Guide Book to Plato and the Republic*, S. 30–32, und Stanley Rosen, »Cephalus and Polemarchus«. Eine Deutung, die Affinitäten zu der meinigen aufweist, bietet C. D. C. Reeve, »Cephalus, Odysseus, and the Importance of Experience«.

Platonische Weisheit

Eine glänzende Sammlung von Essays, die die Standarddarstellung des Übergangs vom Mythos zum Logos in der griechischen Kultur in Frage stellen, enthält der von Richard Buxton herausgegebene Band *From Myth to Reason? Studies in the Development of Greek Thought*. Für besonders wertvoll halte ich den Beitrag von Glenn Most, »From Logos to Mythos«, S. 25–50. Buxton ist auch der Autor zweier ausgezeichneter Studien zur griechischen Mythologie, *Imaginary Greece* und *Myths and Tragedies in Their Ancient Greek Contexts*. Eine der hervorragendsten Arbeiten über Platons Umgang mit Mythen und verschiedenen literarischen Gattungen ist Andrea Nightingale, *Genres in Dialogue*. Siehe auch die gesammelten Aufsätze in dem Band *Plato and Myth. Studies on the Use and Status of Platonic Myths*, herausgegeben von Catherine Collobert, Pierre Destrée und Francisco J. Gonzalez. In der gleichen Reihe siehe *Plato and the Poets*, herausgegeben von Pierre Destrée und Fritz-Gregor Herrmann. Als weitere wertvolle Untersuchungen wären zu nennen: *Plato's Myths*, herausgegeben von Catalin Partenie, *Platon, les mots et les mythes* von Luc Brisson sowie Platons *Selected Myths* in der Reihe der Oxford World Classics. Siehe auch Jonathan Lear, »Allegory and Myth in Plato's *Republic*«.

Zur Gestalt des Sokrates in Platons Dialogen siehe Gregory Vlastos' Kapitel »Socrates Contra Socrates in Plato«, in: *Socrates. Ironist and Moral Philosopher*, S. 45–80, sowie Vlastos, *Socratic Studies*, S. 87–108. Dazu auch Sandra Peterson, *Socrates and Philosophy in the Dialogues of Plato*.

Das Kind und das Himmelreich

Allen, die an dem interessiert sind, was ich die christliche »Theologie des Kindes« nenne, empfehle ich neben anderen Untersuchungen *The Child in Christian Thought*, herausgegeben von Marcia JoAnn Bunge; ebenso *The Child in the Bible*, herausgegeben von Marcia J. Bunge, Terence E. Fretheim und Beverly Roberts Gaventa, sowie *Let the Little Children Come to Me. Childhood and Children in Early Christianity*, herausgegeben von Cornelia B. Horn und John W. Martens.

Zu Nietzsches Verhältnis zum Christentum siehe Jörg Salaquarda, »Nietzsche and the Judaeo-Christian Tradition«; zu Nietzsches »Umwertung« siehe Kathleen Marie Higgins, »Rebaptizing Our Evil. On the Revaluation of All Values«. Siehe auch den Abschnitt über die Umwertung bei Brian Leiter, *The Routledge Guidebook to Nietzsche on Morality*, S. 26–35. Eine besonders gute neuere Studie ist Bernard Reginster, *The Affirmation of Life. Nietzsche on Overcoming Nihilism*.

Über die Tradition der christlichen »Toren«, die sich von den Worten des heiligen Paulus im 1. Korintherbrief inspirieren ließ, siehe die maßgebende Arbeit *Holy Fools in Byzantium and Beyond* von Sergey A. Ivanov.

Mehrere zeitgenössische Philosophen haben sich nicht nur gründlich mit Paulus befasst, sondern haben sich ihn auch in der einen oder anderen Weise zu eigen gemacht. Siehe zum Beispiel Alain Badiou, *Paulus. Die Begründung des Universalismus*; Giorgio Agamben, *Die Zeit, die bleibt. Ein Kommentar zum Römerbrief*; Slavoj Žižek, »Die Politik der Wahrheit oder Alain Badiou als Paulus-Leser«. Siehe auch *Saint Paul among the Philosophers*, herausgegeben von John D. Caputo und Linda Martin Alcoff, zu weiteren Essays über den heiligen Paulus in der zeitgenössischen europäischen Philosophie.

Über den heiligen Paulus im allgemeinen und seine Bekehrungstheologie im besonderen siehe Richard Peace, *Conversion in the New Testament. Paul and the Twelve*; ebenso *The Cambridge Companion to St. Paul*, herausgegeben von James D. G. Dunn, besonders den dritten Teil mit den Abschnitten von Alan F. Segal, Graham M. Stanton, L. W. Hurtado, Luke Timothy Johnson und Brian Rosner. Siehe auch James D. G. Dunn, *The Theology of Paul the Apostle*, eine ausgezeichnete Studie zu verschiedenen Aspekten des paulinischen Denkens.

Eine klassische Untersuchung über die Theologie der Taufe liefert Raymond Beasley-Murray, *Baptism in the New Testament*. Siehe auch die Anthologie *Dimensions of Baptism. Biblical and Theological Studies*, herausgegeben von Stanley E. Porter und Anthony R. Cross, sowie das umfangreiche Werk *Ablution, Initiation, and Baptism. Late Antiquity, Early Judaism, and Early Christianity*, herausgegeben von David Hellholm, Tor Vegge, Oyvind Norderval und Christer Hellholm. Eine neuere Monographie über die Taufe liefert Everett Ferguson, *Baptism in the Early Church. History, Theology, and Liturgy in the First Five Centuries*.

Für meine philosophischen Überlegungen zum Christentum war mir auch das Werk Karl Rahners dienlich; sein wichtigstes Werk ist der *Grundkurs des Glaubens. Einführung in den Begriff des Christentums*. Siehe Thomas Sheehans ausgezeichnetes Buch *Karl Rahner. The Philosophical Foundations*. Siehe auch *The Cambridge Companion to Karl Rahner*, herausgegeben von Declan Marmion und Mary E. Hines, sodann Karen Kilby, *Karl Rahner. Theological Philosophy*, und Patrick Burke, *Reinterpreting Rahner. A Critical Study of His Major Themes*.

Christliche Weisheit

Zu den paganen Angriffen auf das Christentum und zur Apologetik der frühen Kirchenväter stütze ich mich weitgehend auf die detaillierten Darstellungen, die Jaroslav Pelikan in seinem maßgebenden fünfbändigen Werk *The Christian Tradition* geliefert hat (meine Hauptquelle in diesem Abschnitt ist Band 1, *The Emergence of the Catholic Tradition*). Siehe auch John Granger Cook, *The Interpretation of the Old Testament in Greco-Roman Paganism*, sowie den von Ramsay MacMullen und Eugene Lane herausgegebenen Band *Paganism and Christianity (100–425 CE). A Sourcebook*. Zu späteren Jahrhunderten, die ich hier nicht mehr erörtere, siehe *Christianity and Paganism, 350–750. The Conversion of Western Europe*, herausgegeben von J. N. Hillgarth, sowie Ramsay McMullen, *Christianity and Paganism in the Fourth to Eighth Centuries*. Ein weiteres Werk, das mir sehr weiterhalf, war Avery Cardinal Dulles, *A History of Apologetics*.

Zu den Debatten zwischen Christen und Heiden über das relative Alter ihrer jeweiligen Traditionen siehe Arthur Droges exzellentes Buch *Homer or Moses? Early Christian Interpretations of the History of Culture*. Zur Geschichte des Begriffs *logos spermatikos* siehe den herausragenden Artikel von R. Holte, »Logos Spermatikos. Christianity and Ancient Philosophy According to Saint Justin's Apologies«. Näheres zu Justins Verwendung des stoischen Begriffs findet man bei Susan Wendel, »Interpreting the Descent of the Spirit«, sowie ihr Buch *Scriptural Interpretation and Community Self-Definition in Luke-Acts and the Writings of Justin Martyr*. Ein weiteres recht nützliches Werk über das frühe Christentum ist Peter Lampes *Die stadtrömischen Christen in den ersten beiden Jahrhunderten*.

Zur christlichen Typologie siehe John J. O'Keefe, »Typology«; O'Keefe und R. R. Reno, *Sanctified Vision. An Introduction to Early Christian Interpretations of the Bible*; Leonhardt Goppelt, *Typos. The Typology Interpretation of the Old Testament in the New*, und Sydney Greidanus, *Preaching Christ from the Old Testament. A Contemporary Hermeneutical Method*.

Das Kind der Aufklärung

Zu Hegels Verständnis der Aufklärung siehe den Abschnitt »Die Aufklärung« in der *Phänomenologie des Geistes* (VI, B, II, S. 398–431). Siehe auch die Essays in *Hegel on the Modern World*, herausgegeben von Ardis B. Collins, und die ältere Studie von Lewis P. Hinchman, *Hegel's Critique of the Enlightenment*. Neben einer Reihe von weiteren ausgezeichneten Untersuchungen siehe auch Frederick Beiser, *Hegel*, Allen Wood, *Hegel's*

Ethical Thought, und Frederick Neuhouser, *Foundations of Hegel's Social Theory. Actualizing Freedom.*

Zur Rolle Galileis als eines der Gründer der modernen naturwissenschaftlichen Methode nimmt die Zahl der Titel kein Ende. Ein ausgezeichneter Band zur Einführung ist der von Peter Machamer herausgegebene *Cambridge Companion to Galileo*. Zu den Einzelheiten seines Inquisitionsverfahrens siehe William R. Shea und Mariano Artigas, *Galileo in Rome. The Rise and Fall of a Troublesome Genius*. Siehe auch das Gesamtwerk Maurice Finocchiaros, darunter seine Bücher *The Galileo Affair. A Documentary History*, sodann *Retrying Galileo, 1633–1992*, und das *Routledge Guidebook to Galileo's Dialogue*.

In meinem Buch *Wälder. Ursprung und Spiegel der Kultur* erörtere ich unter einem anderen Gesichtspunkt Descartes' Klage darüber, dass wir nicht als Erwachsene im Vollbesitz unserer Vernunft geboren werden, sondern eine Kindheitsperiode durchlaufen müssen; siehe den Abschnitt »Die Wege der Methode«, S. 135–139.

Kants Verständnis der Aufklärung hat die Gelehrten ausgiebig beschäftigt. Erwähnen möchte ich hier Katerina Deligiorgis Studie *Kant and the Culture of Enlightenment* und Michel Foucaults wichtige Überlegungen in seinem Essay »Was ist Aufklärung?«.

Zu den Themen Vernunft, Moderne und Reife siehe David Owen, *Maturity and Modernity. Nietzsche, Weber, Foucault, and the Ambivalence of Reason*; zu Kant und zum Begriff der Reife siehe insbesondere S. 7–15. Zu Kants Verständnis der menschlichen Natur siehe Allen Wood, »Kant and the Problem of Human Nature«; Robert B. Louden, *Kant's Human Being* sowie *Kant's Impure Ethics*; schließlich Patrick R. Frierson, *Freedom and Anthropology in Kant's Moral Philosophy*. Siehe auch Michel Foucaults *Einführung in Kants ›Anthropologie‹*, seine *thèse complémentaire* von 1961.

Die Unabhängigkeit erklären

Zu den Untersuchungen, aus denen ich am meisten über die amerikanische Unabhängigkeitserklärung gelernt habe, ist der Band *Declaring Independence* meines verstorbenen Stanforder Kollegen Jay Fliegelman. Siehe auch Pauline Maier, *American Scripture. Making the Declaration of Independence*, und Gary Wills, *Inventing America. Jefferson's Declaration of Independence*. Meine Lesart der kleinen »neotenen Revolution« des einleitenden Satzes fällt strikt in meine Verantwortung. Ich habe darüber in anderem Zusammenhang in »The Book from Which Our Literature Springs« gehandelt. Als er das Wort »heilig« in »selbstevident« abänderte, glaubte Benjamin Franklin die in Frage stehenden Wahrheiten auf die Vernunft statt auf den Glauben zu gründen. Doch nach meiner Interpretation schließt der Ausdruck »Selbstevidenz« – wissentlich oder nicht – eine schöpferische Wiederentdeckung und Rückprojektion des überkommenen christlichen Glaubens ein, der (wie ich in diesem Abschnitt darlege) traditionell als »Evidenz der Dinge, die man nicht sieht« definiert wurde.

Zu dem Lockeschen Vermächtnis, das in dem Konzept der »Regierung kraft Zustimmung der Regierten« in der Unabhängigkeitserklärung enthalten ist, siehe Gillian Brown, *The Consent of the Governed*.

Die amerikanische Verfassung

Meine historische Revue der Ereignisse, Ideen und Quellen der amerikanischen Verfassung ist in hohem Maße dem Werk Gordon S. Woods verpflichtet, vor allem seinem richtungweisenden Buch *The Creation of the American Republic, 1776–1787*. Die meisten wörtlichen Zitate in diesem Abschnitt sind diesem Buch entnommen.

Roger Williams, der Gründer der Kolonie von Rhode Island, war eine faszinierende Gestalt der ersten Welle des amerikanischen Puritanismus. Perry Miller schildert ihn beredt in *Roger Williams. His Contribution to the American Tradition*. Zu Williams als Vorläufer der Doktrin der Trennung von Kirche und Staat siehe Timothy L. Hall, *Separating Church and State. Roger Williams and Religious Liberty*; John M. Barry, *Roger Williams and the Creation of the American Soul. Church, State, and the Birth of Liberty*; sowie Edwin S. Gaustad, *Liberty of Conscience. Roger Williams in America*.

Zu dem Misstrauen der *Federalists* gegenüber der Demokratie als »Volksherrschaft« siehe Wood, *Creation of the American Republic*, S. 483–531.

Gettysburg

Zu Emersons Ansichten über die Sklaverei siehe *Emerson's Antislavery Writings*, herausgegeben von Len Gougeon und Joel Myerson. Zu der Bedeutung von Brudermord und Opfer bei der Gründung Roms siehe die bemerkenswerten Überlegungen René Girards in seinen Essays zu Shakespeares *Theater des Neides*, vor allem in »Das große Rom soll saugen belebend Blut. Der Gründungsmord in *Julius Caesar*«. Aus einer ganz anderen Perspektive Cynthia J. Bannon, *The Brothers of Romulus. Fraternal »Pietas« in Roman Law, Literature, and Society*. Sowohl in seinen *Dis-*

corsi. Gedanken über Politik und Staatsführung als auch in *Der Fürst* beharrt Machiavelli auf dem blutigen Opfercharakter der Gründung Roms und bringt die Größe Roms mit jenem uranfänglichen Akt des Brudermords in Verbindung; siehe das Erste Buch der *Discorsi*. Zu den Anfängen Roms siehe auch Alexandre Grandazzi, *La fondation de Rome. Réflexion sur l'histoire*; H. H. Scullard, *A History of the Roman World, 753–146 BC*; und Augusto Fraschetti, *The Foundation of Rome*.

Bereits früher, wenngleich aus anderer Perspektive, habe ich die *Gettysburg Address* in meinem Buch *Die Herrschaft des Todes* sowie in »America. The Struggle to Be Reborn« analysiert. Es gibt zahllose Kommentare zu Lincolns Rede; auf einen möchte hier besondere Aufmerksamkeit lenken: Gary Wills, *Lincoln at Gettysburg. The Words That Remade America*.

Viertes Kapitel
Amor mundi

Klärungen

Hannah Arendt führte den Begriff »Natalität« erstmals in ihrem Buch *Vita activa oder Vom tätigen Leben* ein. Mit diesem Ausdruck meinte sie die stets vorhandene Möglichkeit, dass Menschen entweder von sich aus oder im Zusammenwirken mit anderen Handlungen unternehmen, die etwas Neues in die Welt bringen. Menschsein heißt zu weltverändernden Initiativen fähig sein. Oder wie Arendt selbst in einer bewegenden Passage ihres Buches sagt:

> Das Wunder, das den Lauf der Welt und den Gang menschlicher Dinge immer wieder unterbricht und vor dem Verderben rettet, das als Keim in ihm sitzt und als »Gesetz« seine Bewegung bestimmt, ist schließlich die Tatsache der Natalität, das Geborensein, welches die ontologische Voraussetzung dafür ist, dass es so etwas wie Handeln überhaupt geben kann. [...] Das »Wunder« besteht darin, dass überhaupt Menschen geboren werden, und mit ihnen der Neuanfang, den sie handelnd verwirklichen können kraft ihres Geborenseins. Nur wo diese Seite des Handelns voll erfahren ist, kann es so etwas geben wie »Glaube und Hoffnung«, also jene beiden wesentlichen Merkmale menschlicher Existenz, von denen die Griechen kaum etwas wussten, bei denen Treu und Glauben sehr selten und für den Gang ihrer politischen Angelegenheiten ohne Belang waren und die Hoffnung das Übel aus der Büchse der Pandora, welche die Men-

schen verblendet. Dass man in der Welt Vertrauen haben und dass man für die Welt hoffen darf, ist vielleicht nirgends knapper und schöner ausgedrückt als in den Worten, mit denen die Weihnachtsoratorien »die frohe Botschaft« verkünden: »Uns ist ein Kind geboren.« (S. 243)

Grob gesprochen, richteten sich meine Bemühungen in diesem Buch darauf, die innere kulturelle Dynamik der Natalität zu klären und einzuschätzen, um beurteilen zu können, ob und inwieweit unsere zeitgenössische Verjüngung den Charakter eines »Wunders« hat, das die Welt vor ihrem natürlichen Weg ins »Verderben« »rettet«, oder ob sie vielmehr eine historisch ungewöhnliche Form dieses Verderbens darstellt. Wie mein Epilog deutlich macht, ist uns zum gegenwärtigen Zeitpunkt eine definitive Antwort auf diese Frage noch nicht möglich.

Zu Arendts Gedanken zur Natalität siehe Patricia Bowen-Moore, *Hannah Arendt's Philosophy of Natality*, und Peg Birmingham, *Hannah Arendt and Human Rights. The Predicament of Common Responsibility* (besonders S. 4–34, »The Event of Natality. The Ontological Foundation of Human Rights«). Unter neueren Aufsätzen siehe Jonathan Schell, »A Politics of Natality«; Margarete Durst, »Birth and Natality in Hannah Arendt«; Miguel Vatter, »Natality and Biopolitics in Hannah Arendt«; Mavis Louise Biss, »Arendt and the Theological Significance of Natality«, und Jeffrey Champlin, »Born Again. Arendt's ›Natality‹ as Figure and Concept«. Arendt verfügt über eine ganze Armee ausgezeichneter Kommentatoren (siehe *The Cambridge Companion Guide to Hannah Arendt*, herausgegeben von Dana Villa, mit einer ausführlichen Bibliographie). Die maßgebende, erstklassige Biographie ist Elisabeth Young-Bruehls *Hannah Arendt. Leben, Werk und Zeit*. Der Tiefe seiner Gedanken und der Schärfe seiner Einsichten halber empfehle ich Roger Berkowitz' Einführung in *Thinking in Dark Times*, herausgegeben von Berkowitz, Thomas Keenan und Jeffrey Katz (S. 1–16), sowie mehrere der ausgezeichneten Essays dieser Sammlung.

In seinen *Cahiers* (Bd. 3, S. 273) schrieb Paul Valéry: »La connaissance s'étend comme un arbre, par un procédé identique à lui-même: en se répétant. *Novat reiterando*« (»Die Erkenntnis erweitert sich wie ein Baum, durch einen selbstidentischen Prozess: indem sie sich wiederholt. Sie erneuert sich durch Wiederholung«). Eine ausgezeichnete Sammlung von Essays zu diesem bemerkenswerten französischen Dichter ist *Reading Paul Valéry. Universe in Mind*, herausgegeben von Paul Gifford und Brian Stimpson. Eine weitere schöne Studie ist Christine M. Crow, *Paul Valéry and the Poetry of Voice*.

Eine interessante Darstellung der Ursprünge und der Überlieferung von Ezra Pounds berühmter Devise »Mach es neu« liefert Michael North in seinem überzeugenden Buch *Novelty. A History of the New*.

Zu Dantes Aneignung der paganen Tradition siehe Kevin Brownlee, »Dante and the Classical Poetics«, und Michelangelo Picone, »Dante and the Classics«. Siehe auch Winthrop Wetherbee, *The Ancient Flame. Dante and the Poets*, sowie *The Poetry of Allusion. Virgil and Ovid in Dante's Commedia*, herausgegeben von Rachel Jacoff und Jeffrey Schnapp.

Zu Petrarca siehe *Petrarch. A Critical Guide to the Complete Works*, herausgegeben von Victoria Kirkham und Armando Maggi. Siehe auch Giuseppe Mazzottas superben Band *The Worlds of Petrarch*. Zu Petrarcas Humanismus siehe Gur Zak, *Petrarch's Humanism and the Care of Self*.

Zum Verhältnis Nietzsches zur Philologie siehe James I. Porter, *Nietzsche and the Philology of the Future*. Über Nietzsche und die antike Philosophie schreibt Jessica Berry in *Nietzsche and the Ancient Skeptical Tradition*. Siehe auch die Essays in dem Band *Nietzsche and Antiquity. Reaction and Response to the Classical Tradition*, herausgegeben von Paul Bishop. Tracy Strong diskutiert Nietzsche und die Griechen im sechsten Kapitel seines Buches *Friedrich Nietzsche and the Politics of Transfiguration*, ebenso wie Dennis J. Schmidt im fünften Kapitel seines Werkes *On Germans and Other Greeks. Tragedy and Ethical Life*. Siehe auch *Nietzsche as Scholar of Antiquity*, herausgegeben von Anthony K. Jensen und Helmut Heit.

Die Welt verändern

Über Genie siehe Darrin MacMahon, *Divine Fury*, ein neueres Buch, das eine interessante und aufregende Geschichte des Begriffs des individuellen Genies bietet.

Zu Hannah Arendt und zum Begriff *amor mundi* siehe Marieke Borrens bemerkenswerte Dissertation »Amor Mundi. Hannah Arendt's Political Phenomenology of the World« ⟨http://dare.uva.nl/document/469656⟩. Siehe auch Svetlana Boyms bewegende Abschnitte über Hannah Arendt in *Another Freedom* (S. 24–30, 224–232, 255–265). Siehe auch Sigrid Weigel, »Per-sonare, poetische Differenz und Selbstübersetzung. Der Sound von Hannah Arendts Denken und Schreiben«.

Zu Walter Benjamins »destruktivem Charakter« siehe Irving Wohlfarth, »No-Man's-Land. On Walter Benjamins ›Destructive Character‹«, ein Aufsatz, der auch in einer wertvollen, von Andrew Benjamin und Peter Osborne herausgegebenen Essaysammlung enthalten ist: *Walter Benjamin's Philosophy. Destruction and Experience*.

Amor mundi und ein Gedicht
über den Lauf der Dinge

Zu Larkins Gedicht »Going, Going« / »Der Lauf der Dinge« siehe den genauen Kommentar von Rob Rollison, »Going, Going by Philip Larkin« auf der Website *The Poetry Room*. Eine kleine Auswahl generell zur Larkin-Forschung: Janice Rossen, *Philip Larkin. His Life's Work*; Tijana Stojkovic, »*Unnoticed in the Casual Light of Day*«. *Philip Larkin and the Plain Style*; *Philip Larkin. The Man and His Work*, herausgegeben von Dale Salwak; Salem Hassan, *Philip Larkin and His Contemporaries*; Stephen Cooper, *Philip Larkin. Subversive Writer*; Richard Palmer, *Such Deliberate Disguises. The Art of Philip Larkin*.

Die Neuen

Zur Rolle der Kinder im antiken Griechenland siehe außer den Werken, die im Abschnitt »Platonische Weisheit« im dritten Kapitel angeführt wurden: *Coming of Age in Ancient Greece. Images of Childhood from the Classical Past*, herausgegeben von Jenifer Neils und John Howard Oakley; Mark Golden, *Children and Childhood in Classical Athens*; und *Conflict of Generations in Ancient Greece and Rome*, herausgegeben von Stephen Bertman.

Zur griechischen Erziehung *(paideia)* siehe Werner Jaegers mehrbändiges Werk *Paideia. Die Formung des griechischen Menschen*.

Zu Wahrnehmung und Gedächtnis bei Bergson siehe G. William Barnard, *Living Consciousness. The Metaphysical Vision of Henri Bergson*, und Leonard Lawlor, *The Challenge of Bergsonism*, neben anderen neueren Studien.

Junge Liebe

Zu D. H. Lawrence siehe Robert E. Montgomery, *The Visionary D. H. Lawrence. Beyond Philosophy and Art*; Jack Stewart, *The Vital Art of D. H. Lawrence. Vision and Expression*, und die dreibändige *Cambridge Biography of D. H. Lawrence* von John Worthen, Mark Kinkead-Weekes und David Ellis. Besonders verpflichtet bin ich den hervorragenden Untersuchungen zu Lawrence' Werk von Keith M. Sagar, Büchern wie *The Art von D. H. Lawrence* und *D. H. Lawrence. Life into Art*. Meine Überlegungen zu Lawrence in diesem Abschnitt stehen in der Schuld von Sagars anregendem Werk, das einen großen Reichtum an Zitaten aus Lawrence' Schriften bietet.

Besonders gedankenreiche Reflexionen über Emerson und seinen Essay »Experience« findet man in Stanley Cavells Aufsatz »Finding as Founding. Taking Steps in Emerson's ›Experience‹«. Siehe auch die Erörterung dieses Aufsatzes in meiner Rezension von Emersons Tagebüchern unter dem Titel »Emerson: The Good Hours«.

Nach langem Schweigen

Zu Yeats' Gedicht »After Long Silence« / »Nach langem Schweigen« siehe den meisterhaften Essay von Marjorie Perloff, »How to Read a Poem. W. B. Yeats' ›After Long Silence‹«.

Machiavellis Brief an Vettori unter dem Datum vom 10. Dezember 1513 wird zitiert nach Friederike Hausmann, *Zwischen Landgut und Piazza. Das Alltagsleben von Florenz in Niccolò Machiavellis Briefen*. Zu diesem Brief siehe John Najemy, *Between Friends. Discourses of Power and Desire in the Machiavelli-Vettori-Letters of 1513–1515*. Siehe auch *The Cambridge Companion to Machiavelli*, herausgegeben von John Najemy, sowie die Essays in dem Band *Machiavelli and Republicanism*, herausgegeben von Gisela Bock, Quentin Skinner und Maurizio Viroli. Viele Anregungen zu Machiavelli verdanke ich auch dem persönlichen Gespräch mit dem italienischen Gelehrten Gabriele Pedullà.

Das bezwingendste Bild für die »ehrfürchtige Haltung« eines Lesers findet sich meiner Ansicht nach in Wallace Stevens' Gedicht »The House was Quiet and the World was Calm« / »Das Haus war ruhig und die Welt war still«:

The house was quiet and the world was calm.
The reader became the book; and summer night

Was like the conscious being of the book.
The house was quiet and the world was calm.

The words were spoken as if there was no book,
Except that the reader leaned above the page,

Wanted to lean, wanted much most to be
The scholar to whom his book is true, to whom

The summer night is like a perfection of thought.
The house was quiet because it had to be.

The quiet was part of the meaning, part of the mind:
The access of perfection to the page.

And the world was calm. The truth in a calm world,
In which there is no other meaning, itself

Is calm, itself is summer and night, itself
Is the reader leaning late and reading there.

In der Übertragung von Kurt Heinrich Hansen:

Das Haus war ruhig und die Welt war still.
Der Leser wurde das Buch; die Sommernacht war

Wie das bewusste Sein des Buches.
Das Haus war ruhig und die Welt war still.

Die Worte wurden gesprochen, als wäre da kein Buch,
Nur dass sich der Leser über die Seiten beugte,

Sich beugen wollte, sich innig der Gelehrte
Zu sein wünschte, für den sein Buch wahr ist, für den

Die Sommernacht wie ein vollkommener Gedanke ist.
Das Haus war ruhig, weil es ruhig sein musste.

Die Ruhe war Teil der Bedeutung, Teil des Geistes:
Der Zugang der Vollkommenheit zum Buch.

Und wie Welt war still. Die Wahrheit in einer stillen Welt,
In der kein anderer Sinn liegt, ist selber

Still, ist selber Nacht und Sommer, ist selbst
Der Leser, der spät dort sitzt und liest.

(S. 140 f.)

Alle, die noch gründlich lesen, gleichen Stevens' »Leser, der spät dort sitzt«, denn historisch gesprochen ist es in der Tat spät geworden, auch wenn die Welt mitnichten still ist.

Wir könnten darauf verweisen, dass die jüngsten Empfehlungen für einheitliche Mindestanforderungen in den Lehrplänen staatlicher Schulen in Amerika *(Common Core State Standards)* die Sache der Weisheit nicht eben förderlich sind. Diese Normen, die von sechsundvierzig Staaten gebilligt wurden, empfehlen, dass die Hälfte der Lektüre der vierten

Jahrgangsstufe und siebzig Prozent der Lektüre der zwölften eher »informierenden« als »literarischen« Charakter haben sollen. Denn, so die Begründung, »der überwiegende Teil der geforderten Lektüre im College und in Berufsausbildungsprogrammen ist strukturell und inhaltlich Informationsvermittlung; universitäre Ausbildungsprogramme verpflichten die Studenten typischerweise in größerem Umfang zu solcher Lektüre, als sie gewöhnlich in Schulen bis zur zwölften Jahrgangsstufe verlangt wird, und erwarten vergleichsweise wenig Basislektüre«. In einem Leitartikel des *San Francisco Chronicle* hieß es dazu: »Im ganzen Land streichen die Englischlehrer Shakespeare und Keats aus dem Lehrplan und fordern ihre Schüler auf, Konjunkturberichte und Management-Ratgeber zu lesen. Weg mit *Macbeth* und her mit den monatlichen Wirtschaftsanalysen der Federal Reserve Bank of San Francisco!« (»Der Abbau der Literatur«, 2. Dezember 2012) Zweifellos wird das Erlernen von Grundtechniken der informationsvermittelnden Lektüre den Studenten dabei helfen, das College tüchtiger und effizienter zu durchlaufen. Worüber sie später im Leben gründlich zu reden haben, steht auf einem anderen Blatt.

Lebenslanges Lernen

Die Anekdote von Sokrates auf dem Totenbett wird von Italo Calvino in seinem Essay »Warum Klassiker lesen?« (S. 14) zitiert. Er beruft sich auf einen apokryphen Bericht des rumänischen Schriftstellers Emil Cioran von Sokrates' letzter Stunde.

LITERATUR

Adler, Eve, *Vergil's Empire. Political Thought in the Aeneid*, Lanham, MD: Rowman and Littlefield 2003.
Agamben, Giorgio, *Das Offene. Der Mensch und das Tier*, aus dem Italienischen von Davide Giuriato, Frankfurt am Main: Suhrkamp 2003.
–, *Kindheit und Geschichte. Zerstörung der Erfahrung und Ursprung der Geschichte*, aus dem Italienischen von Davide Giuriato, Frankfurt am Main: Suhrkamp 2004.
–, *Die Zeit, die bleibt. Ein Kommentar zum Römerbrief*, aus dem Italienischen von Davide Giuriato, Frankfurt am Main: Suhrkamp 2006.
–, »Walter Benjamin und das Dämonische«, in: ders., *Die Macht des Denkens. Gesammelte Essays*, übersetzt von Francesca Raimondi, Frankfurt am Main: S. Fischer 2013, S. 237–273.
Ahbel-Rappe, Sara, und Rochana Kamtekar (Hg.), *A Companion to Socrates*, Malden, MA: Wiley-Blackwell 2006.
Ansell-Pearson, Keith, *Philosophy and the Adventure of the Virtual. Bergson and the Time of Life*, London: Routledge 2002.
Arendt, Hannah, »Gedanken zu Lessing: Von der Menschlichkeit in finsteren Zeiten« (1959), in: dies., *Menschen in finsteren Zeiten*, herausgegeben von Ursula Ludz, München/Zürich: Piper 1989, S. 17–48.
–, *Vita activa oder Vom tätigen Leben* (1958), München/Zürich: Piper 2002.
Arnett, Jeffrey J., »Emerging Adulthood. A Theory of Development from the Late Teens through the Twenties«, in: *American Psychologist* 55, 5 (2000), S. 469–480.
Astington, Harris J., Paul L. Harris und David R. Olson (Hg.), *Developing Theories of Mind*, Cambridge: Cambridge University Press 1988.
Atkins, Peter, Ian Gordon Simmons und Brian K. Roberts (Hg.), *People, Land, and Time. The Relations between Landscape, Culture, and Environment*, London: Arnold 1998.

Badiou, Alain, *Paulus. Die Begründung des Universalismus*, aus dem Französischen von Heinz Jatho, Zürich/Berlin: Diaphanes 2009.
Baker, Alan R. H. (Hg.), *Geography and History. Bridging the Divide*, Cambridge: Cambridge University Press 2003.
– und Mark Billinge (Hg.), *Period and Place. Research Methods in Historical Geography*, Cambridge: Cambridge University Press 1982.
Baker, Keith Michael, *Inventing the French Revolution*, Cambridge: Cambridge University Press 1990.
Bannon, Cynthia J., *The Brothers of Romulus. Fraternal »Pietas« in Roman Law, Literature, and Society*, Princeton, NJ: Princeton University Press 1997.
Banville, John, *Caliban*, aus dem Englischen von Christa Schuenke, Köln: Kiepenheuer & Witsch 2004.
Barbierei, Marcello (Hg.), *Introduction to Biosemiotics. The New Biological Synthesis*, Dordrecht: Springer 2007.
Barnard, G. William, *Living Consciousness. The Metaphysical Vision of Henri Bergson*, Albany: State University of New York Press 2011.
Barret, James, *Staged Narrative. Poetics and the Messenger in Greek Tragedy*, Berkeley: University of California Press 2002.
Barry, John M., *Roger Williams and the Creation of the American Soul. Church, State, and the Birth of Liberty*, New York: Viking 2012.
Baxter, Stephen, *Ages in Chaos. James Hutton and the Discovery of Deep Time*, New York: Forge 2004.
Beasley-Murray, George Raymond, *Baptism in the New Testament*, Grand Rapids, MI: Eerdmans 1962.
Beckett, Samuel, *Molloy*, aus dem Französischen von Erich Franzen, in: *Werke*, Bd. 3, herausgegeben von Elmar Tophoven und Klaus Birkenhauer, Frankfurt am Main: Suhrkamp 1976, S. 5–244.
–, *Der Namenlose*, aus dem Französischen von Elmar Tophoven, in: *Werke*, Bd. 3, herausgegeben von Elmar Tophoven und Klaus Birkenhauer, Frankfurt am Main: Suhrkamp 1976, S. 395–566.
–, »Dante ... Bruno ... Vico ... Joyce« (1929), in: Lawrence Rainey (Hg.), *Modernism. An Anthology*, Malden, MA: Wiley-Blackwell 2005, S. 1061–1072.
Beiser, Frederick, *Hegel*, New York: Routledge 2005.
– (Hg.), *The Cambridge Companion to Hegel*, Cambridge: Cambridge University Press 1993.
Belfiore, Elizabeth S., *Murder among Friends. A Violation of Philia in Greek Tragedy*, Oxford: Oxford University Press 2000.
Benjamin, Andrew, und Peter Osborne (Hg.), *Walter Benjamin's Philosophy. Destruction and Experience*, London: Routledge 1994.

Benjamin, Walter, »Der destruktive Charakter«, in: *Gesammelte Schriften*, Bd. IV·1, herausgegeben von Tillman Rexroth, Frankfurt am Main: Suhrkamp 1972, S. 396–398.
–, Über den Begriff der Geschichte. *Werke und Nachlaß. Kritische Gesamtausgabe*, im Auftrag der Hamburger Stiftung zur Förderung von Wissenschaft und Kultur herausgegeben von Christoph Gödde und Henri Lonitz, Bd. 19, Berlin: Suhrkamp 2010.
Bergson, Henri, *Schöpferische Evolution* (1907), neu aus dem Französischen übersetzt von Margarethe Drewsen, Hamburg: Meiner 2013.
–, *Dauer und Gleichzeitigkeit. Über Einsteins Relativitätstheorie* (1922), deutsche Erstübersetzung aus dem Französischen von Andris Breitling, Hamburg: Philo Fine Arts 2014.
Berkowitz, Roger, Thomas Keenan und Jeffrey Katz (Hg.), *Thinking in Dark Times. Hannah Arendt on Ethics and Politics*, New York: Fordham University Press 2009.
Berlin, Isaiah, »Giambattista Vico und die Kulturgeschichte«, in: ders., *Das krumme Holz der Humanität. Kapitel der Ideengeschichte*, aus dem Englischen von Reinhard Kaiser, Frankfurt am Main: S. Fischer 1992, S. 72–96.
Bernstein, J. M., »Tragedy«, in: Richard Eldridge (Hg.), *The Oxford Handbook of Philosophy and Literature*, Oxford: Oxford University Press 2009, S. 71–94.
Berry, Jessica, *Nietzsche and the Ancient Skeptical Tradition*, Oxford: Oxford University Press 2011.
Bertman, Stephen (Hg.), *The Conflict of Generation in Ancient Greek and Rome*, Amsterdam: Grüner 1976.
Bevington, David, *The Seven Ages of Human Experience*, 2. Auflage, Malden, MA: Wiley-Blackwell 2005.
–, *Shakespeare's Ideas. More Things in Heaven and Earth*, Malden, MA: Wiley-Blackwell 2008.
Birmingham, Peg, *Hannah Arendt and Human Rights. The Predicament of Common Responsibility*, Bloomington: Indiana University Press 2006.
Bishop, Paul (Hg.), *Nietzsche and Antiquity. Reaction and Response to the Classical Tradition*, Rochester, NY: Camden House 2004.
Biss, Mavis Louise, »Arendt and the Theological Significance of Natality«, in: *Philosophy Compass* 7, 11 (2012), S. 762–771.
Blank, G. Kim, *Wordsworth and Feeling. The Poetry of an Adult Child*, Cranbury, NJ: Associated University Presses 1995.
Bock, Gisela, Quentin Skinner und Maurizio Viroli (Hg.), *Machiavelli and Republicanism*, Cambridge: Cambridge University Press 1990.

Boddice, Rob (Hg.), *Anthropocentrism. Humans, Animals, Environments*, Leiden: Brill 2011.

Bogin, Barry, *Patterns of Human Growth*, Cambridge: Cambridge University Press ²1999.

–, *The Growth of Humanity*, New York: Wiley-Liss 2001.

Bonciani, Francesco, »Lezione sopra il comporre delle novelle« (1574), in: Bernhard Weinberg (Hg.), *Trattati di poetica e retorica del Cinquecento*, Bd. 3, Bari: Laterza 1972, S. 135–165.

Bonnefoy, Yves, *Rue Traversière*, aus dem Französischen und mit einem Nachwort von Friedhelm Kemp, Frankfurt am Main: Suhrkamp 1980.

–, *Dictionnaire des mythologies et des religions des sociétés traditionelles et du monde antique*, 2 Bde., Paris: Flammarion 1981.

–, *Im Trug der Schwelle. Gedichte*, französisch und deutsch, Übertragung und Nachwort von Friedhelm Kemp, Stuttgart: Klett-Cotta 1984.

–, *The Act and the Place of Poetry. Selected Essays*, herausgegeben und übersetzt von John Naughton, Chicago: University of Chicago Press 1989.

–, *Berichte im Traum*, deutsch von Friedhelm Kemp, Stuttgart: Klett-Cotta 1990.

–, *Was noch im Dunkel blieb / Anfang und Ende des Schnees. Gedichte*, französisch und deutsch, Übertragung von Friedhelm Kemp, mit einem Interview von John Naughton, Stuttgart: Klett-Cotta 1994.

–, *Das Unwahrscheinliche oder die Kunst*, aus dem Französischen von Patricia Oster, mit einem Vorwort von Karlheinz Stierle, München: Fink 1994.

–, *Wandernde Wege*, aus dem Französischen von Friedhelm Kemp, München/Wien: Hanser 1997.

–, *Der noch Blinde. Gedichte*, zweisprachige Ausgabe, aus dem Französischen von Maryse Staiber, Aachen: Rimbaud 1999.

–, *Die gebogenen Planken. Gedichte*, französisch und deutsch, übertragen und mit einem Nachwort versehen von Friedhelm Kemp, Stuttgart: Klett-Cotta 2004.

–, *Beschriebener Stein und andere Gedichte*, zweisprachige Ausgabe, deutsch von Friedhelm Kemp, München/Wien: Hanser 2004.

–, *Streichend schreiben. Gedichte*, zweisprachige Ausgabe, deutsch von Elisabeth Edl und Wolfgang Matz, München: Stiftung Lyrik Kabinett 2012.

–, *Die lange Ankerkette*, deutsch von Elisabeth Edl und Wolfgang Matz, München/Wien: Hanser 2014.

Booth, Wayne C. (Hg.), *The Art of Growing Older. Writers on Living and Aging*, Chicago: University of Chicago Press 1992.

Borren, Marieke, »Amor Mundi. Hannah Arendt's Political Phenomenology of the World«, PhD dissertation, University of Amsterdam 1997 ⟨http://dare.uva.nl/document/469656⟩.

Bowen-Moore, Patricia, *Hannah Arendt's Philosophy of Natality*, Basingstoke, UK: Macmillan 1989.

Bowler, Peter J., und Iwan Rhys Morus, *Making Modern Science. A Historical Survey*, Chicago: Chicago University Press 2005.

Boym, Svetlana, *Another Freedom. The Alternative History of an Idea*, Chicago: Chicago University Press 2010.

Brennan, Teresa (Hg.), *Between Feminism and Psychoanalysis*, London: Routledge 1989.

Brisson, Luc, *Platon, les mots et les mythes*, Paris: François Maspero 1982.

Bromhall, Clive, *The Eternal Child. How Evolution Has Made Children of Us All*, London: Ebury Press 2003.

Brown, Gillian, *The Consent of the Governed. The Lockean Legacy in Early American Culture*, Cambridge, MA: Harvard University Press 2001.

Brown, Guy, *The Living End. The New Sciences of Death, Ageing, and Immortality*, Basingstoke, UK: Macmillan 2008.

Brownlee, Kevin, »Dante and the Classical Poetics«, in: Rachel Jacoff (Hg.), *The Cambridge Companion to Dante*, Cambridge: Cambridge University Press ²2007, S. 141–160.

Buck-Morss, Susan, *Hegel und Haiti. Für eine neue Universalgeschichte*, aus dem Englischen von Laurent Faasch-Ibrahim, Berlin: Suhrkamp 2011.

Buhle, Mary Jo, *Feminism and Its Discontents. A Century of Struggle with Psychoanalysis*, Cambridge, MA: Harvard University Press 2009.

Bunge, Marcia JoAnn (Hg.), *The Child in Christian Thought*, Grand Rapids, MI: Eerdmans 2001.

–, Terence E. Fretheim und Beverly Roberts Gaventa (Hg.), *The Child in the Bible*, Grand Rapids, MI: Eerdmans 2008.

Burke, Patrick, *Reinterpreting Rahner. A Critical Study of His Major Themes*, New York: Fordham University Press 2002.

Burke, Peter, *Vico. Philosoph, Historiker, Denker einer neuen Wissenschaft*, aus dem Englischen von Wolfgang Heuss, Berlin: Wagenbach 1987.

Buxton, Richard, *Imaginary Greece. The Contexts of Mythology*, Cambridge: Cambridge University Press 1994.

–, *Myths and Tragedies in Their Ancient Greek Contexts*, Oxford: Oxford University Press 2013.

– (Hg.), *From Myth to Reason? Studies in the Development of Greek Thought*, Oxford: Oxford University Press 2001.

Caldwell, Richard S., *The Origins of the Gods. A Psychoanalytic Study of Greek Theogonic Myth*, Oxford: Oxford University Press 1989.

Calvino, Italo, *Herr Palomar*, aus dem Italienischen von Burkhart Kroeber, München/Wien: Hanser 1985.

–, »Warum Klassiker lesen?«, übersetzt von Susanne Schoop, in: ders., *Warum Klassiker lesen?* München: Hanser 2003, S. 7–14.

Caputo, John D., und Linda Martin Alcoff (Hg.), *St. Paul among the Philosophers*, Bloomington: Indiana University Press 2009.

Cardwell, Donald, *Viewegs Geschichte der Technik*, aus dem Englischen übersetzt von Peter Hiltner, Braunschweig/Wiesbaden: Vieweg 1997.

Casey, Edward S., *The Fate of Place. A Philosophical History*, Berkeley: University of California Press 1997.

Cavell, Stanley, »The Avoidance of Love. A Reading of King Lear«, in: *Must We Mean What We Say?*, durchgesehene Ausgabe, Cambridge: Cambridge University Press 2002.

–, *Disowning Knowledge in Seven Plays of Shakespeare*, durchgesehene Auflage, Cambridge: Cambridge University Press 2003.

–, »Finding as Founding. Taking Steps in Emerson's ›Experience‹«, in: David Justin Hodge (Hg.), *Emerson's Transcendental Etudes*, Palo Alto, CA: Stanford University Press 2003, S. 110–140.

Caws, Mary Ann, *Yves Bonnefoy*, Boston: Twayne 1984.

Champlin, Jeffrey, »Born Again. Arendt's ›Natality‹ as Figure and Concept«, in: *The Germanic Review. Literature, Culture, and Theory* 88, 2 (2013), S. 150–164.

Chinn, Sarah E., *Inventing Modern Adolescence. The Children of Immigrants in Turn of the Century America*, New Brunswick, NJ: Rutgers University Press 2009.

Cicero, Marcus Tullius, *Cato maior de senectute. Cato der Ältere über das Alter*, lateinisch-deutsch, herausgegeben von Max Faltner, 2., verbesserte Auflage, München: Heimeran 1980.

Cole, Jennifer, und Deborah L. Durham, *Generations and Globalization. Youth, Age, and Family in the New World Economy*, Bloomington: Indiana University Press 2007.

Collingwood, Robin G., *Philosophie der Geschichte*, einzig berechtigte Übersetzung aus dem Englischen von Gertrud Herding, Stuttgart: Kohlhammer 1955.

Collins, Ardis B. (Hg.), *Hegel on the Modern World*, Albany: State University of New York Press 1995.

Collobert, Catherine, Pierre Destrée und Francisco J. Gonzalez (Hg.), *Plato and Myth. Studies on the Use and Status of Platonic Myths*, Leiden: Brill 2012.

Connidis, Ingrid A., *Family Ties and Ageing*, 2. Auflage, Thousand Oaks, CA: Pine Forge Press (Sage) 2010.

Cook, John Granger, *The Interpretation of the Old Testament in Greco-Roman Paganism*, Peabody, MA: Hendrickson 2002.
Cooper, Stephen, *Philip Larkin. Subversive Writer*, Brighton, UK: Sussex Academic Press 2004.
Crow, Christine M., *Paul Valéry and the Poetry of Voice*, Cambridge: Cambridge University Press 1982.
D'Alessio, Patrizia (Hg.), *La sinuosité du vivant*, Paris: Hermann 2011.
Danesi, Marcel, *Cool. The Signs and Meanings of Adolescence*, Toronto: University of Toronto Press 1994.
–, *Forever Young. The Teen-aging of Modern Culture*, Toronto: University of Toronto Press 2003.
Dante Aligheri, *Die göttliche Komödie*, übersetzt von Hermann Gmelin, Stuttgart: Reclam 2001.
Daston, Lorraine, und Elizabeth Lunbeck (Hg.), *Histories of Scientific Observation*, Chicago: Chicago University Press 2011.
Dean, Dennis R., *James Hutton and the History of Geology*, Ithaca, NY: Cornell University Press 1992.
Deligiorgi, Katerina, *Kant and the Culture of Enlightenment*, Albany: State University of New York Press 2005.
Denevan, William, und Kent Mathewson (Hg.), *Carl Sauer on Culture and Landscape. Readings and Commentaries*, Baton Rouge: Louisiana State University Press 2009.
Derrida, Jacques, *Séminaire: La bête et le souverain*, Bd. 2 (2002–2003), herausgegeben von Michel Lisse, Marie-Louise Maillet und Ginette Michaud, Paris: Galilée 2009.
Derry, T. K., und Trevor I. Williams, *A Short History of Technology from the Earliest Times to AD 1900*, Oxford: Oxford University Press 1961.
Descartes, René, »Discours de la méthode pour bien conduire sa raison, et chercher la vérité dans les sciences« / »Von der Methode des richtigen Vernunftgebrauchs und der wissenschaftlichen Forschung« (1637), zweisprachig, deutsch von Lüder Gäbe, in: *Philosophische Schriften in einem Band*, Hamburg: Meiner 1996, S. 1–129.
Destrée, Pierre, und Fritz-Gregor Herrmann (Hg.), *Plato and the Poets*, Leiden/Boston: Brill 2011.
Dewar, Elaine, *The Second Tree. Of Clones, Chimeras, and Quests of Immortality*, New York: Caroll and Graf 2004.
Diamond, Jared, *Kollaps. Warum Gesellschaften überleben oder untergehen*, aus dem Amerikanischen von Sebastian Vogel, erweiterte Neuausgabe, Frankfurt am Main: Fischer 2011.
Dimock, Wai Chee, *Through Other Continents. American Literature across Deep Time*, Princeton, NJ: Princeton University Press 2006.

Dodgshon, Robert A., *Society in Time and Space. A Geographical Perspective on Change*, Cambridge: Cambridge University Press 1998.

Droge, Arthur, *Homer or Moses? Early Christian Interpretations of the History of Culture*, Tübingen: Mohr 1989.

Dulles, Avery Cardinal, *A History of Apologetics*, Eugene, OR: Wipf and Stock 1999.

Dunn, James D. G., *The Theology of Paul the Apostle*, Grand Rapids, MI: Eerdmans 1998.

– (Hg.), *The Cambridge Companion to St. Paul*, Cambridge: Cambridge University Press 2003.

Durant, Geoffrey, *Wordsworth and the Great System. A Study of Wordsworth's Poetic Universe*, Cambridge: Cambridge University Press 1970.

Durst, Margarete, »Birth and Natality in Hannah Arendt«, in: *Analecta Husserliana* 79 (2004), S. 777–797.

Eagleton, Terry, *Sweet Violence. The Idea of the Tragic*, Malden, MA: Blackwell 2003.

Edelstein, Dan, »Do We Want a Revolution without a Revolution? Reflections on Political Authority«, in: *French Historical Studies* 35, 2 (2012), S. 269–289.

Edmunds, Lowell, *Oedipus*, Abington, UK: Routledge 2006.

Eldridge, Richard, »What Can Tragedy Matter for Us?«, in: *The Persistence of Romanticism*, Cambridge: Cambridge University Press 2001, S. 145–164.

Eliot, T. S., *Werke 4. Gesammelte Gedichte 1909–1962*, herausgegeben und mit einem Nachwort von Eva Hesse, übertragen von Nora Wydenbruck, Frankfurt am Main: Suhrkamp ²1988.

Elton, William, *King Lear and the Gods*, Lexington: University Press of Kentucky 1966.

Emerson, Ralph Waldo, *Emerson's Antislavery Writings*, herausgegeben von Len Gougeon und Joel Myerson, New Haven, CT: Yale University Press 1995.

–, *The Spiritual Emerson. Essential Writings*, herausgegeben von David M. Robinson, Boston: Beacon Press 2003.

–, »Experience« (1844), in: *The Essential Writings of Ralph Waldo Emerson*, herausgegeben von Brooke Atkinson, New York: Modern Library 2009.

Epikur, *Wege zum Glück*, griechisch-lateinisch-deutsch, herausgegeben und übersetzt von Rainer Nickel, 3., überarbeitete Auflage, Mannheim: Artemis & Winkler 2011.

Fenollosa, Ernest, und Ezra Pound, *The Chinese Written Character as a*

Medium for Poetry, herausgegeben von Haun Saussy, Jonathan Stalling und Lucas Klein, New York: Fordham University Press 2008.

Ferguson, Everett, *Baptism in the Early Church. History, Theology, and Liturgy in the First Five Centuries*, Grand Rapids, MI: Eerdmans 2009.

Ferri, Sabrina, »Lazzaro Spallanzani's Hybrid Ruins. A Scientist at Serapis and Troy«, in: *Studies in Eighteenth-Century Culture* 43 (2014), S. 169–196.

–, »Time in Ruins. Melancholy and Modernity in the Pre-Romantic Natural Picturesque«, in: *Italian Studies* 69, 2 (2014), S. 204 ff.

–, *The Past in Ruins. History and Nature in Eighteenth- and Early-Nineteenth-Century Italy*, im Erscheinen.

Feyerabend, Paul K., *Wider den Methodenzwang. Skizze einer anarchistischen Erkenntnistheorie*, übersetzt von Hermann Vetter, Frankfurt am Main: Suhrkamp 1976; vom Autor revidierte Neuausgabe 1983.

Finocchiaro, Maurice, *The Galileo Affair. A Documentary History*, Berkeley: University of California Press 1989.

–, *Retrying Galileo, 1633–1992*, Berkeley: University of California Press 2005.

–, *Routledge Guidebook to Galileo's Dialogue*, Abingdon, UK: Routledge 2013.

Fitzgerald, Brian, »Animals, Evolution, Language. Aspects of Whitehead in Italo Calvino's Palomar«, in: *Spunti e ricerche. Rivista d'Italianistica* 10 (1994), S. 43–61.

Fliegelman, Jay, *Declaring Independence. Jefferson, Natural Language, and the Culture of Performance*, Palo Alto, CA: Stanford University Press 1993.

Foran, John (Hg.), *Theorizing Revolutions*, London: Routledge 1997.

– (Hg.), *The Future of Revolutions. Rethinking Radical Change in the Age of Globalization*, New York: Zed Books 2003.

–, David Lane und Andreja Zivkovic (Hg.), *Revolution in the Making of the Modern World. Social Identities, Globalization, and Modernity*, Abingdon, UK: Routledge 2008.

Foster, Karen, *Generation, Discourse, and Social Change*, Abingdon, UK: Routledge 2013.

Foucault, Michel, »Was ist Aufklärung?« (1984), übersetzt von Hans-Dieter Gondek, in: *Schriften in vier Bänden. Dits et écrits*, Bd. 4, Frankfurt am Main: Suhrkamp 2005, S. 687–707.

–, *Einführung in Kants ›Anthropologie‹*, aus dem Französischen von Ute Frietsch, Berlin: Suhrkamp 2010.

Fowler, W. Warde, *The Religious Experience of the Roman People*, London: Macmillan 1911.

Franchi, Stefano, »Palomar, the Triviality of Modernity, and the Doctrine of the Void«, in: *New Literary Criticism* 28, 4 (1997), S. 757–778.

Frank, Joseph, *Responses to Modernity. Essays in the Politics of Culture*, New York: Fordham University Press 2012.

Fraschetti, Augusto, *The Foundation of Rome*, Edinburgh: Edinburgh University Press 2005.

Freeman, Charles, *Egypt, Greece, and Rome. Civilizations of the Ancient Mediterranean*, Oxford: Oxford University Press ²1996.

Freud, Sigmund, »Beiträge zur Psychologie des Liebeslebens II: Über die allgemeinste Erniedrigung des Liebeslebens« (1912), in: ders., *Gesammelte Werke*, herausgegeben von Anna Freud und anderen, Bd. VIII, London: Imago 1945; Frankfurt am Main: S. Fischer ⁸1990, S. 78–91.

Friedrich, Hugo, *Montaigne*, 2., neubearbeitete Auflage, Tübingen/Basel: Francke 1967.

Frierson, Patrick R., *Freedom and Anthropology in Kant's Moral Philosophy*, Cambridge: Cambridge University Press 2003.

Fry, Paul H., *Wordsworth and the Poetry of What We Are*, New Haven, CT: Yale University Press 2008.

Fukuyama, Francis, *Das Ende des Menschen*, aus dem Amerikanischen von Klaus Kochmann, Stuttgart/München: Deutsche Verlags-Anstalt 2002.

Gallagher, Winifred, *New. Understanding Our Need for Novelty and Change*, New York: Penguin 2011.

Gardner, Howard, »Albert Einstein: The Perennial Child«, in: ders., *Creative Minds. An Anatomy of Creativity Seen through the Lives of Freud, Einstein, Picasso, Stravinski, Eliot, Graham, and Gandhi*, New York: Basic Books 1993, S. 87–136.

Garnsey, Peter, und Richard Saller, *The Roman Empire. Economy, Society, and Culture*, Berkeley: University of California Press 1987.

Gauchet, Marcel, *Le désenchantement du monde. Une histoire politique de la religion*, Paris: Gallimard 1985.

Gaustad, Edwin S., *Liberty of Conscience. Roger Williams in America*, Valley Forge, PA: Judson Press 1999.

Gee, Henry, *In Search of Deep Time. Beyond the Fossil Record to a New History of Life*, New York: Free Press 1999.

Gibbon, Edward, *Verfall und Untergang des Römischen Reiches*, herausgegeben von Dero A. Saunders, aus dem Englischen von Johann Sporschill, Nördlingen: Greno 1987.

Gifford, Paul, und Brian Stimpson (Hg.), *Reading Paul Valéry. Universe in Mind*, Cambridge: Cambridge University Press 1998.

Gill, Stephen (Hg.), *The Cambridge Companion to Wordsworth*, Cambridge: Cambridge University Press 2003.

Girard, René, *Shakespeare. Theater des Neides*, aus dem Englischen übersetzt von Wiebke Meier, München: Hanser 2011.

Golden, Mark, *Children and Childhood in Classical Athens*, Baltimore, MD: Johns Hopkins University Press 1990.

Golding, William, *Herr der Fliegen*, übertragen von Hermann Stiehl, Frankfurt am Main/Berlin: S. Fischer 1956.

Golinski, Jan, *Making Natural Knowledge. Constructivism and the History of Science*, Chicago: University of Chicago Press 1998.

Gómez, Juan Carlos, *Apes, Monkeys, Children, and the Growth of Mind*, Cambridge, MA: Harvard University Press 2004.

Göncü, Artin, und Suzanne Gaskin (Hg.), *Play and Development. Evolutionary, Sociocultural, and Functional Perspectives*, Hillsdale, NJ: Lawrence Erlbaum 2007.

Goppelt, Leonhardt, *Typos. The Typology Interpretation of the Old Testament in the New* (1939), Grand Rapids, MI: Eerdmans 1982.

Gould, Stephen Jay, *Ontogeny and Phylogeny*, Cambridge, MA: Belknap Press of Harvard University Press 1977.

–, *Darwin nach Darwin. Naturgeschichtliche Reflexionen*, übersetzt von Henriette Beese, Frankfurt/Berlin/Wien: Ullstein 1984.

–, *Die Entdeckung der Tiefenzeit. Zeitpfeil und Zeitzyklus in der Geschichte unserer Erde*, aus dem Amerikanischen von Holger Fliessbach, München/Wien: Hanser 1990.

Gower, Barry, *Scientific Method. A Historical and Philosophical Introduction*, Abingdon, UK: Routledge 1997.

Grandazzi, Alexandre, *La fondation de Rome. Réflexion sur l'histoire*, Paris: Les Belles Lettres 1991.

Greene, Robert, *Searching for Presence. Yves Bonnefoy's Writings on Art*, Amsterdam: Rodopi 2004.

Gregory, Derek, Ron Martin und Graham Smith (Hg.), *Human Geography. Society, Sprace, and Social Science*, Minneapolis: University of Minnesota Press 1994.

Greidanus, Sydney, *Preaching Christ from the Old Testament. A Contemporary Hermeneutical Method*, Grand Rapids, MI: Eerdmans 1999

Grimal, Nicolas, *A History of Ancient Egypt*, Oxford: Wiley-Blackwell 1992.

Grundtvig, Birgitte, Martin McLaughlin und Lene Waage Peterson (Hg.), *Image, Eye, and the Art in Calvino*, London: Legenda 2007.

Guelke, Leonard, *Historical Understanding in Geography. An Idealist Approach*, Cambridge: Cambridge University Press 1982.

Guerlac, Suzanne, *Thinking in Time. An Introduction to Henri Bergson*, Ithaca, NY: Cornell University Press 2006.

Hafner, Katie, und Matthew Lyon, *Where Wizards Stay Up Late. The Origins of the Internet*, New York: Simon and Schuster 1998.

Hagestad, Gunhild O., und Peter Uhlenberg, »The Social Separation of Old and Young. A Root of Ageism«, in: *Journal of Social Issues* 61, 2 (2005), S. 343–360.

Hall, Granville Stanley, *Adolescence. Its Psychology and Its Relation to Physiology, Anthropology, Sex, Crime, Religion, and Education*, 2 Bde., New York: D. Appleton 1904.

Hall, Stephen, *Merchants of Immortality. Chasing the Dream of Human Life Extension*, New York: Houghton Mifflin 2003.

Hall, Timothy, *Separating Church and State. Roger Williams and Religious Liberty*, Bloomington: Indiana University Press 1998.

Hamilton, Alexander, James Madison und John Jay, *The Federalist Papers*. Vollständige Ausgabe, übersetzt, eingeleitet und mit Anmerkungen versehen von Barbara Zehnpfennig, Darmstadt: Wissenschaftliche Buchgesellschaft 1993.

Harrison, Robert P., *Wälder. Ursprung und Spiegel der Kultur*, aus dem Englischen von Martin Pfeiffer, München/Wien: Hanser 1992.

–, »Toward a Philosophy of Nature«, in: William Cronon (Hg.), *Uncommon Ground. Rethinking the Human Place in Nature*, New York: W. W. Norton 1996, S. 447–460.

–, *Die Herrschaft des Todes*, aus dem Englischen von Martin Pfeiffer, München/Wien: Hanser 2006.

–, »Emerson: The Good Hours«, in: *New York Review of Books*, 28. Oktober 2010, S. 25–28.

–, »The Magic of Leopardi«, in: *New York Review of Books*, 10. Februar 2011, S. 34–38.

–, »The Book from Which Our Literatur Springs«, in: *New York Review of Books*, 9. Februar 2012, S. 40–45.

–, »America. The Struggle to Be Reborn«, in: *New York Review of Books*, 25. Oktober 2012, S. 64–68.

Hartman, Geoffrey H., *The Unremarkable Wordsworth*, Minneapolis: University of Minnesota Press 1987.

Hassan, Salem Kadhem, *Philip Larkin and His Contemporaries. An Air of Authenticity*, Basingstoke, UK: Macmillan 1988.

Hausmann, Friederike, *Zwischen Landgut und Piazza. Das Alltagsleben von Florenz in Niccolò Machiavellis Briefen*, Berlin: Wagenbach 1987.

Headrick, Daniel, *Technology. A World History*, Oxford: Oxford University Press 2009.

Hegel, Georg Friedrich Wilhelm, *Phänomenologie des Geistes. Werke in zwanzig Bänden*, Redaktion Eva Moldenhauer und Karl Markus Michel, Bd. 3, Frankfurt am Main: Suhrkamp 1970.

–, *Vorlesungen über die Philosophie der Geschichte. Werke in zwanzig Bänden*, Redaktion Eva Moldenhauer und Karl Markus Michel, Bd. 12, Frankfurt am Main: Suhrkamp 1970.

Heidegger, Martin, *Sein und Zeit* (1927), in: *Gesamtausgabe*, Bd. 2, herausgegeben von Friedrich Wilhelm von Herrmann, Frankfurt am Main: Klostermann 1977.

–, »Die Zeit des Weltbildes« (1938), in: *Holzwege. Gesamtausgabe*, Bd. 5, herausgegeben von Friedrich Wilhelm von Herrmann, Frankfurt am Main: Klostermann 1977, S. 75–113.

–, *Reden und andere Zeugnisse eines Lebensweges* (1910–1976), in: *Gesamtausgabe*, Bd. 16, herausgegeben von Hermann Heidegger, Frankfurt am Main: Klostermann 2000.

–, *Die Grundbegriffe der Metaphysik* (WS 1929/30), in: *Gesamtausgabe*, Bd. 29/30, herausgegeben von Friedrich Wilhelm von Herrmann, Frankfurt am Main: Klostermann 1983.

Hellholm, David, Tor Vegge, Oyvind Norderval und Christer Hellholm (Hg.), *Ablution, Initiation, and Baptism. Late Antiquity, Early Judaism, and Early Christianity*, 3 Bde., Berlin: Walter de Gruyter 2011.

Hesiod, *Theogonie / Werke und Tage*, griechisch-deutsch, herausgegeben und übersetzt von Albert von Schirnding, Düsseldorf/Zürich: Artemis & Winkler ³2002.

Higgins, Kathleen Marie, »Rebaptizing Our Evil. On the Revaluation of All Values«, in: *A Companion to Nietzsche*, herausgegeben von Keith Ansell-Pearson, Oxford: Wiley-Blackwell 2011, S. 404–418.

Hillgarth, J. N. (Hg.), *Christianity and Paganism, 350–750. The Conversion of Western Europe*, durchgesehene Ausgabe, Philadelphia: University of Pennsylvania Press 1986.

Hinchman, Lewis P., *Hegel's Critique of the Enlightenment*, Gainesville: University Presses of Florida 1984.

Hochberg, Ze'ev, *Evo-Devo of Child Growth. A Treatise on Child Growth and Human Evolution*, New York: Wiley-Blackwell 2012.

Holte, R., »Logos Spermatikos. Christianity and Ancient Philosophy According to Saint Justin's Apologies«, in: *Studia Theologica* 12, 1 (1958), S. 109–168.

Hopkins, Gerard Manley, *Gedichte, Schriften, Briefe*, herausgegeben von Hermann Rinn, übersetzt von Ursula Clemen, München: Kösel 1954.

Horn, Cornelia B., und John W. Martens (Hg.), *Let the Little Children*

Come to Me. Childhood and Children in Early Christianity, Washington, DC: Catholic University of America Press 2009.

Huttenlocher, Peter R., *Neural Plasticity. The Effects of Environment on the Development of the Cerebral Cortex*, Cambridge, MA: Harvard University Press 2002.

Huxley, Aldous, *Nach vielen Sommern*, aus dem Englischen von Herberth E. Herlitschka, München/Zürich: Piper ²1986.

Irwin, Terence, *Plato's Ethics*, Oxford: Oxford University Press 1995.

Ivanov, Sergey A., *Holy Fools in Byzantium and Beyond*, übersetzt von Simon Franklin, Oxford: Oxford University Press 2006.

Jacoff, Rachel, und Jeffrey Schnapp (Hg.), *The Poetry of Allusion. Virgil and Ovid in Dante's Commedia*, Palo Alto, CA: Stanford University Press 1991.

Jaeger, Werner, *Paideia. Die Formung des griechischen Menschen* (3 Bde., 1934–1947), ungekürzter photomechanischer Nachdruck in einem Band, Berlin/New York: de Gruyter 1973.

Jensen, Anthony K., und Helmut Heit (Hg.), *Nietzsche as Scholar of Antiquity*, London: Bloomsbury 2014.

Jones, Colin, und Dror Wahrman (Hg.), *The Age of Cultural Revolutions. Britain and France 1750–1820*, Berkeley: University of California Press 2002.

Kant, Immanuel, »Beantwortung der Frage: Was ist Aufklärung?« (1780), in: *Werke in sechs Bänden*, herausgegeben von Wilhelm Weischedel, Bd. 6, Wiesbaden: Insel 1964, S. 53–61 (A 481–494).

Kaplan, Louise J., *Abschied von der Kindheit. Einer Studie über die Adoleszenz*, aus dem Amerikanischen übersetzt von Hilde Weller, Stuttgart: Klett-Cotta 1988.

Kassab-Charfi, Samia, *La métaphore dans la poésie de Baudelaire*, Tunis: ALIF 1997.

Kelly, Michael G., *Strands of Utopia. Spaces of Poetic Work in Twentieth-Century France*, London: Legenda 2008.

Kett, Joseph F., *Rites of Passage. Adolescence in America, 1790 to the Present*, New York: Basic Books 1977.

Kilby, Karen, *Karl Rahner. Theological Philosophy*, London: Routledge 2004.

Kirkham, Victoria, und Armando Maggi (Hg.), *Petrarch. A Critical Guide to the Complete Works*, Chicago: University of Chicago Press 2009.

Kittler, Friedrich A., *Aufschreibesysteme 1800/1900*, 4., vollständig überarbeitete Neuauflage, München: Fink 2003 (zuerst 1985).

–, *Grammophon, Film, Typewriter*, Berlin: Brinkmann & Bose 1986.

–, *Optische Medien. Berliner Vorlesung 1999*, Berlin: Merve 2002.

–, *Die Wahrheit der technischen Welt. Essays zur Genealogie der Gegenwart*, herausgegeben und mit einem Nachwort von Hans Ulrich Gumbrecht, Berlin: Suhrkamp 2013.

Kitto, H. D. F., *Greek Tragedy*, Abingdon, UK: Routledge Classics 2011.

Klatch, Rebekka E., *A Generation Divided. The New Left, the New Right, and the 1960s*, Berkeley: University of California Press 1999.

Kleijwegt, Marc, *Ancient Youth. The Ambiguity of Youth and the Absence of Adolescence in Greco-Roman Society*, Amsterdam: J. C. Gieben 1991.

Konner, Melvin, *The Evolution of Childhood. Relationships, Emotion, Mind*, Cambridge, MA: Harvard University Press 2010.

Koselleck, Reinhart, »Historische Kriterien des neuzeitlichen Revolutionsbegriffs«, in: ders., *Vergangene Zukunft. Zur Semantik geschichtlicher Zeiten*, Frankfurt am Main: Suhrkamp 1979, S. 67–86.

Kramnick, Jonathan, »Against Literary Darwinism«, in: *Critical Inquiry* 37, 2 (Winter 2011), S. 315–347.

Kranzberg, Melvin, und Carroll W. Pursell (Hg.), *Technology in Western Civilization*, 2 Bde., Oxford: Oxford University Press 1967.

Kraut, Richard, *Socrates and the State*, Princeton, NJ: Princeton University Press 1987.

Krell, David Farrell, *Daimon Life. Heidegger and Life-Philosophy*, Bloomington: Indiana University Press 1992.

–, *Derrida and Our Animal Others*, Bloomington: Indiana University Press 2013.

Kuhn, Thomas S., *Die Struktur wissenschaftlicher Revolutionen*, 2., erweiterte Auflage, Frankfurt am Main: Suhrkamp 1976.

Kull, Kalevi, »Jakob von Uexküll. An Introduction«, in: *Semiotica* 134 (2001), S. 1–59.

Laes, Christian, *Children in the Roman Empire. Outsiders Within*, Cambridge: Cambridge University Press 2011.

Lampe, Peter, *Die stadtrömischen Christen in den ersten beiden Jahrhunderten. Untersuchungen zur Sozialgeschichte*, 2., überarbeitete und ergänzte Auflage, Tübingen: Mohr 1989.

Landy, Joshua, und Michael Saler (Hg.), *The Re-Enchantment of the World. Secular Magic in a Rational Age*, Palo Alto, CA: Stanford University Press 2009.

Larkin, Philip, *Mich ruft nur meiner Glocke grober Klang*, zweisprachige Ausgabe, herausgegeben und mit einem Nachwort versehen von Karl Heinz Berger, Berlin: Volk und Welt 1988.

Lawlor, Leonard, *The Challenge of Bergsonism*, London: Continuum 2004.

Lawrence, David H., *Phoenix. The Posthumous Papers of D. H. Lawrence*,

2 Bände, herausgegeben von Edward McDonald (Bd. 1) und Warren Roberts und Harry T. Moore (Bd. 2), London: Heinemann 1936, 1958.

–, *Der Atem des Lebens. Späte und letzte Gedichte*, ausgewählt und übertragen von Ernst Schönwiese, Wiesbaden/München: Limes 1981.

Lear, Jonathan, »Allegory and Myth in Plato's *Republic*«, in: *The Blackwell Guide to Plato's Republic*, herausgegeben von Gerasimos Santas, Malden, MA: Blackwell 2006, S. 25–43.

Leiter, Brian, *The Routledge Guidebook to Nietzsche on Morality*, London: Routledge 2002.

Leopardi, Giacomo, *Das Gedankenbuch. Aufzeichnungen eines Skeptikers*, Auswahl und Übersetzung von Hanno Helbling, mit einem Nachwort von Alice Vollenweider, München: Winkler 1985.

–, *Canti e Frammenti. Gesänge und Fragmente*, italienisch/deutsch, herausgegeben von Helmut Endrulat und Gero Alfred Schwalb, übersetzt von Helmut Endrulat, Stuttgart: Reclam 1990.

Lewis, Martin K., und Karen E. Wigen, *The Myth of Continents. A Critique of Metageography*, Berkeley: University of California Press 1997.

Lilla, Mark, *G. B. Vico. The Making of an Antimodern*, Cambridge, MA: Harvard University Press 1994.

Louden, Robert B., *Kant's Impure Ethics. From Rational Beings to Human Beings*, Oxford: Oxford University Press 2002.

–, *Kant's Human Being. Essays on His Theory of Human Nature*, Oxford: Oxford University Press 2011.

Luft, Sandra Rudnick, *Vico's Uncanny Humanism. Reading the New Science between Modern and Postmodern*, Ithaca, NY: Cornell University Press 2003.

Luther, D. Martin, *Biblia: Das ist: die gantze Heilige Schrifft / Deudsch / Auffs new zugericht*, Wittenberg 1545, herausgegeben von Hans Volz unter Mitarbeit von Heinz Blanke, 3 Bde., München: dtv 1974.

–, *Luthers Galaterbrief-Auslegung von 1531*, herausgegeben von Hermann Kleinknecht, Göttingen: Vandenhoeck & Ruprecht 1980.

Machamer, Peter (Hg.), *The Cambridge Companion to Galileo*, Cambridge: Cambridge University Press 1998.

Machiavelli, Niccolò, Brief vom 10. Dezember 1513, *siehe* Hausmann, Friederike

–, *Discorsi. Gedanken über Politik und Staatsführung*, übersetzt, eingeleitet und erläutert von Rudolf Zorn, mit einem Geleitwort von Herfried Münkler, Stuttgart: Kröner 2007.

–, *Der Fürst*, aus dem Italienischen von Friedrich von Oppeln-Bronikowski, mit einem Nachwort von Horst Günther, Frankfurt am Main/Leipzig: Insel 2008.

MacMahon, Darrin, *Divine Fury. A History of Genius*, New York: Basic Books 2013.
MacMullan, Ramsay, *Christianity and Paganism in the Fourth to Eighth Centuries*, New Haven, CT: Yale University Press 1997.
–, und Eugene Lane (Hg.), *Paganism and Christianity (100–425 CE). A Sourcebook*, Minneapolis, MN: Fortress Press 1992.
Maier, Pauline, *American Scripture. Making the Declaration of Independence*, New York: Knopf 1997.
Malpas, Jeff, *Heidegger's Topology. Being, Place, World*, Cambridge, MA: MIT Press 2007.
–, *Heidegger and the Thinking of Place. Explorations in the Topology of Being*, Cambridge, MA: MIT Press 2012.
Mannheim, Karl, »Das Problem der Generationen«, in: ders., *Wissenssoziologie. Auswahl aus seinem Werk*, herausgegeben von Kurt H. Wolff, Neuwied/Berlin: Luchterhand 1964, S. 509–565.
Marmion, Declan, und Mary E. Hines (Hg.), *The Cambridge Companion to Karl Rahner*, Cambridge: Cambridge University Press 2005.
Mazzotta, Giuseppe, *The New Map of the World. The Poetic Philosophy of Giambattista Vico*, Princeton, NJ: Princeton University Press 1999.
–, *The Worlds of Petrarch*, Durham, NC: Duke University Press 1999.
McClellan, James E., III, und Harold Dorn, *Science and Technology in World History. An Introduction*, Baltimore, MD: Johns Hopkins University Press ²2006.
McKinney, Michael L. (Hg.), *Heterochrony in Evolution. A Multidisciplinary Approach*, New York: Plenum Press 1988.
–, und Ken McNamara, *Heterochrony. The Evolution of Ontogeny*, New York: Plenum Press 1991.
McNamara, Ken (Hg.), *Evolutionary Change and Heterochrony*, Chicester, UK: Wiley 1995.
McNeil, Ian (Hg.), *An Encyclopedia of the History of Technology*, London: Routledge 1990.
–, und Lance Day (Hg.), *Biographical Dictionary of the History of Technology*, London: Routledge 1996.
Mendelsohn, Daniel, *Gender and the City in Euripides' Political Plays*, Oxford: Oxford University Press 2002.
Miller, Perry, *Roger Williams. His Contribution to the American Tradition*, Indianapolis, IN: Bobbs-Merrill 1953.
Minois, Georges, *Histoire de la vieillesse. De l'Antiquité à la Renaissance*, Paris: Fayard 1987.
Mitchell, Andrew, *Heidegger among the Sculptors. Body, Space, and the Art of Dwelling*, Palo Alto, CA: Stanford University Press 2010.

–, *The Fourfold. Reading the Late Heidegger*, Evanston, IL: Northwestern University Press 2014.

Mitchell, Juliet, *Psychoanalyse und Feminismus. Freud, Reich, Laing und die Frauenbewegung*, aus dem Englischen von Brigitte Stein und Holger Fliessbach, Frankfurt am Main: Suhrkamp.

Montagu, Ashley, *Zum Kind reifen*, aus dem Amerikanischen von Ulrike Stopfel, Stuttgart: Klett-Cotta 1984.

Montague, Charles, *Disenchantment*, New York: Brentano's 1922.

Montaigne, Michel de, *Essais*, erste moderne Gesamtübersetzung von Hans Stilett, Frankfurt am Main: Eichborn 1998.

Montgomery, Robert E., *The Visionary D. H. Lawrence. Beyond Philosophy and Art*, Cambridge: Cambridge University Press 1994.

Morrison, Daniel (Hg.), *The Cambridge Companion to Socrates*, Cambridge: Cambridge University Press 2011.

Mosès, Stéphane, *Der Engel der Geschichte. Franz Rosenzweig, Walter Benjamin, Gershom Scholem*, Frankfurt am Main: Jüdischer Verlag 1994.

Most, Glenn, »Generating Genres. The Idea of the Tragic«, in: Mary Depew und Dirk Obbink (Hg.), *Matrices of Genre*, Cambridge, MA: Harvard University Press 2000, S. 15–35.

–, »From Logos to Mythos«, in: Richard Buxton (Hg.), *From Myth to Reason? Studies in the Development of Greek Thought*, Oxford: Oxford University Press 2001, S. 25–50.

Mumford, Lewis, *Technics and Civilization. On the Social Influence of Machinery* (1934), Chicago: University of Chicago Press 2010.

Nagy, Gregory, *Greek Mythology and Poetics*, Ithaca, NY: Cornell University Press 1990.

Najemy, John, *Between Friends. Discourses of Power and Desire in the Machiavelli-Vettori-Letters of 1513–1515*, Ptrinceton, NJ: Princeton University Press 1993.

– (Hg.), *The Cambridge Companion to Machiavelli*, Cambridge: Cambridge University Press 2010.

Natov, Roni, *The Poetics of Childhood*, Abingdon, UK: Routledge 2006.

Naughton, John, *The Poetics of Bonnefoy*, Chicago: University of Chicago Press 1984.

Neffe, Jürgen, *Einstein. Eine Biographie*, Reinbek bei Hamburg: Rowohlt 2006.

Nehamas, Alexander, *The Art of Living. Socratic Reflections from Plato to Foucault*, Berkeley: University of California Press 1998.

–, *Virtues of Authenticity. Essays on Plato and Socrates*, Princeton, NJ: Princeton University Press 1999.

Neils, Jenifer, und John Howard Oakley (Hg.), *Coming of Age in Ancient*

Greece. Images of Childhood from the Classical Past, New Haven, CT: Yale University Press 2003.

Neuhouser, Frederick, *Foundations of Hegel's Social Theory. Actualizing Freedom*, Cambridge, MA: Harvard University Press 2000.

Nietzsche, Friedrich, *Die fröhliche Wissenschaft*, in: *Kritische Studienausgabe*, herausgegeben von Giorgio Colli und Mazzino Montinari, Bd. 3, München: dtv; Berlin/New York: de Gruyter 1988.

–, *Nietzsche contra Wagner*, in: *Kritische Studienausgabe*, herausgegeben von Giorgio Colli und Mazzino Montinari, Bd. 6, München: dtv; Berlin/New York: de Gruyter 1988.

Nightingale, Andrea, *Genres in Dialogue. Plato and the Construct of Philosophy*, Cambridge: Cambridge University Press 1995.

–, »On Wandering and Wondering. ›Theōria‹ in Greek Philosophy and Culture«, in: *Arion* 9 (2001), S. 23–58.

–, *Spectacles of Truth in Classic Greece*, Cambridge: Cambridge University Press 2004.

North, Michael, *Novelty. A History of the New*, Chicago: University of Chicago Press 2013.

Nussbaum, Martha, »Humans and Other Animals. The Neo-Stoic View Revised«, in: dies., *Upheavals of Thought. The Intelligence of Emotions*, Cambridge: Cambridge University Press 2001, S. 89–138.

North, Michael, *Novelty. A History of the New*, Chicago: University of Chicago Press 2013.

Oakes, Timothy S., und Patricia L. Price (Hg.), *The Cultural Geography Reader*, Abingdon, UK: Routledge 2008.

O'Keefe, John, »Typology«, in: Edward Kessler und Neil Wenborn (Hg.), *A Dictionary of Jewish-Christian Relations*, Cambridge: Cambridge University Press 2005, S. 431.

–, und R. R. Reno, *Sanctified Vision. An Introduction to Early Christian Interpretations of the Bible*, Baltimore, MD: Johns Hopkins University Press 2005.

Owen, David, *Maturity and Modernity. Nietzsche, Weber, Foucault, and the Ambivalence of Reason*, Abingdon, UK: Routledge 1994.

Pacey, Arnold, *Technology in World Civilization. A Thousand-Year History*, Cambridge, MA: MIT Press 1991.

–, *The Maze of Ingenuity. Ideas and Idealism in the Development of Technology*, Cambridge, MA: MIT Press ²1992.

Pacione, Michael (Hg.), *Historical Geography. Progress and Prospect*, London: Croon Helm 1987.

Palmer, Richard, *Such Deliberate Disguises. The Art of Philip Larkin*, London: Continuum 2008.

Pappas, Nickolas, *The Routledge Guide Book to Plato and the Republic*, Abingdon, UK: Routledge 1995.

Parker, Sue Taylor, und Michael McKinney (Hg.), *Origins of Intelligence. The Evolution of Cognitive Development in Monkeys, Apes, and Humans*, Baltimore, MD: Johns Hopkins University Press 1999.

Partenie, Catalin (Hg.), *Plato's Myths*, Cambridge: Cambridge University Press 2009.

Peace, Richard, *Conversion in the New Testament. Paul and the Twelve*, Grand Rapids, MI: Eerdmans 1999.

Pelikan, Jaroslav, *The Christian Tradition*, Bd. 1: *The Emergence of the Catholic Tradition*, Chicago: Chicago University Press 1971.

Perloff, Marjorie, »How to Read a Poem. W. B. Yeats' ›After Long Silence‹«, ‹http://marjorieperloff.com/stein-duchamp-picasso/yeats-silence/›.

Peterson, Sandra, *Socrates and Philosophy in the Dialogues of Plato*, Cambridge: Cambridge University Press 2011.

Picone, Michelangelo, »Dante and the Classics«, in: Amilcare Iannucci (Hg.), *Dante. Contemporary Perspectives*, Toronto: University of Toronto Press 1997, S. 51–73.

Platon, *Apologie. Des Sokrates Verteidigung*, übersetzt von Friedrich Schleiermacher, in: *Sämtliche Werke*, herausgegeben von Karlheinz Hülser, griechisch und deutsch, Bd. I, Frankfurt am Main: Insel 1991.

–, *Politeia*, übersetzt von Friedrich Schleiermacher, in: *Sämtliche Werke*, Bd. V.

–, *Timaios*, übersetzt von Franz Susemihl, in: *Sämtliche Werke*, Bd. VIII.

–, *Selected Myths*, herausgegeben von Catalin Partenie, übersetzt von Robin Waterfield, C. C. W. Taylor und David Gallop, Oxford: Oxford University Press 2004.

Plotz, Judith, *Romanticism and the Vocation of Childhood*, Basingstoke, UK: Palgrave Macmillan 2001.

Pocock, J. G. A., *Barbarism and Religion*, Bd. 3, *The First Decline and Fall*, Cambridge: Cambridge University Press 2003.

Poe, Edgar Allan, »Allein«, Nachdichtung von Theodor Etzel, in: *Die Zeit* vom 6. Oktober 1949.

Poe, Marshall T., *A History of Communications. Media and Society from the Evolution of Speech to the Internet*, Cambridge: Cambridge University Press 2011.

Porter, James I., *Nietzsche and the Philology of the Future*, Palo Alto, CA: Stanford University Press 2000.

Porter, Stanley E., und Anthony R. Cross (Hg.), *Dimensions of Baptism. Biblical and Theological Studies*, New York: Sheffield Academic Press 2002.

Pound, Ezra, *Personae. Sämtliche Gedichte 1908–1921*, übersetzt von Eva Hesse © Arche Literatur Verlag, Zürich-Hamburg 2012.
Prete, Antonio, *Finitudine e infinito. Su Leopardi*, Milano: Feltrinelli 1998.
–, *Il pensiero poetante*, durchgesehene Ausgabe, Milano: Feltrinelli 2006.
Rahner, Karl, *Grundkurs des Glaubens. Einführung in den Begriff des Christentums*, 12. Auflage der Sonderausgabe, Freiburg i. Br.: Herder 2008.
Ramsey, Danielle, »Feminism and Psychoanalysis«, in: Sarah Gamble (Hg.), *The Routledge Companion to Feminism and Postfeminism*, London: Routledge 2001, S. 133–140.
Reeve, C. D. C., *Socrates in the Apology. An Essay on Plato's Apology of Socrates*, Indianapolis, IN: Hackett 1989.
–, »Cephalus, Odysseus, and the Importance of Experience«, in: *Blindness and Reorientation. Problems in Plato's Republic*, Oxford: Oxford University Press 2013, S. 35–52.
Reginster, Bernard, *The Affirmation of Life. Nietzsche on Overcoming Nihilism*, Cambridge, MA: Harvard University Press 2006.
Rehm, Rush, *Greek Tragic Theater*, Abingdon, UK: Eoutledge 1992.
–, *The Play of Space. Spatial Transformation in Greek Tragedy*, Princeton, NJ: Princeton University Press 2002.
Renger, Almut-Barbara, *Oedipus and the Sphinx. The Threshold Myth from Sophocles through Freud to Cocteau*, Chicago: Chicago University Press 2013.
Rennie, Nicholas, *Speculating on the Moment. The Poetics of Time and Recurrence in Goethe, Leopardi, and Nietzsche*, Göttingen: Wallstein 2005.
Rey, Alain, *Révolution. Histoire d'un mot*, Paris: Gallimard 1989.
Richards, Robert J., *Darwin and the Emergence of Evolutionary Theories of Mind and Behavior*, Chicago: Chicago University Press 1987.
–, *The Meaning of Evolution. The Morphological Construction and Ideological Reconstruction of Darwin's Theory*, Chicago: Chicago University Press 1992.
–, *The Tragic Sense of Life. Ernst Haeckel and the Struggle over Evolutionary Thought*, Chicago: Chicago University Press 2008.
Rilke, Rainer Maria, »Duineser Elegien«, in: ders., *Sämtliche Werke*, herausgegeben vom Rilke-Archiv, besorgt durch Ernst Zinn, Bd. 1, *Gedichte*, Frankfurt am Main. Insel 1987.
Rohman, Carrie, »On Singularity and the Symbolic. The Threshold of the Human in Calvino's *Mr. Palomar*«, in: *Criticism* 51, 1 (Winter 2009), S. 63–78.
Rokem, Freddie, »One Voice and Many Legs. Oedipus and the Riddle of

the Sphinx«, in: Galit Hasan-Rokem und David Shulman (Hg.), *Untying the Knot. On Riddles and Other Enigmatic Modes*, Oxford: Oxford University Press 1996, S. 255–270.

Rollison, Rob, »Going, Going by Philip Larkin«, *The Poetry Room* ‹http://thepoetryroom.com/2012/05/29/going-going-by-philip-larkin/›.

Roscher, Wilhelm, *System der Volkswirthschaft. Ein Hand- und Lesebuch für Geschäftsmänner und Studierende*, Stuttgart: Cotta 1854–1894.

–, *Ansichten der Volkswirthschaft aus dem geschichtlichen Standpunkte*, Leipzig/Heidelberg: Winter 1861; Reprint: Düsseldorf: Verlag Wirtschaft und Finanzen 1994.

Rosen, Stanley, »Cephalus and Polemarchus«, in: *Plato's Republic. A Study*, New Haven, CT: Yale University Press 2005, S. 19–37.

Rosier, Isaac, »The Body, Eros, and the Limits of Objectivity in Calvino's Palomar«, in: *Italian Quarterly* 35 (1998), S. 23–33.

Rossen, Janice, *Philip Larkin. His Life's Work*, Iowa City: University of Iowa Press 1989.

Rowland, Anna Wierda, *Romanticism and Childhood. The Infantilization of British Literature Culture*, Cambridge: Cambridge University Press 2012.

Rubenstein, Mary-Jane, *Strange Wonder. The Closure of Metaphysics and the Opening of Awe*, New York: Columbia University Press 2008.

Rudwick, M. J. S., *Bursting the Limits of Time. The Reconstruction of Geohistory in the Age of Revolution*, Chicago: University of Chicago Press 2005.

Rutherford, R. B., *Greek Tragic Style. Form, Language, and Interpretation*, Cambridge: Cambridge University Press 2012.

Ryan, Johnny, *A History of the Internet and the Digital Future*, London: Reaktion 2010.

Sagar, Keith M., *The Art von D. H. Lawrence*, Cambridge: Cambridge University Press 1966.

–, *D. H. Lawrence. Life into Art*, New York: Viking 1985.

Saint-Exupéry, Antoine de, *Wind, Sand und Sterne* (1939), ins Deutsche übertragen von Henrik Becker, Düsseldorf: Karl Rauch 2010.

Salaquarda, Jörg, »Nietzsche and the Judaeo-Christian Tradition«, in: *The Cambridge Companion to Nietzsche*, herausgegeben von Bernd Magnus und Kathleen Marie Higgins, Cambridge: Cambridge University Press 1996, S. 90–118.

Salwak, Dale (Hg.), *Philip Larkin. The Man and His Work*, London: Macmillan 1989.

Sartre, Jean-Paul, *Kritik der dialektischen Vernunft*, deutsch von Traugott König, Reinbek bei Hamburg: Rowohlt 1967.

Schell, Jonathan, »A Politics of Natality«, in: *Social Research* 69, 2 (2002), S. 461–471.

Schlesinger, Arthur Meier, *The Cycles of American History*, New York: Houghton Mifflin 1999.

Schlesinger, Arthur M., sen., *Paths to the Present*, New York: Macmillan 1949.

Schmidt, Dennis J., *On Germans and Other Greeks. Tragedy and Ethical Life*, Bloomington: Indiana University Press 2001.

Scullard, H. H., *A History of the Roman World, 753–146 BC* (1935), Abingdon, UK: Routledge Classics 2013.

Severino, Emanuele, *Il nulla e la poesia. Alla fine dell'età tecnica: Leopardi*, Milano: Rizzoli 1990.

Shakespeare, William, *König Lear*, eingeleitet und übersetzt von Georg Herwegh, in: *Shakespeare's Sämmtliche Werke*, Bd. 1, Stuttgart und Leipzig: Deutsche Verlags-Anstalt o. J.

–, *Julius Caesar*, eingeleitet von Friedrich Bodenstedt, übersetzt von August Wilhelm Schlegel, in: *Shakespeare's Sämmtliche Werke*, Bd. 4, Stuttgart und Leipzig: Deutsche Verlags-Anstalt o. J.

Shaw, Ian, *The Oxford History of Ancient Egypt*, Oxford: Oxford University Press 2000.

Shea, William R., und Mariano Artigas, *Galileo in Rome. The Rise and Fall of a Troublesome Genius*, Oxford: Oxford University Press 2003.

Sheehan, Thomas, *Karl Rahner. The Philosophical Foundations*, Athens: Ohio University Press 1987.

Smith, Peter K., »Evolutionary Foundations and Functions of Play. An Overview«, in: Artin Göncü und Suzanne Gaskin (Hg.), *Play and Development. Evolutionary, Sociocultural, and Functional Perspectives*, Hillsdale, NJ: Lawrence Erlbaum 2007, S. 21–50.

Sobolev, Dennis, *The Split World of Gerard Manley Hopkins. An Essay in Semiotic Phenomenology*, Washington, DC: Catholic University of America 2011.

Sophokles, *Antigone*, übersetzt von Friedrich Hölderlin, Frankfurt am Main: Insel 1989.

Spengler, Oswald, *Der Untergang des Abendlandes. Umrisse einer Morphologie der Weltgeschichte* (1918–1922), Düsseldorf: Albatros 2007.

Steiner, Gary, *Anthropocentrism and Its Discontents. The Moral Status of Animals in the History of Western Philosophy*, Pittsburgh, PA: University of Pittsburgh Press 2005.

–, *Animals and the Moral Community. Mental Life, Moral Status, and Kinship*, New York: Columbia University Press 2008.

–, *Animals and the Limits of Postmodernism*, New York: Columbia University Press 2013.
Steiner, George, *Die Antigonen. Geschichte und Gegenwart eines Mythos. Schriften*, Bd. 4, deutsch von Martin Pfeiffer, Berlin: Suhrkamp 2014.
Sternberg, Robert (Hg.), *Wisdom. Its Nature, Origins, and Development*, Cambridge: Cambridge University Press 1990.
Stevens, Wallace, *Der Planet auf dem Tisch. Gedichte und Adagia*, englisch und deutsch, Übertragung und Nachwort von Kurt Heinrich Hansen, Stuttgart: Klett-Cotta 1983.
Steward, Jack, *The Vital Art of D. H. Lawrence. Vision and Expression*, Carbondale: Southern Illinois University Press 1999.
Stiegler, Bernard, *Die Logik der Sorge. Verlust der Aufklärung durch Technik und Medien*, aus dem Französischen von Susanne Baghstani, Frankfurt am Main: Suhrkamp 2008.
Stojkovic, Tijana, *»Unnoticed in the Casual Light of Day«. Philip Larkin and the Plain Style*, Abingdon, UK: Routledge 2006.
Strauss, William, und Neil Howe, *Generations. The History of America's Future, 1584–2069*, New York: Harper Collins 1991.
Strong, Tracy B., *Friedrich Nietzsche and the Politics of Transfiguration*, Berkeley: University of California Press 1975.
Suchantke, Andreas, *Eco-Geography. What We See When We Look at Landscapes*, übersetzt von Norman Skillen, Great Barrington, MA: Lindisfarne Books 2001.
Tagliacozzo, Giorgio (Hg.), *Vico. Past and Present*, Atlantic Highlands, NJ: Humanities Press 1981.
–, und Donald Verene (Hg.), *Giambattista Vico's Science of Humanity*, Baltimore, MD: Johns Hopkins University Press 1976.
Tanizaki, Jun'ichirō, *Lob des Schattens. Entwurf einer japanischen Ästhetik*, aus dem Japanischen übertragen von Eduard Klopfenstein, Zürich: Manesse 1987.
Taylor, Charles, *Hegel*, übersetzt von Gerhard Fehn, Frankfurt am Main: Suhrkamp 1978.
–, *Ein säkulares Zeitalter*, aus dem Englischen von Joachim Schulte, Frankfurt am Main: Suhrkamp 2009.
Thompson, E. A., *Romans and Barbarians. The Decline of the Western Empire*, Madison: University of Wisconsin Press 1982.
Toynbee, Arnold, *A Study of History*, 12 Bde., Oxford: Oxford University Press 1934–1961; deutsch in der von D. C. Somervell gekürzten Ausgabe: *Der Gang der Weltgeschichte*, 2 Bde., 2./3. Auflage, München: dtv 1979.
Trilling, Lionel, *The Liberal Imagination. Essays on Literature and Society* (1950), New York: New York Review of Books 2008.

Turner, Donald, »Humanity as Shepherd of Being. Heidegger's Philosophy and the Animal Other«, in: Ladelle McWorther und Gail Senstad (Hg.), *Heidegger and the Earth. Essays in Environmental Philosophy*, Toronto: University of Toronto Press 2009, S. 144–168.

Turner, Fred, *From Counterculture to Cyberculture*, Chicago: University of Chicago Press 2006.

Uexküll, Jakob von, *Streifzüge durch die Umwelten von Tieren und Menschen. Ein Bilderbuch unsichtbarer Welten* (1934), Illustrationen von Georg Kriszat, mit einem Vorwort von Adolf Portmann und einer Einleitung von Thure von Uexküll. *Bedeutungslehre* (1940), Frankfurt am Main: Fischer 1970.

Usher, Abbot Payson, *A History of Mechanical Inventions*, revidierte Ausgabe, Cambridge, MA: Harvard University Press 1954.

Valéry, Paul, *Cahiers*, Bd. 3, 1903–1906, Paris: CNRS 1957.

Vallega, Alejandro A., *Heidegger and the Issue of Space. Thinking on Exilic Grounds*, University Park: Pennsylvania State University Press 2003.

Vatter, Miguel, »Natality and Biopolitics in Hannah Arendt«, in: *Revista de Ciencia Politica* 26, 2 (2006), S. 137–159.

Verene, Donald P., *Vico's Science of Imagination*, Ithaca, NY: Cornell University Press 1981.

–, *Knowledge of Things Human and Divine. Vico's New Science and Finnegan's Wake*, New Haven, CT: Yale University Press 2003.

Vico, Giambattista, *Prinzipien einer neuen Wissenschaft über die gemeinsame Natur der Völker*, übersetzt von Vittorio Hösle und Christoph Jermann, mit Textverweisen von Christoph Jermann, Hamburg: Meiner 2009.

Vidal-Naquet, Pierre, *Atlantis. Geschichte eines Traums*, aus dem Französischen von Annette Lallemand, München: Beck 2006.

Villa, Dana (Hg.), *The Cambridge Companion Guide to Hannah Arendt*, Cambridge: Cambridge University Press 2000.

Vlastos, Gregory, *Socrates, Ironist and Moral Philosopher*, Cambridge: Cambridge University Press 1991.

–, *Socratic Studies*, herausgegeben von Myles Burnyeat, Cambridge: Cambridge University Press 1994.

Warrier, Valerie M., *Roman Religion*, Cambridge: Cambridge University Press 2006.

Weber, Max, *Gesammelte Aufsätze zur Religionssoziologie*, 3 Bde., Tübingen: Mohr 1920–1921.

Weigel, Sigrid, »Per-sonare, poetische Differenz und Selbstübersetzung. Der Sound von Hannah Arendts Denken und Schreiben«, in: Ulrich

Baer und Amir Eshel (Hg.), *Hannah Arendt zwischen den Disziplinen*, Göttingen: Wallstein 2014, S. 63–90.

Wendel, Susan, »Interpreting the Descent of the Spirit«, in: Sara Parvis und Paul Foster (Hg.), *Justin Martyr and His Worlds*, Minneapolis, MN: Fortress Press 2007, S. 95–103.

–, *Scriptural Interpretation and Community Self-Definition in Luke-Acts and the Writings of Justin Martyr*, Leiden: Brill 2011.

Werckmeister, Otto Karl, »Benjamins Engel der Geschichte oder die Verklärung des Revolutionärs zum Historiker«, in: ders., *Linke Ikonen. Benjamin, Eisenstein, Picasso – nach dem Fall des Kommunismus*, München/Wien: Hanser 1997, S. 9–57.

West-Eberhard, Mary-Jane, *Developmental Plasticity and Evolution*, Oxford: Oxford University Press 2003.

Wetherbee, Winthrop, *The Ancient Flame. Dante and the Poets*, Notre Dame, IN: University of Notre Dame Press 2008.

White, Hayden, »Die Tropik der Geschichte: Die Tiefenstruktur der Neuen Wissenschaft«, in: ders., *Auch Klio dichtet oder Die Fiktion des Faktischen. Studien zur Tropologie des historischen Diskurses*, aus dem Amerikanischen von Brigitte Brinkmann-Siepmann und Thomas Siepmann, Stuttgart: Klett-Cotta 1976, S. 232–254.

Wiles, David, *Mask and Performance in Greek Tragedy. From Ancient Festival to Modern Experimentation*, Cambridge: Cambridge University Press 2007.

Wills, Gary, *Inventing America. Jefferson's Declaration of Independence*, New York: Houghton Mifflin 1978.

–, *Lincoln at Gettysburg. The Words That Remade America*, New York: Simon and Schuster 1992.

Wilson, Douglas B., *The Romantic Dream. Wordsworth and the Poet of the Unconscious*, Lincoln: University of Nebraska Press 1993.

Winterer, Caroline, *The Culture of Classicism. Ancient Greece and Rome in American Intellectual Life 1780–1910*, Baltimore, MD: Johns Hopkins University Press 2002.

Wohlfarth, Irving, »No-Man's-Land. On Walter Benjamins ›Destructive Character‹«, in: *Diacritics* 8 (1978), S. 47–65.

Woloch, Alex, *The One vs. the Many*, Princeton, NJ: Princeton University Press 2009.

Wood, Allen, *Hegel's Ethical Thought*, Cambridge: Cambridge University Press 1990.

–, »Kant and the Problem of Human Nature«, in: Brian Jacobs und Patrick Kain (Hg.), *Essays on Kant's Anthropology*, Cambridge: Cambridge University Press 2003, S. 38–59.

Wood, Gordon S., *The Creation of the American Republic 1776–1787*, Chapel Hill: University Press of North Carolina 1969.
Wood, Sharon, »The Reflections of Mr. Palomar and Mr. Cogito. Italo Calvino und Zbigniew Herbert«, in: *Modern Language Notes* 109, 1 (1994), S. 128–141.
Woodard, Roger D. (Hg.), *The Cambridge Companion to Greek Mythology*, Cambridge: Cambridge University Press 2007.
Wordsworth, William, *Gedichte*, deutsch von Wolfgang Breitwieser, Heidelberg: Lambert Schneider 1959.
–, *Fenwick Notes*, herausgegeben von Jared Curtis, Bristol: Bristol Classical Press 1993; durchgesehene und berichtigte elektronische Ausgabe: ‹www.humanities-ebooks.co.uk›.
Worms, Frédéric, *Bergson ou les deux sens de la vie*, Paris: PUF ²2013.
Worthen, John, Mark Kinkead-Weekes und David Ellis, *Cambridge Biography of D. H. Lawrence*, 3 Bde., Cambridge: Cambridge University Press 1992, 1996, 1998.
Xie, Ming, *Ezra Pound and the Appropriation of Chinese Poetry*, New York: Garland 1999.
Yeats, William Butler, *Die Gedichte*, herausgegeben von Norbert Hummelt. Die Rechte an der deutschen Übersetzung von Marcel Beyer liegen beim Luchterhand Literaturverlag, München, in der Verlagsgruppe Random House GmbH.
Young-Bruehl, Elisabeth, *Hannah Arendt. Leben, Werk und Zeit*, aus dem Amerikanischen von Hans Günther Holl, Frankfurt am Main: S. Fischer 1986.
Zak, Gur, *Petrarch's Humanism and the Care of Self*, Cambridge: Cambridge University Press 2010.
Zelditch, Miriam, *Beyond Heterochrony. The Evolution of Development*, New York: Wiley-Liss 2001.
Žižek, Slavoj, »Die Politik der Wahrheit oder Alain Badiou als Paulus-Leser«, in: ders., *Die Tücke des Subjekts*, aus dem Englischen übersetzt von Eva Gilmer und anderen, Frankfurt am Main: Suhrkamp 2001, S. 171–230.

NAMENREGISTER

Abel 163
Adam 136
Adams, John 155
Aeneas 64, 98–100, 104
Albany, Herzog von (in Shakespeares *König Lear*) 110
Anaximander 26 f.
Anchises 64
Antigone 35, 105
Antonius 100
Aphrodite 99
Arendt, Hannah 165, 170 f., 174–179, 193, 198
Aristoteles 167
Arnetts, Jeffrey 61
Arnobius 135
Athene 79, 82, 105, 122
Auden, W. H. 11
Augustinus 171

Balzac, Honoré de 10, 116
Banville, John 27
Baudelaire, Charles 165, 170
Beckett, Samuel 217 f.
Benjamin, Walter 86, 173–175
Bergson, Henri 18, 50, 192
Bolk, Louis 39–41, 45
Bonciani, Francesco 33, 35
Bonnefoy, Yves 67
Breitwieser, Wolfgang 63, 65
Brutus 100

Caesar 100, 164
Calvino, Italo 47 f., 50–53
Celsus 134–136
Cioran, Emil 209
Clemen, Ursula 22
Clemens von Alexandria 138
Conrad, Joseph 194
Cordelia (in Shakespeares *König Lear*) 107–109
Cornwall, Herzog von (in Shakespeares *König Lear*) 111

Dante Alighieri 18, 27, 167 f., 191 f., 202
Darwin, Charles 89
Decius 164
Deianeira 34
Descartes, René 108, 140 f.
Deukalion 78
Diogenes Laertius 76

Edgar (in Shakespeares *König Lear*) 110
Edmund (in Shakespeares *König Lear*) 109–111
Einstein, Albert 44
Eliot, T. S. 24–26, 213
Emerson, Ralph Waldo 159 f., 170, 197 f.
Epikur 15
Etzel, Theodor 56

Festus, Porcius 133
Frankenstein 56
Freud, Sigmund 55, 58, 90, 186
Friedrich der Große 142

Gaia 99
Galilei, Galileo 140
Garfield, John 83
Gloucester, Earl von (in Shakespeares *König Lear*) 111
Goethe, Johann Wolfgang von 192
Golding, William 72
Gonister, Earl von (in Huxleys *Nach vielen Sommern*) 40
Gould, Stephen Jay 41 f.

Haeckel, Ernst 38
Hagestad, Gunhild O. 101
Haimon 105
Hamilton, Alexander 153
Hausmann, Friderike 202
Hegel, Georg Wilhelm Friedrich 90 f., 97, 140
Heidegger, Martin 19 f., 24, 49, 170
Herakles/Herkules 34, 79
Hesiod 90
Hill, Aaron 151
Hobbes, Thomas 153
Homer 27, 83, 135 f., 138, 167
Hopkins, Gerard Manley 22–24
Horaz 167
Humbert, Humbert (in Nabokovs *Lolita*) 214
Huxley, Aldous 40

Jay, John 153
Jefferson, Thomas 83, 147
Jesus Christus 125–132, 134, 136–138, 152, 160, 195
Jobs, Steve 171
Joyce, James 170
Justin der Märtyrer 137 f.

Kadmos 163
Kain 163
Kant, Immanuel 141–144, 154
Kemp, Wolfgang 67
Kephalos 116–118, 121
Klee, Paul 86
Kreon 35, 37, 105
Kritias 78
Kronos 99 f.

Laios 100
Larkin, Philip 180, 185, 188
Lawrence, D. H. 194–196, 199, 201
Lear (in Shakespeares *König Lear*) 106–111
Leopardi, Giacomo 24, 215
Lessing, Gotthold Ephraim 174
Li T'ai Po 59, 62
Lincoln, Abraham 149, 160, 162–166
Locke, John 153
Lolita (in Nabokovs *Lolita*) 214, 217 f.
Lukan 167
Lukian 134
Luther, Martin 126–128, 140
Lykurg 136

Machiavelli, Niccolò 153, 201–203
Madison, James 153, 155
Margaret (in Hopkins' *Frühling und Herbst*) 22 f.
Mason, George 156
Matthäus (Evangelist) 126, 132
Mencken, H. L. 76
Molloy (in Becketts *Molloy*) 217 f.
Montaigne, Michel de 76
Montesquieu, Baron de 157
Moses 27, 126, 135–137
Murray, William Vans 157

Nabokov, Vladimir 217
Nietzsche, Friedrich 25, 31 f., 128, 168 f., 192

Obispo, Dr. (in Huxleys *Nach vielen Sommern*) 40
Octavian 100
Ödipus 18, 34, 37, 98, 100, 104 f.
Origines 136, 138
Ovid 167

Palomar (in Calvinos *Herr Palomar*) 48 f., 52–54
Paulus (Apostel) 128–134, 149
Pelikan, Jaroslav 135
Petrarca, Francesco 168
Phoroneus 78
Pontius Pilatus 136
Platon 18, 27, 78, 82–86, 116, 118, 121–125, 135–138, 158, 197
Podhoretz, Norman 151
Poe, Edgar Allan 56, 193
Polemarchos 117
Poseidon 94
Pound, Ezra 59, 167
Proteus 94, 96
Pyrrha 78

Remus 100, 163
Rhea 99
Rilke, Rainer Maria 25
Romulus 100, 163

Saint-Exupéry, Antoine de 87 f.
Sartre, Jean-Paul 110
Schönwiese, Ernst 195
Sculley, John 171
Serres, Michel 212
Shakespeare, William 106, 111, 164
Simonides 117

Sokrates 78, 115–121, 124 f., 137 f., 208 f.
Solon der Weise 78–80, 124, 136
Sophokles 34, 38, 45, 105
Sphinx 18, 37
Stein (in Conrads *Lord Jim*) 194
Steiner, George 105
Stoyte, Jo (in Huxleys *Nach vielen Sommern*) 40
Sueton 134 f.

Tatian 136, 138
Tertullian 136
Thrân, Vera 182
Triton 94

Uexküll, Jakob von 49
Uhlenberg, Peter 101
Uranus 99

Valéry, Paul 167
Vergil 98 f., 167, 191
Vettori, Francesco 201
Vico, Giambattista 29, 46 f., 52, 91–95, 97 f., 104, 106, 108, 114, 144 f., 186–188, 215

Wagner, Richard 169 f.
Williams, Roger 150, 152
Wilson, James 157
Winckelmann, Johann Joachim 169
Wood, Gordon S. 151, 155
Wordsworth, William 63 f., 66 f., 69, 76, 94–96, 168

Xenophon 119

Yeats, William Butler 27, 76, 170, 199 f., 203 f., 206

Zeus 99 f., 195